叢書 現代社会のフロンティア 10

ポスト韓流のメディア社会学

石田佐恵子・木村 幹・山中千恵 編著

ミネルヴァ書房

はしがき

韓流ブームはいつどこで始まりいつ終わったのか（あるいは終わっていないのか）。

この論点ひとつをとりあげても、議論はさまざまである。日本における韓流ブームを中心に論ずるならテレビドラマ『冬のソナタ』が放送された二〇〇三年（BS）、または二〇〇四年（地上波）ということになろうし、韓国におけるメディア・コンテンツ輸出の観点からすれば、それより前に起点を置くのが一般的だろう。アジア諸国・諸地域、さらに他の諸国まで含めるならば、それぞれの起点はよりいっそう複雑になる。映画の輸出入を中心に論ずるのか、テレビドラマの流行なのか、あるいはポピュラー音楽を中心に考えるのか。アイドルの商品化と若者世代の受容と考えるか、それとも中高年女性のブームと考えるのか。日韓文化交流史の歴史を遡って考える論者もあれば、文化のグローバル化の一部と考える立場もある。

韓流ブームははたして終わったのかについての議論はさらにいっそう錯綜している。「終わって欲しい」と声高に主張する記事もある一方、「まだまだ続く」「定着・自然化した」と観測する向きもある。「韓流ブーム」が単なるブームであるならば「韓流」という言葉はいずれ廃れていくだろうが、韓国では「韓流ウッド」や「韓流体験館」などテーマパーク化推進の動きもあり、観光資源として意外に普通に定着することになるかもしれない。いずれにせよ、文化のグローバル化の流れは押しとどめようもなく、文化商品の輸出入・担い手の移動を含めた地域間の相互影響は、日韓関係に限らずよりいっそう拡大していくだろう。

確かなことは、私たちがいろいろな場所でいろいろな時期に韓流ブームを経験したことである。韓流ブーム以後、日韓はこれまでにも増して「越境する文化の時代」を迎えている。新たに越境するようになったのは、ブームの中心的なメディア・コンテンツとその便乗商品だけではない。それらについて語る言説も、インターネットにおいてはもちろんのこと、テレビや新聞・雑誌のマスメディアにおいて、さらに、学術的なシンポジウムや出版物において、両国ともにかつてない規模で増大し国境を越えている。

越境する文化の時代がすなわち「交流促進」を意味するものではないことは、留意しておくべきだろう。こうした文脈において構築され、再構築されたのは、日韓が相互を〈他者〉と見なす〝まなざし〟とその表現、〈他者表象〉にほかならない。ポピュラー文化の消費レベルを舞台に、他者表象と自己表象、他文化と自文化の境界は、その指示内容を再構築することで意味変容を続けている。

本書では、このような韓流ブーム以後の〝まなざし〟によって生み出される文化現象を「ポスト韓流」の文化現象ととらえる。「韓流ブーム」によって、日韓相互の脈絡において、あるいはより広いグローバルな脈絡において、〈他者〉を表象するという行為や言説が、どのように転換し、変容しているのか。本書は、その〝まなざし〟に注目しつつ、学問分野や文化・経済政策などの知的な枠組み変動までを視野に入れ、さまざまなメディア文化の領域に焦点をあてて、それらを「ポスト韓流」の文化現象、文化構築の場として読み解こうとするものである。

これまで、ポピュラー・メディアの文化は、映画・テレビ・マンガ・音楽・インターネットといったメディア別に研究されることが多かったが、現在においては、どのメディア形態においても相互影響、ハイブリッド化が進んでおり、単独の国家文化政策や企業の営み、単一の作家や監督、アーティストなどの作用だけを論じていては、複雑な文化構築の現場をつかむことは困難である。韓流ブームは、日本でのみ起こったわけでも、テレビドラマ『冬のソナタ』だけが担っていたわけでもない。日韓二国間の関係に限定することなく、アジア諸国・諸地域や、よりグローバルな脈絡から再考し、テレビのみならずさまざまなメディアに目を向けることで、今日的なポピュラー・メディアの文化のありようが見えてくるはずである。本書では、それらのメディア間を横断し、日韓相互の脈絡を往復することで見えてくる新たな地平について考えていきたい。

本書のうち、本論にあたる八つの章は、少しずつ異なる問題関心と専門分野から「ポスト韓流」の文化構築の場を論じている。それぞれ、他者表象の構築と言説の三つのレベル（第1章）、女性の移動に向けられる〝まなざし〟（第2章）、語学教材・教育を介した恋愛言説と異文化表象（第3章）、マンガおよびマンファをめぐるメディア研究（第4章）、韓流をささえる文化産業の営みとそれを「国策」と解釈する言説空間の問題（第5章）、日韓を往復する他者表象の原像、映画に表現された〈在日〉（第6章）、トランスナショナルに拡大するインターネット空間と嫌韓・反日をめぐる言説（第7章）、韓流をめぐるメディア言説とナショナリズム（第8章）、などをキーワードに論じている。各章は、主に日本語の言説空間を扱うものもあれば、韓国語の言説空間を中心とするものもあるが、いずれの章もどちらか一方だけの脈絡ではなく、相互の言説空間を往復しながら、縦横に主題を追いかけている。

各章の並び順は、『冬のソナタ』現象を中心に韓流を考える前半三つの章から始まり、マンガ、音楽、映画など、テレビメディア以外の文化構築を中心とする三つの章、インターネット上の日韓の相互関係を織り込みながら、嫌韓や反日ナショナリズムなど、より「ポスト韓流」的側面を扱う最後の二章となっている。各章を貫く視点は、ポピュラー・メディア文化の場において、二重三重に構築された日韓相互の他者表象の入れ子的なありようであり、どの現場においても一筋縄ではいかない捻れが観察・報告され、丁寧に論じられている。ポピュラー文化を文化交流促進の道具として、楽観的に導入しようとする動きは後を絶たないが、これらの論考は、ポピュラー文化の現場が、単純な韓流肯定論や否定論とはほど遠いところにあることを教えてくれる。

章の間には、多彩な書き手によるコラムを配している。コラムは大きく二つに大別される。ひとつは、アジア諸国・諸地域それぞれの場所で、観察され報告された韓流について論ずるコラム、他方は、出版・テレビ・新聞・芸能など異なる業界において、それぞれの立場から韓流に携わった書き手によるものである。地域・視点が異なれば韓流の語源に関する説すら一様ではない。それぞれの地域におけるメディアの特徴、人びとのメディア経験から書かれたコラムは、韓流の多様な展開を描き出し、興味深い問題群を呈示している。

韓流ブームをめぐる言説分析は、グローバル化時代のメディア文化研究にとってきわめて魅力的な素材である。それゆえ多くの論者の関心をひき、多数の研究書が生まれたのであろう。本書の特筆すべき点は、そうした一連の研究成果をふまえつつ、韓流をめぐる言説空間を着実にとらえようとした点である。本論・コラムの執筆者の大半は、留学・就業その他の理由で、一定期間を自国ではない場所で過ごした／過ごしている者たちである。また、比較的若い世代の執筆者が揃っていることもあり、ポピュラー文化に精通し自身の一部として生きてきた論者ばかりである。韓流ブームは知的な意味でも私たちにさまざまな影響を及ぼした。いろいろな場所でいろいろな時期に韓流ブームを経験した私たちそれぞれが、その経験とは何だったのか、改めて考えようと試みている。

本書は単なるポピュラー文化の研究書ではないし、韓国という国民国家の文化を自明の対象とする地域研究の書物でもない。だが、メディア研究や韓流そのものに関心を持つ方々はもとより、韓国・朝鮮半島に関心を持つさまざまな人びとにも読んでいただければと思う。ここで越境しているのは、文化だけではなく知的な枠組みであり、研究する主体であり、言説空間の場そのものである。本書を手に取る読者が、そのような知的な越境を共に生きてくれるならば、望外の喜びである。

二〇〇七年三月

編者を代表して　石田佐恵子

ポスト韓流のメディア社会学　目次

はしがき

第1章　韓流ブームのさまざまな語り手たち……石田佐恵子…1
　――他者表象と越境する文化――
1　「冬ソナ」現象が「韓流」ブームとなるまで……2
　「冬ソナ」現象から「韓流」ブームへ　「韓流」ブームの拡大と概念の劣化
2　他者表象と自己の再構築の基本構造……6
　他者表象とは何か　トランスナショナルな物語における他者表象
3　テレビメディアにおける他者表象の構築と再構築……11
　テレビニュースにおける物語構築と他者表象　テレビニュース分析の事例
4　〈他者表象〉による自己の再構築可能性……18
　韓流ブームを語る三つのレベル　〈他者表象〉入れ子構造と越境するポピュラー文化

第2章　韓流とその「愛のあと」……平田由紀江…33
　――韓国を消費する女性とその表象をめぐって――
1　誰にとっての韓流か、という問いから……33
2　韓国と「韓流、日本女性」……34
　「韓国」大衆文化を消費する「日本」女性　韓国の「韓流」言説
3　韓国大衆文化への注目と女性消費者の浮上……37
　韓国大衆文化と日常へのまなざし　韓国の日常へのまなざし

女性消費者と韓国大衆文化
4　異性愛ロマンスのドラマ化……42
異性愛ロマンスと越境する女性たちの表象　異性愛ロマンスのドラマ化
5　『愛のあとにくるもの』のあと……47
『愛のあとにくるもの』　むすびにかえて――『愛のあとにくるもの』のあと
第3章　NHKテレビハングル講座から見た韓流ブーム……山　泰幸……55
1　問題の所在……55
韓流ブームの到来　NHKハングル講座という視点
2　ハングル講座における〈韓国・朝鮮〉表象の基本スタイル……58
NHKハングル講座のはじまり　「民族」表象の時代――一九八四年四月～
「韓国」表象の時代――一九八八年一〇月～
3　ハングル講座における〈韓国・朝鮮〉表象の展開……63
「ポピュラー・カルチャー」表象の時代――二〇〇〇年四月～
「恋愛」表象の時代――二〇〇二年四月～
4　ハングル講座の中の『冬のソナタ』……66
投書欄に見る『冬のソナタ』の登場　投書欄における受講者表象の意味
異言語認識の成立と他者表象

コラム　各国における韓流
韓国の「韓流」現象……金　賢美…75
台湾における韓流――韓流の発祥地・台湾……酒井　亨…78
中国における韓流――拡大するその影響力……南　真理…80
ミャンマーにおける韓流――西漸の臨界地……土佐昌樹…82
インドネシアにおける韓流――それは『秋の童話』から始まった……小池　誠…84
エジプトにおける韓流――『冬ソナ』ブームとイスラーム、ジェンダー、ロマンチックラヴ……新井一寛…86

第4章　「韓流」にならないポピュラー文化……山中千恵…89
――イメージの交錯と新たな「他者」の誕生――
1　「韓流」とマンガ……89
2　「韓流」として語ることの困難……92
マンファのなかの〈日本〉という他者　〈日本〉から逃れるマンファ
マンガメディアの周辺性と〈日本性〉
3　「韓流」がもたらしたもの……100
構築されるオーディエンス　他者化される「マンガファン」
4　ポスト韓流の視点……105

第5章　韓流の底力、その言説……黄　盛　彬…109
1　「韓流」は、国策の産物か……109
2　一〇〇〇万観客を動員する映画産業の底力……111
3　韓流の主役、ドラマの実力とその背景……116
4　K－POP音楽産業の力は本物か……121
5　「成功」の秘訣を語る百家争鳴の言説……124
6　「韓流国策説」の含意……127

第6章　もう一つの韓流……梁　仁　實…137
——韓国映画のなかの「在日」像——
1　二〇〇四年の日本、そして韓流……137
2　韓流前夜——日本のなかの韓国映画……141
3　分断、「在日」、反共映画……144
分断ブロック・バスター映画　反共映画——もっともナショナルな映画
4　それぞれの「祖国」、ナショナルなもの……152
スポーツ英雄物語　韓国人／朝鮮人／世界人の曖昧さ——力道山の日韓表象
虚構の「祖国」、それぞれの家

コラム　各業界における韓流

活発化する日韓のアンダーグラウンドな音楽交流……毛利嘉孝…172
創り手は新たな課題を乗り越えられるか――「ポスト韓流」の番組制作……田中則広…174
芸能プロダクションと韓流――違いすぎるマネジメントの概念……野村大輔…176
朝日新聞と韓流――ブーム超える「国づくり」のパワー……波佐場清…178

第7章　インターネットの中のツシマ……村上和弘…181
――ある「嫌韓」現象をめぐって――
1　韓流ブームがもたらしたもの……181
2　インターネット音楽『韓國のつしま』をめぐって……182
資料の概要　独島領有権問題と対馬島
3　日本語ネット圏での展開……188
第一期　日本語圏への導入期（二〇〇一年一〇月〜）
第二期　翻訳記事の登場と情報の拡散（二〇〇二年八月〜）
第三期　「脅威」論の出現とブログへの拡散（二〇〇四年一一月〜）
4　インターネットは国境を越えるか……195
『テマドヌン　ウリタン』と『韓國のつしま』　ソース第一主義がもたらしたもの

第8章　ブームは何を残したか……木村　幹…203
　――ナショナリズムの中の韓流――
1　韓流とナショナリズム…203
　「日韓友情年」の皮肉　「韓流」とナショナリズム
2　「日本なき韓流」と韓国の世論…207
　「特殊」と「普遍」　「儒教文化」圏の共通性から　日本に対する説明
　一九九〇年代以降の日本ナショナリズム　「捏造国家」韓国という論理
3　「日本における韓流」と日韓ナショナリズム…219
　韓国文化の普遍性　「日韓友情年」陰謀論
4　「韓流」の中のナショナリズムのすれ違い…225

巻末鼎談――あとがきにかえて……木村　幹・石田佐恵子・山中千恵…229

韓国におけるポピュラー文化史年表　247
「韓流」関係論文・記事
「韓流」関係図書
人名・事項索引

第1章　韓流ブームのさまざまな語り手たち

――他者表象と越境する文化――

石田佐恵子

『冬のソナタ』（韓国KBS制作、ユン・ソクホ監督、二〇〇二年、以下「冬ソナ」と略）ほど多種多様な人びとの関心を集め、多くの書物が出版されたテレビドラマがあっただろうか。昨今の日本のテレビ番組は、世代別・性別ごとに細分化された視聴となっているためか、個別には人気を集めるものの、あっという間に消費され忘れられていく。徐々に話題が高まり二年以上に渡ってブームを引き起こした「冬ソナ」は、その意味でも特別なテレビドラマであった。また、韓流ブームと一体となることで、単なるドラマブームやアイドル現象を超えて、日韓文化交流イベントや学術シンポジウムが多数開催されるなどの展開となった。

ここでは、なぜ「冬ソナ」に人気が集まったのか、ではなく、なぜこれほど「冬ソナ」および「韓流ブーム」は語られたのか、に注目する。韓流ブームのさまざまな語り手たちとは、どのような人びと・媒体だったのだろうか。まずは、「冬ソナ」現象というテレビドラマ人気が、次第に「韓流」ブームと等置されるようになり、その性質を変えていった経緯を振り返ってみよう。次に、キーワードとなる〈他者表象〉とその分析枠組みを整理したい。さらに、テレビニュースの語りにおける〈他者表象〉構築の具体例について分析を行う。そのうえで、韓流ブームについてのさまざまなレベルの語りを区別しつつ、〈他者表象〉を構築する日韓それぞれの言説空間を抽出したい。

「韓流」というポピュラー文化商品がアジアに拡大し、グローバル化するにつれて、文化ナショナリズムの気運が高まり、成功した文化商品を特定地域に起源を持つ本質主義的文化と考える傾向が強まっていく。文化的多様性の議論は、文化のグローバル化に対抗する動きや、それぞれの地域の伝統文化への回帰を促進する動きと接合しがちである。だが、E・モランが主張するように、いかなる文化も起源においては接触や結合や混淆があり、純粋な文化はありえない（モラン、二〇〇四）。日韓相互の言説空間において入れ子的に構築された〈他者表象〉を通して、韓流ブームがまさしく国民国家の正統な文化として喧伝され再配置されていく過程を振り返ることで、それを批判的に検討することにしよう。

1 「冬ソナ」現象が「韓流」ブームとなるまで

「冬ソナ」現象から「韓流」ブームへ

「冬ソナ」をめぐる人気現象は、二〇〇三年のNHK‐BS放送の段階からひそかに熱い話題になっていた（詳しくは本書第3章を参照）が、一般に拡大していくのは地上波総合テレビで放送された二〇〇四年の春である。そのブームが一部の熱狂的なサブカルチャーに留まらないという最初の根拠となったのは、「深夜枠の割には」高い視聴率を得たという記事であった。[1] まず当時の視聴率をもう一度検証してみよう。章末資料1（本書二八～二九頁）は、「冬ソナ」の三度目の放送時期、二〇〇四年四～八月までの世帯視聴率（関東地区）について、番組ジャンル別（ドラマ部門）上位一〇位を示したものである。[2] 放送が開始された四月には第一〇位だったが、次第に順位を上げ、最終回の八月二一日には第一位を記録した。「冬ソナ」が視聴率を上げていった同年夏にかけて、各メディアに「冬ソナ」に関する紹介が数多く登場した（李智旻、二〇〇四）。ＮＨＫ放送文化研究所が二〇〇四年九月に実施した調査によると、その時点で「冬ソナ」について聞いたことがある（知っていた）比率は、既に九〇パーセントに達していたという（三矢、二〇〇四）。

確かに「冬ソナ」は人気のあるテレビドラマであった。しかし、テレビ放送全体では二〇〇四年の上位視聴率三〇位以内に入ることはなかったし、テレビドラマ部門においてさえ、突出した視聴率を獲得したわけでもなかった(3)。

にもかかわらず、「冬ソナ」現象は「人気ドラマ」の通常範囲を超え、異例の盛り上がりを見せた。撮影地を巡る観光ツアーやアクセサリー、パチンコ台に至るまで数限りない便乗商品とその消費が、盛り上がりの大きな側面を占めていた。「冬ソナ」はそれまでほとんどアメリカドラマを放送してきた「ＢＳ海外ドラマ」枠で放送され、しかも視聴者にとって馴染みの薄い「韓国ドラマ」であったことで、その魅力や特徴がことごとく「韓国」イメージと結びつけられて解釈されることになった。「韓流」という言葉自体は、二〇〇四年以前にもわずかに使われていたものの、多くの人びとがその言葉を知り使うようになったのは、「冬ソナ」現象を通してであった。こうして「冬ソナ」と言えば「韓流」、「韓流」と言えば「冬ソナ」というように、次第に両者はほぼ同じものとして理解され、受容されていくことになる。

単なる経済効果の議論を超えて、「冬ソナ」特集本や、いわゆる「韓流本」が書店の平だなに並び、新聞や雑誌に数多くの論評が発表され、学術的なシンポジウムに至るまで、さまざまなレベルで論議を呼んだ。それはどのような現象として「報告」され、どのような要因によって日韓両国の多くの人びとの関心を集めたのか。

「韓流」ブームの拡大と概念の劣化

本書コラムにも詳しいように、「韓流」という言葉は、二〇〇一年ごろからアジア諸国で使われるようになったものだ。それは「韓国の音楽や映像コンテンツ」を総称しパッケージ化する機能を持っている。ここでは、主に芸能ニュースにおいて語られるポピュラー文化商品としての「韓流」を、狭い意味での「韓流」と定義しておこう。

図1-1は、二〇〇二年から〇六年にかけての「韓流」および「冬ソナ（「冬のソナタ」を含む）」をタイトルに含む日本語雑誌記事・論文数の月別推移である。[4] 先に述べたように、「冬ソナ」現象のピークは二〇〇四年八月であり、「冬ソナ」に関する記事・論文数も同時点をひとつのピークとしている。次のピークは、ペ・ヨンジュン来日が大きく報じられた同年一二月である。これに対して、「韓流」をタイトルに含む雑誌記事・論文は、時期的にやや遅れてピークが出現していることが分かる。また、二〇〇五年夏以降は、『マンガ嫌韓流』（山野、二〇〇五）とそれに続く反響が一定数を占めているが、狭義の「韓流」についての記事も衰えていない。また、ブームの後半になると「韓流カップル」「韓流科学者」などの用法が出現し、「韓国の」という所有格とほとんど同じ意味で使われるようになり、流行語としての概念の劣化（意味内容の拡大と拡散）が進んでいる。これを、先の定義と区別する意味で、広義の「韓流」としておこう。広義の「韓流」は、芸能ニュースではなく、一般ニュースや政治経済ニュース、学術論文やエッセイなど、他の分野においてしばしば語られることになる。

図1-2は、図1-1と同期間のインターネットにおける新聞記事数を示したものである。[5] ネット記事数では、「冬ソナ」と「韓流」はともに二〇〇四年一二月にピークを迎えているが、「冬ソナ」記事はその後減少傾向が強まっていくのに対して、「韓流」の方は一定数を保っているという違いがある。[6]

これらの推移から分かることは、「冬ソナ」現象はある時点でピークを迎え、その後退潮していった

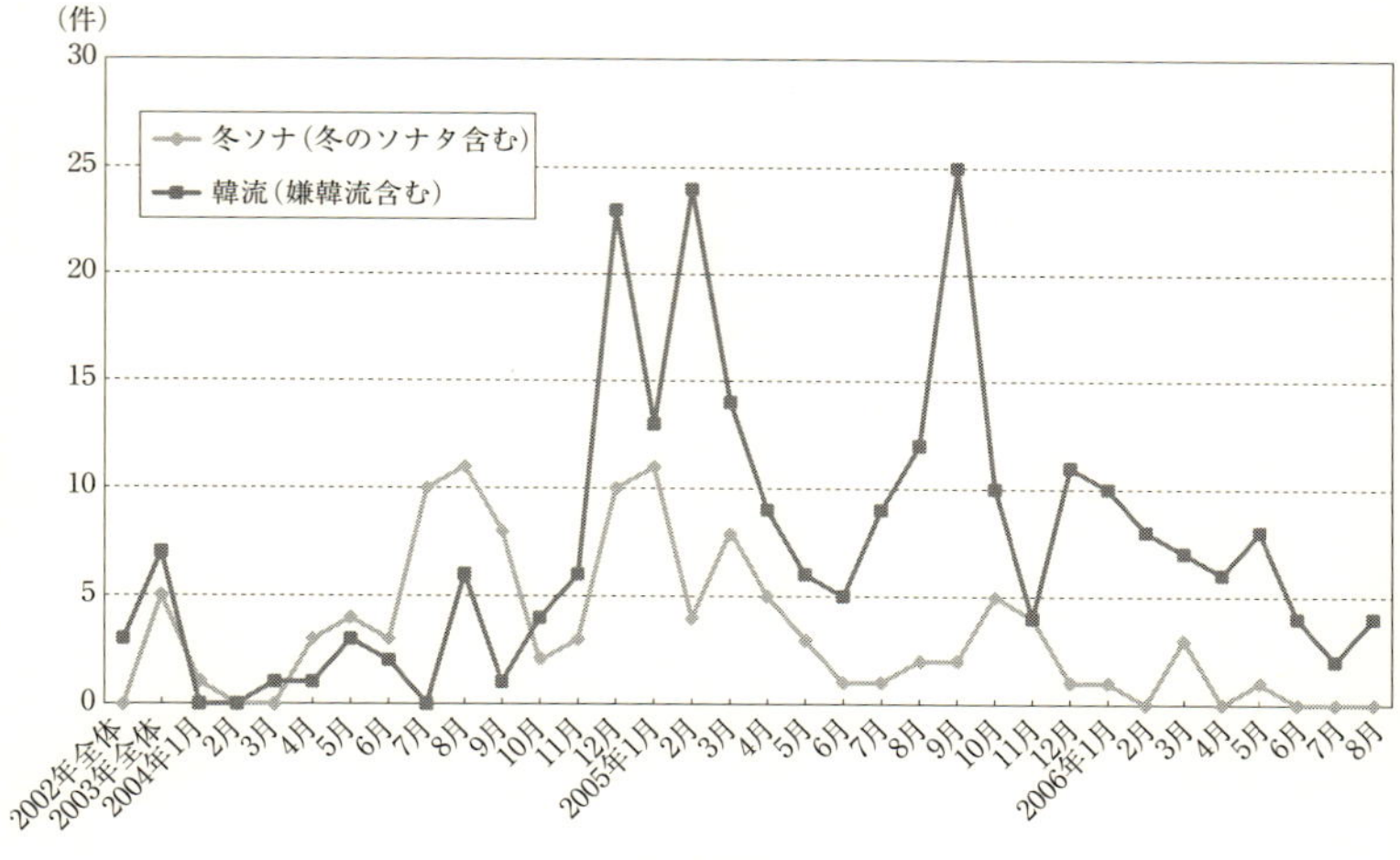

図１－１　雑誌記事・論文数

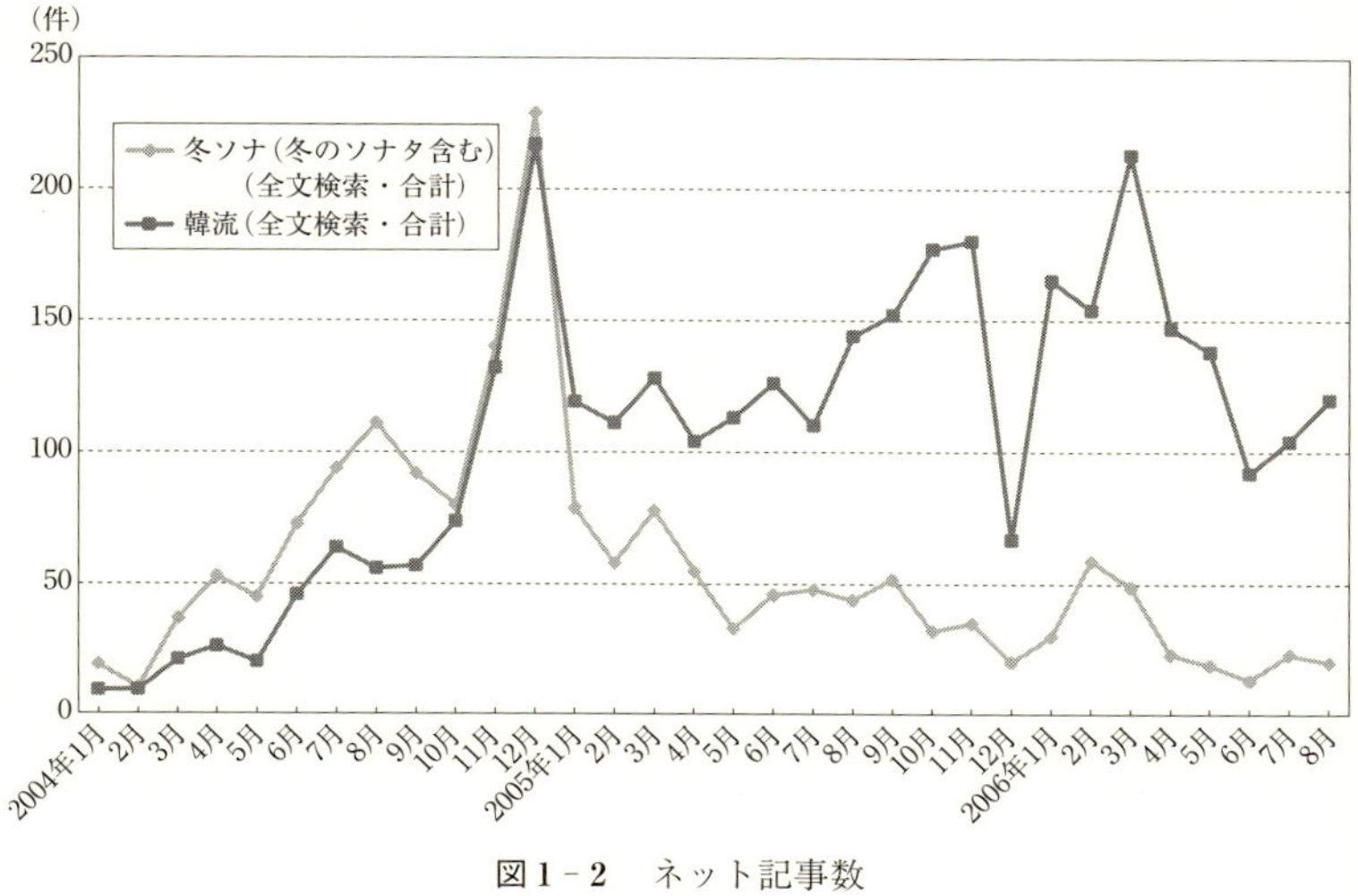

図１－２　ネット記事数

が、韓流ブームは第二、第三のブームの仕掛けを伴いながら、次第に「韓国」そのものを意味する国民国家的表象へと変容していった、ということである。

韓流ブームは「冬ソナ」現象よりも大きなカテゴリーであり、新作宣伝や新人スターの売り出しがパッケージ化されて継続した。韓流ブームを語る言説（＝広義の「韓流」）は、一方で「嫌韓」に代表されるような韓流への反発やナショナリズムの流れと結びつき、他方では韓流ブームに便乗する社会運動のポピュリズム的煽動にも結びついて、本来の芸能ニュースの脈絡を大きく外れ変容していくことになる。

二つの図は日本におけるメディア言説の動向であるが、「日本における『韓流』ブーム」は韓国に逆流して、さらに大きな反応を引き起こしていった。他章やコラムに詳しいが、韓国における「日本の『韓流』ブーム」への目線は、韓国内のメディア言説において、ときに誇らしげな論調を伴いながら、さらに文化ナショナリズムの様相を強めていく（ユ・サンチョルほか、二〇〇六）。日韓それぞれの脈絡において、相互に向けられた〝まなざし〟＝〈他者表象〉のキャッチボールが繰り返されることによって、他者表象を多重化する入れ子構造が構築されていったのである。

2　他者表象と自己の再構築の基本構造

他者表象とは何か

他者表象（Representation of the Other）とは、ある社会が、他者性（Otherness）を持つ者・異文化・他の社会などについて持つ、イメージやパターン化された理解を分析するために用いられる用語である。他者表象を分析する手法は、これまで文学研究や映画研究、メディア研究の分野で採用されてきた。E・W・サイードの仕事に代表されるように、他者表象は「権力と支配のための装置」として、また、支配的文化の担い手側から見る自己の「投影作用」として解読され、批判的再読の対象となってきた（サイード、一九九三）。ある社会において「他者性」を持つ者とは、きわめて文脈依存的であり、時代背景や地域によってどのような集団（カテゴリー）を「他者」と見なすかは異なっている。これまで、人種、民族性、性的指向性における少数派、ジェンダー、スポーツする女性、障害を持つ者、狂気など、さまざまな他者表象が分析されてきた。日本語の研究例では、近代日本文学における〝朝鮮〟像の形成（中根、二〇〇四）や、ハリウッド映画に登場するアジア人像、日本人像の分析などがある（村上、一九九三　増田、二〇〇四など）。

他者表象は物語（または物語群）のなかに描かれる他者性のイメージの暴力を暴くための概念であるが、それは常に多数派の表象と対《つい》となる点に留意しなければならない。オキシデントに対するオリエント、異性愛に対する反異性愛、男性表象に対する女性表象、アメリカ人表象に対する日本人表象、というように、支配的文化に属する「私たち」の〝まなざし〟と、それに対する「彼ら＝他者」とが対をなす概念なのである。

したがって、それらの他者表象が「他者」として解読されるとき、その物語が埋め込まれた社会的脈絡（物語の作者、映画制作の資本、主要なオーディエンスなど）との関係が問題になる。同じテクストを読み解く場合でも、それらの物語が誰によって語られ、どのような回路を経て届けられ、誰がどのように読むのか、によって異なる意味付与がなされる可能性も常にあるのだ。

池田淑子は、他者表象を介した自己の再確認・再構築について、ハリウッド映画における記号の再構築と文化変容の可能性の観点から整理している（池田、二〇〇五）。それによれば、他者表象によって自己の再構築が行われるようなプロット（物語の骨格）には、三つのものがあるという。①まず、物語の主たる登場人物として「自己」と「他者」が対比的に描かれる。②自己が再確認・強化される場合は、自己の特性が逆説的に他者に投射され、問題となる特性が前景化される。③自己が批判的に構築・再構築される場合には、プロットはより複雑になり、自己のネガティブな特性と他者のポジティブな特性とが自己（主人公）のなかに併存する。この場合、他者の特性の取り込みによって自己の問題解決に至る、というパターンが多いとされる。

プロット②の具体例として分析されているのは『ガン・ホー』[7]（ロン・ハワード監督、一九八六年、日本では劇場未公開）である。『ガン・ホー』のテクストでは、日本人表象は「ストイック」「きまじめ」「仕事中毒」として描かれ、「個性」と「ユーモア」があり「仕事と私生活のバランスがとれた」アメリカ人表象を対比的に再確認・強化する役割を果たしているという。これに対して、プロット③では、自己を批判的に再構築するような読みも可能となる。③の例としては、『ラスト サムライ』（エドワード・ズウィック監督、二〇〇三年）が分析されている。

ハリウッド映画は世界の多くの国々で視聴されているが、これらの映画に描かれる他者表象は、多くの場合ハリウッド映画制作の権力構造（資本の出所、監督や脚本の決定、観客動員実績など）に影響力を持つ、アメリカのオーディエンス、アメリカの支配的文化からの〝まなざし〟を前提としている。それゆえ、これまで日本を舞台とする作品、日本人が重要な役割として登場するハリウッド映画も多数制作されてきたが、その日本人表象は依然として奇妙キテレツなものが少なくない。テレビドラマ・シリーズでも、『ＳＨＯＧＵＮ』（パラマウント＝テレビ朝日、一九七四年～）から『ＥＲ緊急救命室』（ＮＢＣ＝ＮＨＫ－ＢＳ海外ドラマ、一九九四年～）に至るまで、アメリカの視線によって描かれ、日本でも視聴されてきた番組の例を多数挙げることができる。

重要なことは、これらのハリウッド映画やアメリカのテレビドラマに描かれる日本人表象が、アメリカの支配的文化からの〝まなざし〟を介した〈他者表象〉として登場し、それを〈自己表象〉として反射的に解読するという視聴習慣が、多くの日本のオーディエンスに内在化している、という事実である。そして、それは日本語によるメディア言説空間にも共通する基本枠組みである。

トランスナショナルな物語における他者表象

既に述べたように、韓流ブーム、特に映画やドラマ、音楽は、アジア全域に広がる越境するポピュラー文化の一部であり、その流通は二〇〇一年ごろから勢いを増してきた。日本における韓流ブームはそれよりも数年遅れて出現したわけだが、それには日本のポピュラー文化市場の特質が関係する。

日本のテレビ番組の海外輸出は一九八〇年代から活発になり、九〇年代以降急増している（岩渕、二〇〇四など）。その輸出先の約半数はアジア諸国で、二〇〇一年のデータでは、台湾、アメリカに次いで、韓国が第三の輸出先となっている。その一方、日本の地上波テレビ放送では、国内制作番組が全体の九割以上を占め、輸入番組は五パーセント程度で、その率は過去二〇年間ほぼ変化していない。また、輸入番組のうち七割程度はアメリカ映画やドラマ、次いでイギリスものとなっている（原、二〇〇四）。日本の地上波テレビの番組市場は完全な輸出超過の状況にあり、先進諸国の中でも類を見ない閉鎖的状況である。つまり、日本のテレビ・オーディエンスにとって、そもそも輸入番組はほとんど存在せず、数少ない「海外」ドラマと言えば「アメリカ」ドラマを意味する状況が長く続いてきたのである。

「冬ソナ」現象が契機となって爆発的に広がった韓流ブームは、アメリカのポピュラー文化に登場するアメリカ像・日本像を介して自己表象と他者表象を境界づけ、その枠組みに慣れ親しんできた多くのテレビドラマ・ファンにとって、全く新しい自己表象を再構築する新鮮な機会であったことは想像に難くない。「冬ソナ」の物語そのものには、他者表象はほとんど存在しない(8)が、物語に登場する他者像ではなく、「冬ソナ」および「ヨン様」そのもの、それらのもたらす新しいイメージが、日本社会に新しく登場した〈他者〉として表象され、韓流ブームと一体となって従来の「韓国」イメージを再構築したのである。自己表象を強化するプロット②であれ、再構築するプロット③であれ、対となる〈他者〉の組み合わせの変更（アメリカから韓国へ）こそが重要なのである。メディア言説空間が変容していくと同時に再構築されたのは、日韓双方の社会におけるそれぞれの「韓国イメージ」「日本イメージ」であり、それぞれの社会における〈他者表象〉であった。

一九八〇年代に日本製のアニメやマンガの海外輸出量が増大していった頃、それらが人気を集めた理由として、「文化的に無臭」であるとか「無国籍」な特徴によって「グローバルな普遍性を持つ」と論じられたことがある。だが、それは、物語や絵柄の特徴を離れて、ある場合にはジャパニメーションとしてバッシングされ、悪い意味での〈日本文化〉とラベルされる一方、国内では「マンガこそ新しい日本文化」とばかりに、文化ナショナリズムと結びついて語られてきた（石田佐恵子、一九九八）。

テレビドラマや映画、マンガ、音楽といったトランスナショナルなメディア商品は、そのプロットや表現形式がどのようなものであれ、輸出元の国籍や文化的ステレオタイプと関連づけられて解釈される傾向がある。そのような事例は、坂本九の「スキヤキソング＝上を向いて歩こう」（一九六三年）から『おしん』（ＮＨＫ連続テレビ小説、一九八三〜八四年）に至るまで、無数に存在する。逆に、一九七〇〜八〇年代の韓国において、『キャンディ・キャンディ』をはじめとした多くの日本マンガやアニメなどのメディア文化商品がそれと解釈されることなく親しまれていたように、メディア・コンテンツの物語性やプロット、表現形式は、その制作側の国籍性を語るメタレベルの言説が働いた結果、その国に固有の文化のように「見える」にすぎない。

トランスナショナルな物語は、そのテクストがそれぞれの社会においてどのように文脈づけられ解釈されるかによって、全くその意味の帰属先を変えてしまう。したがって、ポピュラー文化の越境性を考える際には、単にメディア文化商品が国境を越えて輸出入され、受容されているというレベルだけではなく、それがどのようにそれぞれの社会において文脈づけられ、解釈されているのかについて、メタレベルで考察する必要があるのだ。

3　テレビメディアにおける他者表象の構築と再構築

テレビニュースにおける物語構築と他者表象

韓流ブームの語り手は、雑誌や新聞記事、出版などの活字メディア、インターネットなどの電子メディア、日常生活における会話、アカデミック・シンポジウムなど、多元的に広がっている。だが、それ以上に、テレビメディアが韓流ブームの構築に特別な作用を及ぼしたことは間違いない。日本における韓流ブームの発端となった「冬ソナ」はテレビドラマであり、ブームの火付け役としてワイドショー・キャスターの果たした役割も指摘されている（三矢、二〇〇四）からである。

ここでは、韓流ブーム頂点の時期のニュース番組の語りに着目して、それがいかに〈他者表象〉を構築し、相互引用という形式を通して日韓を環流しているのか、について考察してみよう。

テレビにおける情報番組やニュース番組は、「生放送」という形式ゆえに、常に進行中の〈現在〉に言及するという性質を持っている。石田英敬は、その性質を「同時性の領域」と呼んだが、それは「ニュースの発信する〈今〉が、そのコミュニケーションの共同体の成員たちと共有する〈いま・ここ・私たち〉となっているような世界」であるという（石田英敬、二〇〇三、二八五頁）。テレビメディアは、「いま・ここ」という時空に、見ている者を引き込む媒介作用を持っている。これは、テレビメディアの持つ性質の中でも、きわめて重要なもののひとつである。

ニュース番組において「報道」されているのは、「実際に起こった出来事」であると解釈されているが、現実は映像によって完全に映し出されるものではない。ことばと映像の組み合わせによるニュースの「語り」が、見ている者（＝私たち）の前に〈現実〉を構築してみせるのである。その意味で、テレビニュースにおける語りは、ひとつの物語構築であり、その中で、私たちが生きる世界「いま・ここ」の物語として構築されているのだ。

ニュースの構築する〈現実〉という物語においても、フィクション（映画やテレビドラマ）の物語と同じように、他者表象が多用される。バラエティ番組における〈外国人〉イメージ（萩原・国広編、二〇〇四）、ドラマや映画におけるマイノリティのイメージ、クイズ番組における〈異文化〉表象（石田・小川編、二〇〇三）などは、テレビにおける他者表象の事例である。ニュースにおける語りでも、娯楽番組と同様に、〈外国人〉犯罪を伝える報道、テロや災害報道に偏った〈海外〉ニュースなど、〈他者〉としての〈外国〉イメージが多用されている。

こうしたニュースの語りによる〈現実〉構築への関与は、それと明確に意識されないまでも、制作者側から肯定的に言及されることもある。たとえば、二〇〇二年一二月にソウルで開催されたＫＢＳ（韓国放送公社）とＨＮＫニュース報道とを比較分析する国際シンポジウム[9]では、「ＫＢＳニュースに比べ、ＮＨＫニュースには価値判断が入っていない」という分析や、韓国のニュースに現れた日本イメージの変化について「一九九〇年代後半から、ＫＢＳニュースに客観報道が増加し、日本に対する肯定的な報道が目立ってきた」という報告がなされている。また、ＮＨＫの韓国報道も「一〇年のあいだに倍増し、ニュース報道が相手国イメージの改善に役立っている可能性が強調」されたという（藤原、二〇〇三、傍点は引用者による）。

仮に、ニュース報道が「相手国のイメージ改善に役立っている」という前提で作られているのであれば、その逆（相手国のイメージ悪化に一役買っている──「反日」報道など）の側面も当然あるであろうが、それは当事者からはめったに語られることはない。サイードは、表現されている特質がたとえ美点や快さであったとしても、汚さや不道徳といったネガティブな特質であったとしても、他者表象は他者性を構築する〝まなざし〟の暴力であり、「権力と支配のための装置」であると断じた（サイード、一九八六など）。それと同様に、ニュース報道における外国イメージは、それが肯定的なものであれ（「客観報道」というスタイルのものであれ）、否定的なものであれ、自己と他者を対比的に構築し、従来の自己像の強化・補強として機能する限り、支配的文化の〝まなざし〟から見た、あるいはテレビメディアがつくる〈いま・ここ・私たち〉の時空から見た〈他者表象〉であるという意味で同じ次元に属している。

テレビニュース分析の事例

ニュースにおける他者表象構築の事例研究として、韓流ブーム頂点の時期のニュース番組を取り上げることにしよう。なお、ニュースの場合、過去の番組が公開されていないため数量データを確定するのは難しいが、週ごとに集計されたワイドショー・ランキングによると、ワイドショーにおける韓流ブームのピークは二〇〇四年一一月後半であり、前掲図1-1、1-2と同様のカーブとなっている（後掲図1-4参照）。また、韓流ブームを扱った話題のランキングおよび総時間量は、二〇〇四年全体を通して第二〇位（五四七分）、二〇〇五年では第一七位（六三四分）である。[10]

表1-1は、二〇〇四年一一月二六日の夕方のニュースから二番組を選んで、トップ項目五つをまとめたものである。[11] この日は、前日にペ・ヨンジュンが来日し大きな話題となった、まさに韓流ブーム頂点の一日であった。『ニュースの森』（TBS系）では、トップ項目で八分間「ヨン様来日二日目」の話題を取り上げた。同日の『ニュース7』（NHK総合）でも、トップ3の項目として伝えている。

表1－1　2004年11月26日の夕方のニュース（トップ5項目）

（単位：分･秒）

	ニュースの森（TBS 17：50～）	ニュース7（NHK 19：00～）
1	ヨン様来日2日目（8′00″）	政治改革（10′00″）
2	事故（1′00″）	家族殺人事件（1′30″）
3	事故（1′00″）	ペ・ヨンジュン ファン10人けが（2′15″）
4	家族殺人事件（1′00″）	ウクライナ緊迫（5′00″）
5	政治改革（2′00″）	皇室関連ニュース（1′30″）

章末資料2（本書三〇～三一頁）は、『ニュースの森』の「ヨン様来日」項目のプロットである。それは、スタジオ〈いま・ここ・私たち〉の時空と、取材VTR（騒動の現場、記者会見場）、さらに韓国における「日本の『韓流』ブーム」への反応の紹介、そして、最後に再びスタジオに戻る、という構成となっている。ニュース価値としては「ファンの転倒事故、軽いケガ」という些細な出来事にすぎないことを、韓流ブーム、「ヨン様」騒動の大きさをことさらに強調している構成が特徴的である。

ここでは、大きく二つの〈他者表象〉が用いられている。ひとつは韓流ブームの担い手としての「中高年女性」イメージであり、他方は「韓流ブームの原産国＝韓国」のイメージである。

資料2の項目番号3から8までに登場するのは「中高年女性ファン」の表象であり、項目9から13までは「韓国」の表象である。「中高年女性」は不特定多数の群像として描かれ、歓声や叫び声、走るシーンなど、情動的で非理性的な図像が多用されている。また、インタビューとして採用された彼女らの語りにはピンク色のテロップが使われ、ファン＝盲目的傾倒のイメージが強調される。それに続いて「韓国」を表象するのは、韓国のテレビニュースの語りであり、街頭でのインタビューである。韓国のテレビ番組からの引用は、二番組あわせて一分超あり、それ自体がひとつの項目を構成している。さらに、日本のテレビニュース素材を見せて尋ねた街頭インタビューが続く。「日本における『韓流』ブームに対する韓国の反応」を構築するこれらの語

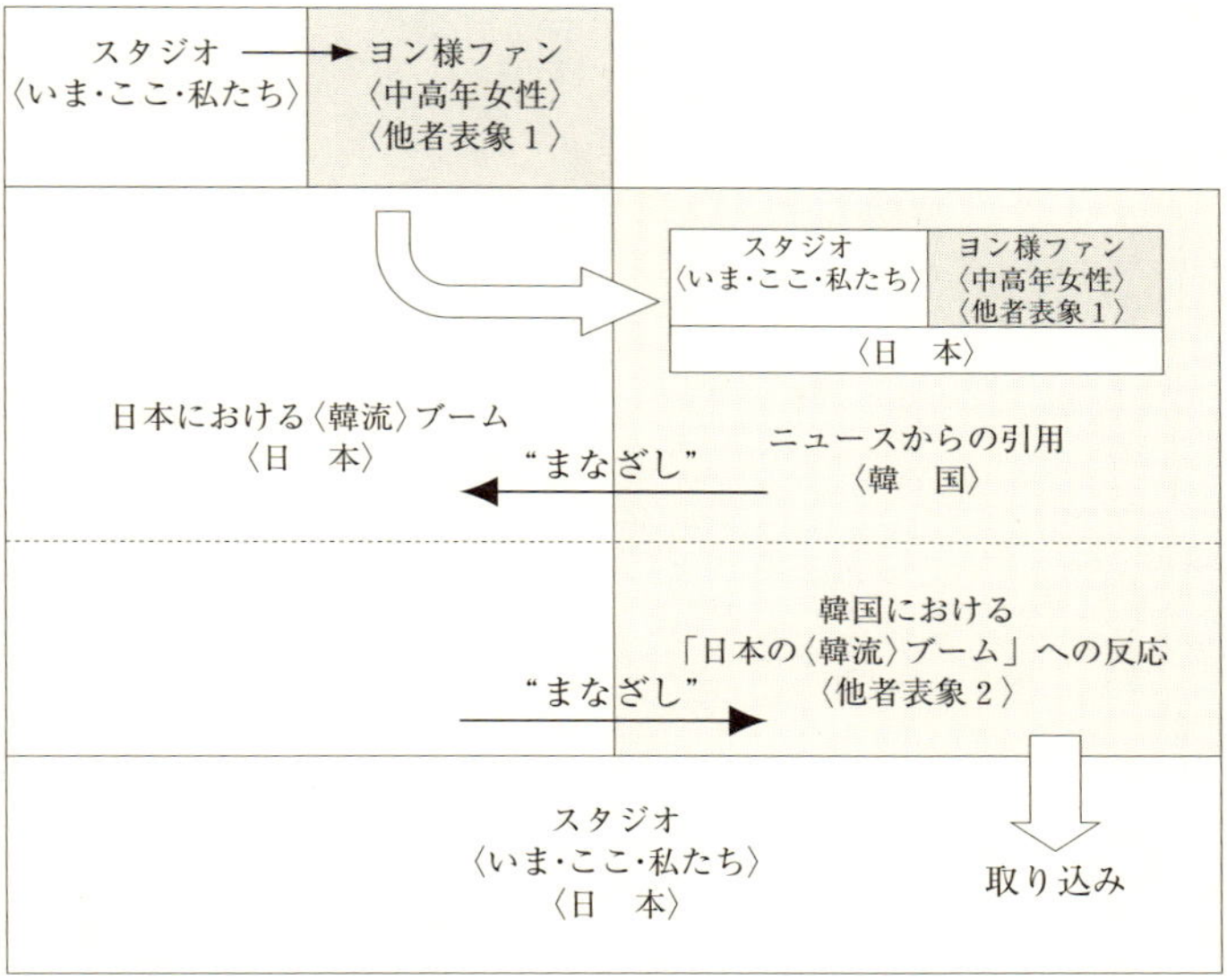

図1-3　「ヨン様来日」ニュース言説における〈他者表象〉

りでは、「中高年女性」とは対比的に、理性的で醒めた語り、クールな表情を多用している。

このニュースの語りにおいて構築されている〈他者表象〉を図示すると、図1-3のようになる。まず第一に、スタジオ（ニュースの語りという理性）とは対比的に、非理性的存在として「中高年女性ファン」の表象が描かれ、日本国内の異物としてネガティブな意味内容を付与される（〈他者表象1〉）。興味深いのは、「ニュース」の語り（＝出来事の報告）という形式に、娯楽形式のコミュニケーションやCM、PRと言うべき要素（項目4、6）が混ざり込んでいる点である。単に中高年女性を〈他者〉として描くだけではなく、〈韓流〉ブームの主役（＝主たる消費者）として魅惑する語りもそこには含まれている。さらに、「ヨン様騒動」の〈日本〉と、それを冷静に見ている〈韓国〉とが対比的に描かれる（〈他者表象2〉)。ここで特徴づけられている〈韓国〉イメージは、理性的かつポジティブなものであるが、これは、第2節1項で述べたプロット③のパターンに該当する。すなわち、自己(この場合は〈日本〉)のネガティブな特性(=ばかばかしい騒動)と、他者(〈韓国〉)のポジティブな特性(=冷静な反応)とが、自己のなかに併存しているようなプロットである。最終的にスタジオの時空に戻り韓国紙の紹介で終わる、このニュースの語りは、他者〈韓国〉の特性の取り込みによって自己〈日本〉の問題解決に至る、というパターンとなっていることが分かる。

ニュース言説の分析はひとつの事例に過ぎないが、テレビメディアの言説はいくつかのパターンを踏襲していることが多い。そこで構築される他者表象も当然いくつかのパターンによって成り立っている。それらの他者表象を介して従来の自己を強化するのか、それとも新たな自己を再構築する契機になるのかは、オーディエンスの解読の力にも左右される。さらに、それらの他者表象が文脈付けされ、解釈枠組みを与えられている、より広い社会的脈絡に働く権力作用に目を向けることが必要であろう。

韓流ブームによって構築された〈他者表象〉について考える際により重要なことは、このような〈他者表象〉の入れ子構造において、自己/他者の対となるのは、日韓・韓日の二国の間に限ったことではないという点である。先に「海外」ドラマという番組群——おそらくポピュラー文化全体も類似型なのだが——においては、長くアメリカが他者/自己表象の対の相手国となってきたことを述べたが、テレビメディア言説の全体像から考えると〝朝鮮半島〟や〝東アジア〟といった別な形式の〈他者表象〉も見えてくる。

図1-4および図1-5は、項目別・週ごとに集計されているワイドショーの放送時間のデータである[12]。周知のように、二〇〇二年の小泉訪朝以来、北朝鮮拉致被害者関連のニュース報道は膨大な時間数に達している。図1-4からは、ワイドショーにおける韓流ブームのピークが理解できるのだが、同時

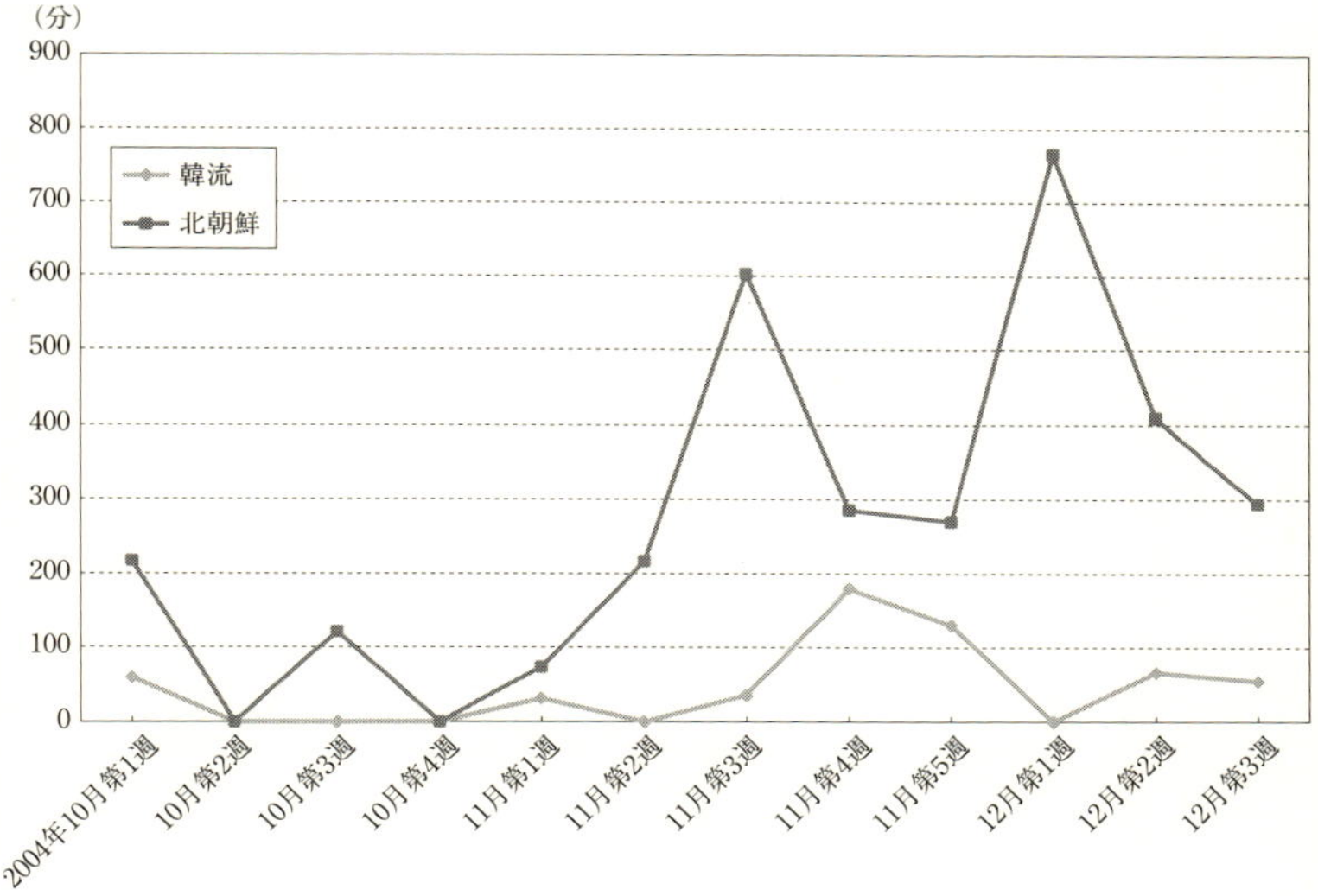

図１－４　ワイドショーにおける放送時間数（週単位）

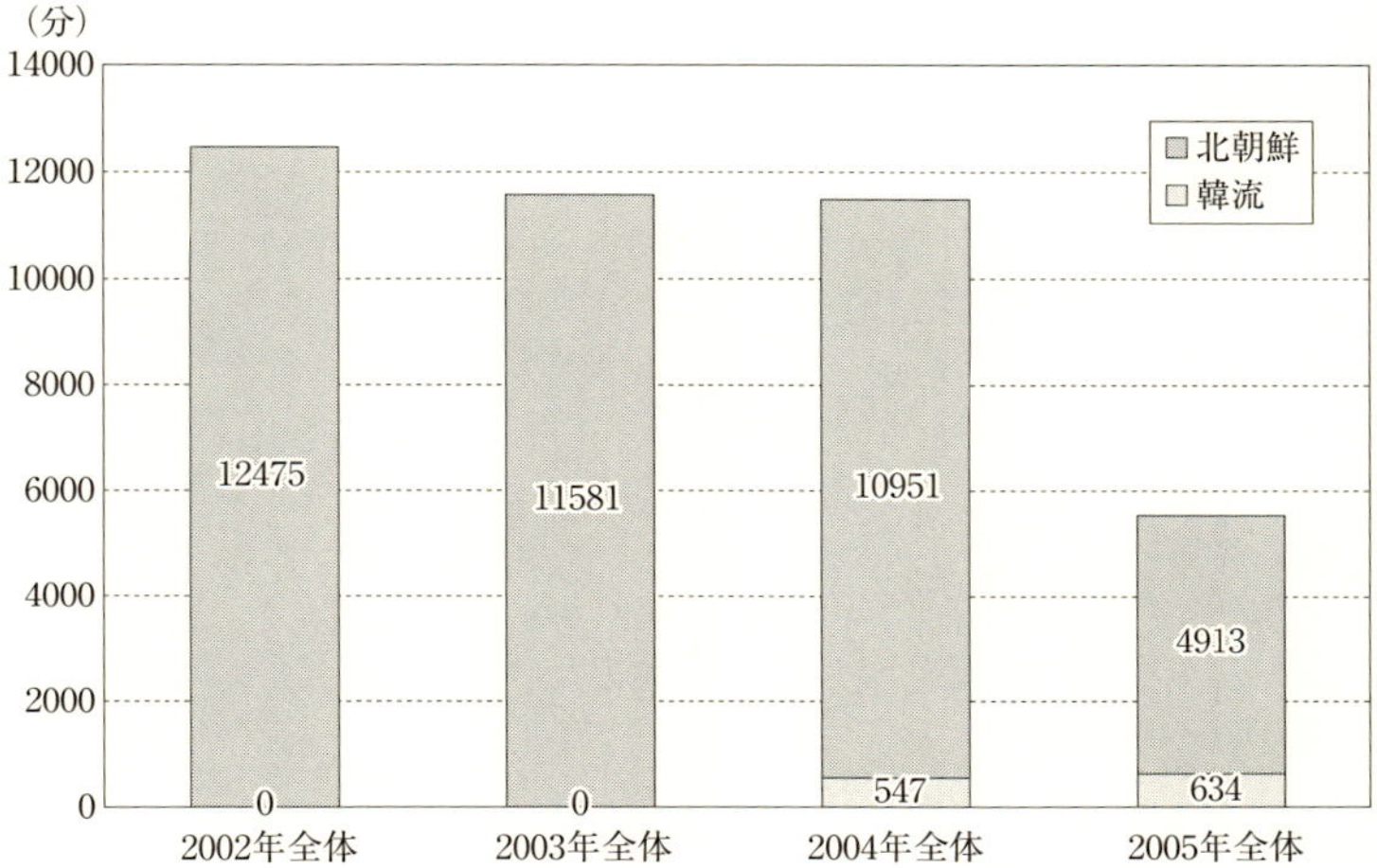

図１－５　ワイドショーにおける放送時間数（年単位）

期に、北朝鮮関連ニュースもきわめて多く放送されていたことが分かる。二〇〇二～〇五年の四年間、ワイドショーにおける「北朝鮮」関連項目は連続して圧倒的放送時間となっており（項目ランク第一位または二位）、韓流ブーム関連の項目と比べて膨大であることが理解される（図1-5）。韓流ブームによって再構築された〈他者表象〉を〝朝鮮半島〟という〈他者表象〉に関連させて論じる議論は少なくないが、テレビメディアにおける言説空間のより広い脈絡のなかで「韓流ブーム」のボリュームを考えることは、その有効なヒントとなるであろう。

4 〈他者表象〉による自己の再構築可能性

韓流ブームを語る三つのレベル

最終節では、韓流ブームの語りのレベルを区別し、それぞれのレベルで構築された〈他者表象〉についてさらに考えていくことにしよう。

韓流ブームを語るレベルには、大きく分けて三つのものが考えられる。ひとつは日常生活における会話といった人びとの語りであり、「ポピュラーな語りのレベル」に位置する。対面的コミュニケーションにおける語りももちろんこれに含まれるが、電子メディアが発達普及した現代生活においては、メールやチャット、紙媒体の手紙、ファン・ミーティングにおける情報交換、インターネットのブログや掲示板なども、このレベルに含まれる。二つめは、テレビや雑誌、新聞などの「メディア言説のレベル」における語りである。第3節のテレビニュースの語りは、このレベルに位置する。三つめは、学術出版や学術論文、セミナーやシンポジウムといった「アカデミックなレベル」での語りである。韓流ブームは、これらの三つのレベルにおいて、それぞれ巻き起こったと考えられる。それぞれのレベルはバラバラな位相に存在するわけではなく、相互に影響を与え合うものであることは言うまでもない。

まず、ポピュラーな語りのレベルにおける「韓流」、そこで構築された〈他者表象〉とはどのようなものであったのか。しばしば指摘されることだが、韓流ブームを通じて、従来「韓国」に特別の関心を持たなかった人びとが韓国に関心を持つようになった。たとえば、林香里は、自分自身をも含めて「冬ソナ」ファンはこのドラマによって「初めて韓国に出会った」のだ、と述懐している（林、二〇〇五、一二六～一二七頁）。舞台背景や物語は「韓国らしさ」のない〝コスモポリタン〟なドラマ（四方田、二〇〇五）であったにもかかわらず、「韓国ってこんな国だったんだ」というように、それを見ている者たちに、自身の「韓国に対する知識レベルの低さ」「驚くべき無知」を気づかせてしまうきっかけとなった（林、二〇〇五）。こうした語りに表現される「韓国」という〈他者表象〉は、従来の自己イメージを批判的に再構築する作用を持っていた。それゆえ、多くの人びとの関心を集め、また熱心な情報収集活動やイベント参加につながっていったのだろう。

メディア言説のレベルでは、二〇〇三年の早い時期から「冬ソナ」現象に関する記事や論評が「中高年女性に人気」と紹介し、テレビニュースの語りと同様、彼女らを〈他者〉として描いた（李智旻、二〇〇四）。しかしながら、そもそも韓流ブームは中高年女性だけのものではないし、「冬ソナ」視聴者も彼女たち「だけ」ではなかったことは強調しておいていいであろう[13]。確認しておきたいことは、「冬ソナ」ファンの多くは確かに中高年女性であったかもしれないが、それは「冬ソナ」現象に固有のことではない、という点である。章末資料1（本書二八～二九頁）にあるように、同時期の高視聴率ドラマの多くは中高年視聴者をターゲットとして制作されている。たとえば『渡る世間は鬼ばかり』（TBS系列）は、一九九〇年から断続的に制作されている高視聴率番組で、「冬ソナ」と同じく中高年女性を主たる視聴者としている。テレビドラマ文化に限っていうなら「中高年女性」が主たる担い手であることは珍しいことではないが、それはほとんど話題にならない。[14]「冬ソナ」関連イベントの熱気もたびたび話題になったが、もともと観劇や観光ツアーなどの客層は中高年女性が中心である。

「冬ソナ」現象の特異性とは、それまで「中高年女性」オーディエンスに関心を持たなかった研究者やライター、記者たちに、彼女たちへの関心を向けさせた、という点である。毛利嘉孝は、自身の関心が若者文化偏重であったことを批判的に振り返りながら、「冬ソナ」現象について関心を向けることは「中高年女性の文化」に対する「新しい発見」だったと述べている（毛利、二〇〇四、一六頁）。その意味で、「中高年女性」という〈他者表象〉は、従来の自己イメージを再構築する可能性がなかったとは言えない。だが、多くのメディア言説の場合、従来の自己イメージ、従来の日韓関係と相互のイメージを強化・維持するために「冬ソナ＝オバファン」という〈他者表象〉を採用していたようである。

アカデミックな語りのレベルでは、韓国に特別の関心を持っていなかった人びとが関心を持つようになった、あるいは、韓国イメージが変わった、というケースに加えて、従来から韓国に特別の関心を持っていた人びとがある種の「専門家」として、それまでとは違った関心から「韓流」を語ったケースが多くみられた。たとえば、ジェンダーの立場から「冬ソナ」を読み解くシンポジウムの参加者たちは、「ブームになっているので、これは見ておかねば」ということで「冬ソナ」を見始めた、と述べている。パネリストの水田宗子は、「冬ソナ」を見る前は「韓国ドラマなので、否応なしに歴史とか政治の時間、空間に引き込まれている」韓国の若者たちが描かれているのかと思った、と語っている（城西国際大学編、二〇〇六、一四頁、傍点は引用者による）。

韓流ブームは、ブームたるがゆえに、それ以前にはテレビ文化やポピュラー文化に特に関心を持ったことがない人びとにも、テレビ番組やその人気について語らせることになった。「冬ソナ」や「韓流」と銘打った書物・記事の多くは芸能娯楽の専門記者やライターによって書かれているが、それればかりではなく、日本に滞在する／した韓国人留学生、在日の韓国・朝鮮籍の人びと、韓国・朝鮮半島を専門とする地域研究者、韓国・朝鮮語学の専門家たちによっても書かれている。彼ら・彼女らの多くは学問領域からいうと全く別の専門であることも少なくない。だが「冬ソナ＝韓流の中心」の図式が確立したことで、「文化の本質を語る正統な資格を持つ者（＝ネイティブ）」こそ「冬ソナについて雄弁に語る資格がある」と見なされた。さらに、「誰にとっても身近な」はずの〈テレビ文化＝大衆文化〉への敷居の低さが、「冬ソナ」をめぐる多くの言説を生み出し、ブームを増幅させる流れに結びついていった。

やや大まかにまとめるなら、韓流ブームをめぐるポピュラーな語りのレベルでは〈韓国〉が、メディア言説のレベルでは〈中高年女性〉が、アカデミックな言説のレベルでは〈大衆文化〉が、それぞれ支配的文化の〝まなざし〟から周縁化された〈他者〉として立ち現れた。それらの〈他者表象〉が、従来の自己イメージを批判的に再構築するように作用するのか、それともそうではないのかは、それらを読み解く者のポジション、テクストの置かれたより広い社会的脈絡、権力作用によっても異なっている。

ここでは、主に日本語の脈絡において「韓流ブーム」を語るレベルを整理したが、韓国語の脈絡における「韓流ブーム」の語りはそれとはまた別な回路で形成されている。しかしながら、両者は全く別個の言説空間として切り離されているのではなく、翻訳、国際シンポジウム、国際学会、インターネット、テレビや新聞の相互引用という越境的な場において、互いに互いの〈他者表象〉を鏡に映った〈自己像〉として反射的に受け取ることで、入れ子構造としての自己／他者イメージを常に新たに再編しているのである。

〈他者表象〉入れ子構造と越境するポピュラー文化

「韓流」というポピュラー文化商品がアジアに拡大し、グローバル化するにつれて、それを韓国とい

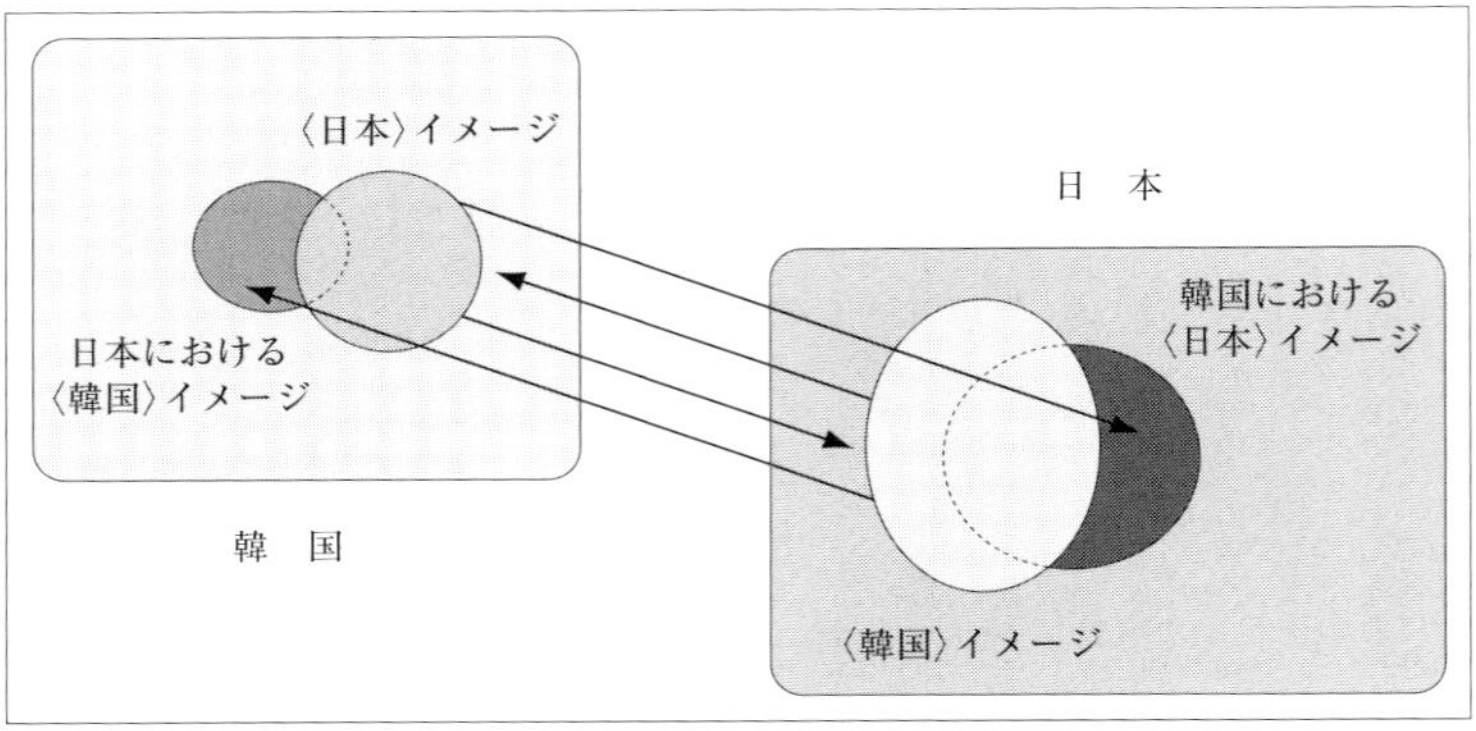

図1－6　日韓相互の〈他者表象〉の入れ子構造

う国家の文化政策の成功として語る力が強まっていく。日韓相互の言説空間において入れ子的に構築された〈他者表象〉のキャッチボールがそのイメージを現実化し補強する（図1-6）。そこには、先行する文化産業の成功例として、一九八〇年代以降の日本のポピュラー文化輸出が存在していることは言うまでもない。文化交流を促進しようという目的の下に、日韓両国を対比的にとらえるプロットが再編され、新たな〈他者表象〉が語られることによって、韓流ブームがまさしく国民国家の正統文化として喧伝され再配置されていく。〈他者表象〉が従来からの相互の自己イメージを強化するためだけに奉仕するとき、韓流ブームは地域に固定的な本質主義的文化へと回収されてしまう。

越境するポピュラー文化、あるいはメディア文化は、本来的に脱場所的な性質を持っている。韓流ブームは、ポピュラー文化が国境を越えて拡大していく際に常に提起される一般問題として読み解かれる必要がある。ソフトパワー論やコンテンツ流通戦略といった国家資本による文化政策の視線と、それが構築する〈他者表象〉による支配の可能性について、常に意識しておかねばならない。そうでなければ、ポピュラー文化研究は、その対象のポピュラリティのゆえに、ポピュリズム的煽動に堕ちてしまう危険性と隣り合わせだからである。数多くの韓流ブーム研究が出現したのちの、〈ポスト韓流〉を名乗る本書の真価はここにこそ存在する。

註

（1）たとえば「『冬ソナ』深夜に15％　NHK笑い止まらず」の記事（二〇〇四／五／三一）『ZAKZAK』http://www.zakzak.co.jp/ など。
（2）集計は週ごとに細かく出されているが、ここでは、四〜八月の推移を見るために各月の第一週のみを表にした。データは、ビデオリサーチ社（http://www.videor.co.jp/）による。
（3）ドラマ部門で二〇〇四年全体の高位視聴率にランクインしたのは、『プライド』『僕と彼女の生きる道』『白い巨塔』（すべてフジテレビ系列）などである。
（4）国立情報学研究所 論文情報ナビゲータ CiNii（http://ci.nii.ac.jp/cinii/servlet/CiNiiTop）および、国立国会図書館雑誌記事索引検索（http://opac.ndl.go.jp/Process）による検索結果から、石田佐恵子が集計・作成したもの。詳細は巻末の韓流文献一覧を参照。
（5）ロボット型ニュース検索サイト Ceek. jp news による検索結果から、石田佐恵子が集計・作成したもの。Ceek. jp は、インターネット上にあるニュースサイトを定期的に巡回し、ニュース記事のデータベースを蓄積している。二〇〇五年四月以降の対象サイトは七四サイト。
（6）Ceek. jp では、ニュースサイトはいくつかのカテゴリーに分類されている。「中国・朝鮮」に分類されるサイトは『中央日報』『朝鮮日報』『東亜日報』『東方ネット』『中国情報局』『人民網』『CRI』（いずれも日本語サイト）などである。「冬ソナ」「韓流」いずれの検索語の場合でも、全検索数の約半数は「中国・朝鮮」に分類されるサイト記事である。興味深いことに、雑誌メディアとは違い「韓流」という検索数に「嫌韓流」についての記事はほとんど含まれない。二〇〇五年以降も続く「韓流」記事の多くは芸能・娯楽ニュース（狭義の韓流）である。

(7)　中国語で「突撃」を意味する。

(8)　「冬ソナ」の物語はしばしば「少女マンガのようだ」と批評されるが、「冬ソナ」の無国籍なイメージと少女マンガのそれとの共通性とは、他者のない自己愛の世界を描いている点である。物語を貫く共通の美意識、どこまでも〈私〉の見た世界だという点において、ある種の〈少女マンガ〉に似ていると言えるかもしれない。

(9)　ＮＨＫ放送文化研究所が主催したもの。それによると、「報道の使命のひとつは、国際相互理解の促進」であるという（藤原、二〇〇三）。

(10)　ＰＲＯＪＥＣＴ（tvdatabank）「２００４年ワイドショー年間ランキングＴＯＰ50」による。(http://www.tvdatabank.com/data/200412/index.html)。

(11)　個人的に資料録画していたものから、石田佐恵子がデータ化した。資料２も同様。

(12)　ＴＢＳ系『ブロードキャスター』のコーナー「お父さんのためのワイドショー講座」における年間ランキング集計によるもの。元データは、ＰＲＯＪＥＣＴ（tvdatabank）がＭＬやサイトなどで一時公開していたが、現在では二〇〇四年のものだけが入手可能。出所は註10と同じ。

(13)　ここには、辻竜平が指摘したように、「冬ソナ」現象の主たる担い手が「中高年女性」と目されたことで、対象となる人びとはいっそう「冬ソナ」ファンを自認しやすくなり、そうでない者は遠ざかっていくという「沈黙の螺旋」のメカニズムが働いたことは確かであろう（辻、二〇〇五）。当然のごとく、各種イベントや便乗商品が彼女たちをターゲットとして企画される一方、週刊誌などを中心に「冬ソナ」現象バッシングとも呼ぶべき冷ややかな論調も出現した。彼女たちを対象としたインタビューやフィールドワークも、それらの現象の現実化を補強した。

(14)　ドラマ評においては、『水戸黄門』、『渡る世間は鬼ばかり』、ＮＨＫ大河ドラマ、ＮＨＫ朝の連続テレビドラマは、いかに高視聴率を獲得しようと、特に話題にはならないという。なぜなら「視聴者は若者である」

という強い基準が、ドラマ評の世界に働いているからである（麻生、二〇〇六、二〇八頁）。テレビドラマを評価する基準は、単に視聴率の高低だけではなく、スポンサーにとって意味のある視聴者層であるか否かが、関心の大きなポイントとなっている。

参考・引用文献

麻生香太郎（二〇〇六）『ジャパニーズ・エンタテインメント・リポート』ダイヤモンド社
石田佐恵子・小川博司編（二〇〇三）『クイズ文化の社会学』世界思想社
石田佐恵子（一九九八）「現代メディア文化の国籍性の語られ方――〈日本イメージ〉の場合」『大阪市立大学文学部紀要　人文研究』五〇巻九号
石田英敬（二〇〇三）『記号の知／メディアの知――日常生活批判のためのレッスン』東京大学出版会
池田淑子（二〇〇五）「他者の表象と自己の再構築――『ラスト　サムライ』（二〇〇三）における「日本人」の映像と「アメリカ人」の再構築」日本記号学会編『ケータイ研究の最前線』一巻　慶應義塾大学出版会
岩渕功一（二〇〇四）『越える文化、交錯する境界――トランス・アジアを翔るメディア文化』山川出版社
岩渕功一（二〇〇三）『グローバル・プリズム――〈アジアン・ドリーム〉としての日本のテレビドラマ』平凡社
太田好信（二〇〇一）『民族誌的近代への介入――文化を語る権利は誰にあるのか』人文書院
金谷美和（二〇〇〇）「『民衆的工芸』という他者表象――植民地状況下の中国北部における日本民芸運動」『民族學研究』六四巻四号
川竹和夫・杉山明子ほか編（二〇〇〇）『外国メディアの日本イメージ』学文社
川竹和夫・杉山明子（一九九四）「日本を中心とするテレビ番組の流通状況」『放送研究と調査』一九九四年一一月号
姜尚中（二〇〇五）「『ヨン様』と『ジョンイル』（時流自論）」『朝日新聞』二〇〇五年二月六日
金京煥（二〇〇一）「韓国・北朝鮮首脳会談に関するテレビ報道の内容分析」『マス・コミュニケーション研究』五

九号
金光林（二〇〇二）「東アジアにおける韓国の大衆文化（韓流）――その現状と展望」『新潟産業大学人文学部紀要』一四号
金廷恩（二〇〇六）「韓国における日本のテレビソフトの移植」『マス・コミュニケーション研究』六八号
Ｅ・Ｗ・サイード、浅井信雄・佐藤成文共訳（一九八六）『イスラム報道――ニュースはいかにつくられるか』みすず書房
Ｅ・Ｗ・サイード、今沢紀子訳（一九七八＝一九九三）『オリエンタリズム』平凡社
城西国際大学ジェンダー女性学研究所編（二〇〇六）『ジェンダーで読む〝韓流〟文化の現在』現代書館
菅谷実編（二〇〇五）『東アジアのメディア・コンテンツ流通』慶應義塾大学出版会
鈴木貞美（二〇〇五）『日本の文化ナショナリズム』平凡社
辻竜平（二〇〇五）「沈黙の螺旋としての『冬ソナ』・『韓流』ブーム――誰が語り誰が乗ったか」『明治学院大学心理学部付属研究所紀要』二〇〇五年三巻三号
中根隆行（二〇〇四）『〈朝鮮〉表象の文化誌――近代日本と他者をめぐる知の植民地化』新曜社
萩原滋（一九九五）「外国製作のテレビ番組に対する日本人の態度」『マス・コミュニケーション研究』四七号
萩原滋・国広陽子編（二〇〇四）『テレビと外国人イメージ』勁草書房
林香里（二〇〇五）『「冬ソナ」にハマった私たち――純愛、涙、マスコミ…そして韓国』文藝春秋
原由美子（二〇〇四）「日本のテレビ番組の輸出入状況――二〇〇一～二年ＩＣＦＰ調査から」ＪＡＭＣＯ編『第一三回ウェッブサイト国際シンポジウム報告書「日本」を越える日本のテレビドラマ――そのトランスナショナルな意味と影響』ＪＡＭＣＯ
咸翰姫・許仁順、蓮池薫訳（二〇〇六）『冬ソナと蝶ファンタジー』光文社
藤原純二（二〇〇三）『日韓報道比較共同研究』ＮＨＫ放送文化研究所
http://www.nhk.or.jp/bunken/new/ new_03010101.html

白元淡（二〇〇五）趙慶喜訳「韓流の東アジア的可能性」『現代思想』三三巻六号
増田幸子（二〇〇四）『アメリカ映画に現れた「日本」イメージの変遷』大阪大学出版会
三矢惠子（二〇〇四）「世論調査からみた『冬ソナ』現象――『冬のソナタ』に関する世論調査から」『放送研究と調査』五四巻一二号
村上由見子（一九九三）『イエロー・フェイス――ハリウッド映画にみるアジア人の肖像』朝日新聞社
村田勝重（二〇〇五）「『韓流』ブームと日韓関係――報道の視点と取り組み」『新聞研究』二〇〇五年一巻六四三号
E・モラン（二〇〇四）「『越境する文化』の時代をむかえた地球」EU・ジャパンフェスト日本委員会編『グローバル化で文化はどうなる?』藤原書店
毛利嘉孝編（二〇〇四）「『冬のソナタ』と能動的ファンの文化実践」毛利嘉孝編『日式韓流――「冬のソナタ」と日韓大衆文化の現在』せりか書房
山野車輪（二〇〇五）『マンガ嫌韓流』晋遊舎
ユ・サンチョルほか、蓮池薫訳（二〇〇六）『韓流熱風――映画・テレビドラマ・音楽　強さの秘密』朝日新聞社
李智旻（二〇〇四）「新聞に見る「ヨン様」浸透現象」毛利編　前掲書

資料1　2004年4～8月（各第1週）のドラマ視聴率 TOP10（関東地区）

期　間	番　組　名	局　名	放送日	開始時刻－放送時間(分)	視聴率（%）
2004/04/05-11	連続テレビ小説・天花	NHK 総合	'04/4/5(月)～'04/4/8(木)	8:15－15	18.4
	日曜劇場・オレンジデイズ	TBS	'04/4/11(日)	21:00－84	18.1
	橋田壽賀子ドラマ・渡る世間は鬼ばかり	TBS	'04/4/8(木)	21:28－31	17.2
	土曜ワイド劇場・牟田刑事官事件ファイル	テレビ朝日	'04/4/10(土)	21:00－111	16.0
	金曜エンタテイメント・内田康夫サスペンスSP2 浅見光彦シリーズ19　ユタが愛した探偵	フジテレビ	'04/4/9(金)	21:00－112	15.6
	橋田壽賀子ドラマ・渡る世間は鬼ばかり	TBS	'04/4/8(木)	21:00－23	15.3
	新選組！	NHK 総合	'04/4/11(日)	20:00－45	14.4
	ドラマスペシャル・ナースマン	日本テレビ	'04/4/6(火)	21:00－114	12.2
	春のドラマスペシャル・女達の罪と罰	フジテレビ	'04/4/6(火)	21:30－114	12.2
	冬のソナタ	**NHK 総合**	**'04/4/10(土)**	**23:10－60**	**10.9**
2004/05/03-09	火曜サスペンス劇場・事件記者・三上雄太	日本テレビ	'04/5/4(火)	21:03－111	17.9
	橋田壽賀子ドラマ・渡る世間は鬼ばかり	TBS	'04/5/6(木)	21:00－54	17.8
	連続テレビ小説・天花	NHK 総合	'04/5/3(月)・'04/5/4(火)・'04/5/5(水)	8:15－15	17.0
	金曜エンタテイメント・温泉名物女将！湯の町事件簿5	フジテレビ	'04/5/7(金)	21:00－112	15.7
	日曜劇場・オレンジデイズ	TBS	'04/5/9(日)	21:10－54	15.7
	愛し君へ	フジテレビ	'04/5/3(月)	21:00－54	15.4
	新選組！	NHK 総合	'04/5/9(日)	20:00－45	15.4
	月曜ミステリー劇場・3周年記念スペシャル横山秀夫サスペンス・ペルソナ―偽りの微笑	TBS	'04/5/3(月)	21:30－114	14.6
	アットホーム・ダッド	フジテレビ	'04/5/4(火)	22:00－54	14.2
	冬のソナタ	**NHK 総合**	**'04/5/8(土)**	**23:10－60**	**13.6**
2004/06/07-13	橋田壽賀子ドラマ・渡る世間は鬼ばかり	TBS	'04/6/10(木)	21:00－54	18.3
	アットホーム・ダッド	フジテレビ	'04/6/8(火)	22:30－54	17.7
	連続テレビ小説・天花	NHK 総合	'04/6/7(月)	8:15－15	17.5
	日曜劇場・オレンジデイズ	TBS	'04/6/13(日)	21:00－54	17.3
	金曜エンタテイメント・ハマの静香は事件がお好き episode2	フジテレビ	'04/6/11(金)	21:00－112	16.9
	新選組！	NHK 総合	'04/6/13(日)	20:00－45	16.8
	愛し君へ	フジテレビ	'04/6/7(月)	21:00－54	16.3
	火曜サスペンス劇場・警視庁鑑識班17	日本テレビ	'04/6/8(火)	21:03－111	15.9
	冬のソナタ	**NHK 総合**	**'04/6/12(土)**	**23:10－60**	**15.7**
	水戸黄門	TBS	'04/6/7(月)	20:00－54	15.6

2004/07/05-11	ウォーターボーイズ２	フジテレビ	'04/7/6(火)	21:00－64	20.6
	橋田壽賀子ドラマ・渡る世間は鬼ばかり	TBS	'04/7/8(木)	21:00－54	18.3
	東京湾景	フジテレビ	'04/7/5(月)	21:00－69	17.7
	火曜サスペンス劇場・弁護士高林鮎子33 特急うずしお30号の罠	日本テレビ	'04/7/6(火)	21:33－111	16.5
	冬のソナタ	NHK 総合	'04/7/10(土)	23:10－60	16.5
	月曜ミステリー劇場・万引きＧメン二階堂雪12・結婚願望	TBS	'04/7/5(月)	21:00－114	16.2
	木曜劇場・人間の証明	フジテレビ	'04/7/8(木)	22:00－69	15.9
	連続テレビ小説・天花	NHK 総合	'04/7/9(金)	8:15－15	15.8
	金曜ドラマ・世界の中心で，愛をさけぶ	TBS	'04/7/9(金)	22:00－54	15.7
	水戸黄門	TBS	'04/7/5(月)	20:00－54	15.4
2004/08/02-08	橋田壽賀子ドラマ・渡る世間は鬼ばかり	TBS	'04/8/5(木)	21:00－54	17.4
	冬のソナタ	NHK 総合	'04/8/7(土)	23:40－60	16.5
	新選組！	NHK 総合	'04/8/8(日)	20:00－45	16.5
	水戸黄門	TBS	'04/8/2(月)	20:00－54	16.2
	連続テレビ小説・天花	NHK 総合	'04/8/3(火)	8:15－15	16.2
	水曜プレミア・さとうきび畑の唄完全版	TBS	'04/8/4(水)	21:00－159	15.9
	火曜サスペンス劇場・緊急救命病院２	日本テレビ	'04/8/3(火)	21:03－111	15.3
	金曜ドラマ・世界の中心で，愛をさけぶ	TBS	'04/8/6(金)	22:00－54	15.0
	月曜ミステリー劇場・山村美紗サスペンス 名探偵キャサリン14・旅芸人一座殺人事件	TBS	'04/8/2(月)	21:00－114	13.9
	日曜劇場・逃亡者	TBS	'04/8/8(日)	21:00－54	13.5
2004/08/16-22	冬のソナタ・最終回	NHK 総合	'04/8/21(土)	23:10－60	20.6
	連続テレビ小説・天花	NHK 総合	'04/8/21(土)	8:15－15	19.4
	橋田壽賀子ドラマ・渡る世間は鬼ばかり	TBS	'04/8/19(木)	21:00－54	16.9
	月曜ミステリー劇場・駅前タクシー湯けむり事件案内２	TBS	'04/8/16(月)	21:00－114	16.1
	新選組！	NHK 総合	'04/8/22(日)	20:00－45	16.1
	水戸黄門	TBS	'04/8/16(月)	20:00－54	15.4
	金曜ドラマ・世界の中心で，愛をさけぶ	TBS	'04/8/20(金)	22:30－54	15.4
	ウォーターボーイズ２	フジテレビ	'04/8/17(火)	21:00－54	14.8
	東京湾景	フジテレビ	'04/8/16(月)	21:00－54	13.8
	日曜劇場・逃亡者	TBS	'04/8/22(日)	21:00－54	12.7

出所：ビデオリサーチ　視聴率バックナンバー（http://www.videor.co.jp/）

資料2　「ヨン様来日」ニュース言説のプロット（TBS『ニュースの森』2004/11/26より）

項目番号	カウンタ	項目内容	映　像	画面構成・演出	セリフ
1	00:00〜00:15	オープニング：事件を伝える短いクリップ，ヨン様騒動の短いクリップ　15″	映像クリップに見だし，アナウンサーの顔写真	番組のオープニング音楽，クリップの内容にあわせた見だし文	「ヨン様騒動，ついにけが人が出てしまいました」
2	00:15〜00:32	スタジオ　17″	出演者3人のバストショット（森田正光，小倉弘子，池田裕行）		小倉「来日中のペ・ヨンジュンさん，もう騒動と言っていいですよね，森田さん」　森田「追いかけている人たちが私と同世代なので，そちらの方に私は興味がありますけどね」　小倉「実はですね，ついにけが人まで出してしまいました」
3	00:32〜01:37	取材VTR（ホテル前の騒ぎ）　1′05″	ホテル前に並ぶ女性たちの行列をカメラがパンして撮影。手にデジカメを持ち，人待ち顔で一方向を見つめる女性たち。警備員の拡声マイク。走り出す女性たちを追いかける乱れた画像。車に乗って出て行くペ・ヨンジュンのアップ，スローで繰り返し。現場にいた女性たちへのインタビュー。	見だし「ついにケガ人　笑顔が消えた」　テロップ「きょう」「女性ファンおよそ1000人が集まる」　画面右上「ヨン様フィーバー続く　ついにケガ人も」　〈以下略〉	男性ナレーター「きょう，ペ・ヨンジュンさんが宿泊しているホテル前には朝から大勢の女性ファンが押しかけました」　男性警備員「下がって，あぶないから，押してるのみんなで」　ナレーター「そして午後0時半，ヨン様を乗せた車が出てきました」　〈以下略〉
4	01:37〜01:53	写真集PRビデオ　16″	白黒の撮影風景。上半身裸体のペ・ヨンジュンがポーズを決める。	画面右上「笑顔が消えたヨン様　ついにケガ人まで〈フィーバー続く〉」	ナレーター「ヨン様の来日の目的は写真集のPR」「シェイプアップでつくりあげた肉体美が写真集のウリです」
5	01:53〜03:18	取材VTR（記者会見）　1′25″	記者会見場に入ってきてお辞儀を繰り返すペ・ヨンジュンと関係者。挿入される項目3のVTR。謝罪するペ・ヨンジュン	画面右上「笑顔が消えたヨン様　ついにケガ人まで〈フィーバー続く〉」　ペ・ヨンジュン発言の字幕（黄色）	ナレーター「その肉体を赤いジャケットに包んだヨン様が午後2時会見場に現れました」　〈以下略〉
6	03:18〜03:26	取材VTR（写真展会場）　8″	誰もいない写真展会場	画面右上「笑顔が消えたヨン様　ついにケガ人まで〈フィーバー続く〉」	ナレーター「結局，写真展のテープカットなど，予定されていたイベントも中止となりました」
7	03:26−〜04:03	取材VTR（記者会見）　37″	謝罪するペ・ヨンジュンの関係者，無言のペ・ヨンジュンのうつむいた横顔のクローズアップ	画面右上「笑顔が消えたヨン様　ついにケガ人まで〈フィーバー続く〉」　韓国語発言の訳の字幕（黄色）	ナレーター「写真集PRのための会見は一転してファンへの謝罪会見となりました」「この曇ったヨン様の表情と裏腹なのが，ファンの人たちの表情」
8	04:03〜04:29	取材VTR（会見場前）　26″	デジカメを持ってうれしそうな中年女性の顔のアップ。会見場のホテル玄関前に立つレポーター（竹内香苗）のバストショット，現場にいた女性たちへのインタビュー。2人づれの女性のアップ。	画面右上「笑顔が消えたヨン様　ついにケガ人まで〈フィーバー続く〉」　テロップ「一目でもいいから会いたいです」（手書きフォント，ピンク色）	竹内「もう会見は始まっているんですけど，会見場の外側には，なんとか一目見ようとこんなにたくさんのファンの方々が集まっています」　〈以下略〉

9	04:29 〜 04:40	取材 VTR（成田空港）11″	多くの人が集まり歓声をあげる中をペ・ヨンジュンが登場。手を振って歓声に応える。カメラはペ・ヨンジュンの後ろ側にもあり，一斉にカメラを手にするファンの顔が映る。	画面右上「ヨン様フィーバー韓国の人はどうみる〈ソウルでの人気は？〉」 テロップ「韓国メディアも一斉に伝えた」（大ゴシック赤色）	ナレーター「ところで，昨日のヨン様の来日のフィーバーぶりを韓国メディアも一斉に伝えました」
10	04:40 〜 05:19	MBC ニュース画面の引用 39″	男性アナウンサーがニュース項目を読み上げるバストアップ映像。ニュース右上には，ペ・ヨンジュンの写真が挿入。 チャ特派員による取材 VTR（成田空港，項目９とほぼ同じ）	画面右上「ヨン様フィーバー韓国の人はどうみる〈ソウルでの人気は？〉」 韓国語訳の字幕（大ゴシック，黄色，ピンク色）	韓国語音声（アナウンサー，特派員） 取材現場（空港，街頭，移動車を追いかけるヘリ）などの騒音。
11	05:19 〜 06:05	YTN ニュース画面の引用 46″	男性アナウンサーがニュース項目を読み上げるバストアップ映像。特派員による取材 VTR（成田空港，ファンに囲まれて手を振るペ・ヨンジュン）	画面右上「ヨン様フィーバー韓国の人はどうみる〈ソウルでの人気は？〉」 韓国語訳の字幕（黄色）	韓国語音声（アナウンサー，特派員） 取材現場（空港）の歓声。
12	06:05 〜 06:12	昨日の「ニュースの森」の画面引用 7″	枠の付いたニュース画像，「来日　空港大パニック」の項目を読む小倉弘子のバストショット。	画面右上「ヨン様フィーバー韓国の人はどうみる〈ソウルでの人気は？〉」 昨日の画面の上にテロップを重ねて表記	昨日のニュース音声に重なって，ナレーター「ところで，昨日放送したニュースの森をソウルの人たちに見てもらいました」
13	06:12 〜 07:19	取材 VTR（ソウル）1′07″	小さな画面でニュースの森を見る人びと。ビジネスマン風の男性，学生風の若い女性は，画面を見て笑う。 若い女性，中年女性，中年男性，若い女性へのインタビュー。	画面右上「ヨン様フィーバー韓国の人はどうみる〈ソウルでの人気は？〉」 テロップ「ウケる」（大，青色） 韓国語訳（黄色）	無音（テロップのみ）の問い「日本の韓流ブームについてどう思いますか？」に答える韓国語音声。 若い女性「日本文化が韓国に定着して　韓国文化が日本に定着して　そういうところから見ると橋渡しになっていいと思います」中年女性「韓国ではペ・ヨンジュンの人気はそうでもないのに」中年男性「いったい何がいいんだろう　理解できないねえ」若い女性「ひとつの輸出商品としてはいいんじゃない」
14	07:19 〜 07:37	項目３と同じ映像クリップ 18″	車に乗って出て行くペ・ヨンジュンのアップ，スローで繰り返し。	画面右上「ヨン様フィーバー韓国の人はどうみる〈ソウルでの人気は？〉」 テロップ「ヨン様フィーバーはまだまだ続く…」（ピンク）	男性ナレーター「ともあれ，日本におけるヨン様フィーバーはまだまだ続きそうです」 女性ファンの歓声が大きくオーバーラップ。
15	07:37 〜 07:57	スタジオ 20″	森田正光，小倉弘子，２人のバストショット。２人が座る机の背景にはボードがあり，韓国語新聞が一面に貼られている。新聞の１つを指す小倉，紙面のアップ。紙面にはペ・ヨンジュンのアップ写真と赤の大見出し。		小倉「さあそして韓国の各紙もこのように一面で大きく扱っているんですけども，森田さん，これなんて書いてあるか分かりますか？」森田「あー，ヨン様，と」小倉「正解なんです，韓国では普通にペ・ヨンジュンと呼ばれているそうなんですけど，日本でヨン様と呼ばれていることを知って，わざとこう書いてあるそうです。日本での人気ぶりをちょっとおもしろがっているようですね」

出所：筆者作成。

第2章　韓流とその「愛のあと」
――韓国を消費する女性とその表象をめぐって――

平田由紀江

1　誰にとっての韓流か、という問いから

二〇〇七年一月、二〇〇四年に日本で一世を風靡した『冬のソナタ』の再放送が民放で開始されるというニュースが目に留まった(1)。「韓流」という言葉自体はあまり聞かれなくなってきたとはいえ、韓国大衆文化の人気は衰えておらず、映画や音楽のシーンでは日韓共同プロジェクトなども頻繁に行われている。

わたしは「韓流」という言葉を用いるとき、韓国大衆文化に焦点を合わせてこれを使用しているが、しかしながら、「韓流」という言葉は、日本においても韓国においても、いまやとても幅広い意味で使われていて捉えどころがないようにすら思える。第一に、定義が曖昧である。本来意味するところであったと思われる「アジアで急速に流行することとなったドラマ、映画、K‐ポップ、アニメ、ゲームなど韓国大衆文化の人気を指す言葉」(キム・ヒョンミ、二〇〇六、二三八頁)という定義を前提としつつもそれを超えてしまった観がある。すなわちそれは、「大衆文化の人気」を論ずる場合のみならず、政治、経済、国際関係に至るまで、さまざまなシーンで使われている。

第二に、「韓流」を語る人々も実に多様である。このため、定義が曖昧になってしまうのも仕方がないといってしまえばそうかもしれない。「韓流」の消費者からジャーナリスト、日韓のさまざまな分野の研究者、政治家、反韓流を語る人々などがそれぞれ接近可能な媒体で語るというこの状況。たぶんこれが「韓流」という言葉を曖昧なものにしてしまったのではないかと思うのだが、多様なジャンルで多様な人々が「韓流」について、ひいては朝鮮半島について一方通行的ではなくて多方向的に語るという状況を生み出したことが「韓流」の最大の「効果」だといえるのではないだろうか。

本章は、「韓流」以降とそれ以前に、日韓のメディア周辺で起こっている出来事を断片的に記したものである。あえて「断片的に」とする理由は、ここでは「韓流」の全体像を描くことが目的ではなく、むしろ具体的に、「女性と韓国大衆文化消費」ということに焦点を当てて議論を進めていきたいからである。女性とその表象について、「冬ソナ」以降とそれ以前の日韓での双方への語りやまなざしをふまえつつ考えていくこととする。(2)

2　韓国と「韓流、日本女性」

「韓国」大衆文化を消費する「日本」女性

わたしは、たぶん多くの人々がそうであったように、日本での「韓流」現象を、驚きと、ある種の複雑な感情をもって受け止めていたように思う。なぜなら、韓国から最も「遠い」人々だと思い込んでいた層が、その中心だったからである。それは、だいたい四〇代以上の女性であり、一九七〇年代、一九八〇年代のキーセン観光の主人公であった日本男性でも、一九九〇年代のアジアブームやアジア観光ブーム、それに韓国大衆文化消費などでなにかしら韓国との接点があったと思われる「若い」日本女性たちとも異なっている。

「冬ソナ」視聴者や、それをきっかけとしてファンとしての活動を行ったり、また越境したりする女性たちは、一部のメディアにおける「ミーハーな日本女性ファン」という表象に飲み込まれつつあるかのようにも思われたし、また逆に、とある一部では、そのまなざしの多様さと他者理解への可能性が重要なものとされた。「女性が大衆文化を消費すること」とは少し異なり、「日本女性が韓国大衆文化を消費すること」というのは、消費する側にとってもされる側にとっても、ある特別な意味を持っていた。(3)

日本女性の韓国大衆文化消費は、世代によって、ポジションによって、さまざまな理由や動機や消費の仕方があったのにもかかわらず、一部のメディアなどでは、日本女性の韓国大衆文化消費は表象のレベルにおいて極度に性愛化される傾向があったし、また、政治・外交などの場面では消費主体の日本女性は日韓友好の「架け橋」もしくはその可能性を秘めている、とされた。そして似たような論調は（これにマーケティングの対象としての女性、というのが加わるのであるが）韓国でも見られた。以下に韓国における韓流の受けとめられ方を少し見ていきたい。

韓国の「韓流」言説

韓国の文学評論家であるキム・スイは韓流について、「大きく分けて二つの面で韓国人をうれしい興奮に陥らせた」とし、「ひとつは言語と外貌の異なる外国人が韓国のドラマと映画、スターに熱狂することに対する不思議さとプライド、二つ目は韓流が莫大な経済的付加価値を創出する「金鉱脈」であるということに対する驚きと期待」と述べている。「もしも韓流が経済的利益と直結していなかったら韓流に対するわれわれの関心は今のように高くなかったはずだ」（キム・スイ、二〇〇六）としているが、これはまさに韓国における韓流をとりまく主流の言説の特徴を的確に捉えたものといえるだろう。(4)

韓国メディアにおいて「韓流」関連で多数を占めたのは、「韓流の持続可能性」や「経済効果」などであった(5)。また、韓国学中央研究院のキム・ボクスが二〇〇五年まで（主に二〇〇四年と二〇〇五年）の日本における韓流に関する韓国メディアの報道を調査した研究によれば、韓国での「日本における韓流」報道のパターンとして、二つのパターンがあげられるという。ひとつは「日本における韓流熱風の紹介＋その効果（文化産業的、民族主義的な）＋韓流持続のための政府と業界の支援（策）要望」、もうひとつは「反韓流の動き＋これに対する批判＋政府の対策」（キム・ボクス、二〇〇五）である。こうしたパターン上においては、韓流は限りなく政策や経済効果、それに歴史問題と結び付けられ、韓流の「消費者」にはほとんど目が向けられていないか、単に韓流の「証拠」として扱われているのが現状である。

韓国で韓流がどのように受け止められたかについてはさまざまな見解があるだろうが、その一部を、わたしが韓国の人々から受けた質問からも垣間見ることができる。日本で「冬ソナ」がブレイクした二〇〇三年末から二〇〇五年にかけて、筆者は韓国の友人たちから沢山の質問を受けた。多くの日本人が同様の質問を受けたであろうことは想像に難くない。「『冬のソナタ』はなぜ人気があるのか、だってあのドラマは平凡で、そんなにいいドラマではないのに」……。そして時がたつにつれて質問の内容は変わっていった。「日本の中年女性はなぜヨン様が好きなのか」、「夫は怒らないのか」、そしてさらに憂慮の声も聞こえてきた。「ドラマもいいが、ドラマのファンたちは歴史を知らない」、「日韓の間の歴史や韓国の伝統文化を知らなすぎるのではないか」。そしてまた質問。「韓流は持続すると思うか」、「韓流を持続可能なものにしていくためにはどうしたらいいと思うか」、「嫌韓についてどう思うか」……。

手短にまとめると、疑問視されていたのは「テレビドラマやK‐ポップ」といった大衆文化というジャンルであり、同時に、消費者の「消費イメージ」、すなわちヨン様を空港に出迎えて熱狂し、ロケ地をめぐり、また関連グッズを買うということに代表される「ミーハー的な軽い」女性たちの消費イメージの両方であろう。

3　韓国大衆文化への注目と女性消費者の浮上

韓国大衆文化と日常へのまなざし

さてここで、韓流以前の日本における韓国への関心と、大衆文化消費についてみていこう。二〇〇三年末ごろからはじまり、二〇〇四、二〇〇五年にかけてピークを迎えた「冬ソナブーム」において（主に）日本女性がドラマ消費やブームをきっかけとして関心を持ち、そしてそのうちの一部が訪れることとなった「越境先」韓国は、遠くない昔には「男性の空間」であった場所である。日本男性によるキーセン観光ツアーが盛んであったという意味でもそうだし、政治・軍事的な事件のイメージがそこに拍車をかけていたといえる[(6)]。一九七〇年代、一九八〇年代は、韓国ばかりでなく東南アジアなどでも日本男性による売買春問題が表面化した時期であった。韓国に関して言えば、一九七三年にソウルの金浦空港における梨花女子大生によるキーセン観光反対デモ、「キーセン観光に反対する女たちの会」による羽田空港での抗議活動が続けて起こった。一九七四年にはこれを受けて日本の運輸省が韓国への不要不急な旅行の自粛令を出し、一九七五年には旅行業界に対し、「キーセン観光で国際親善を損なわないよう」指示を出すなどした。また、大衆文化面においては一九八五年に日本の週刊誌『平凡パンチ』に韓国の女優の水着や下着姿が掲載されたことが韓国で問題化されたりもした（別冊宝島54、一九八六）[(7)]。こうした事実は、韓国を訪問する日本人の男女比にも顕著に現われている。大衆文化や観光分野における韓国への「関心」は、非常に偏りのあるものだったといえる。

一方で、戦後日本人の韓国への態度・関心について時期区分を行った鄭大均によれば、第一期は「無関心・非関心」の時期（一九四五〜六四年）、第二期は「政治的関心の時期（一九六五〜八三年）」、第三期は「文化的関心の時期（一九八四〜）」であり、この変化は「〈断絶の時代〉から〈一方通行の時代〉を経て〈交流の時代〉へと至る日韓関係の変化に符合するもの」であるという（鄭大均、一九九五）。前記のキーセン観光がさかんであった時期と、鄭の言う「政治的関心の時期」がほぼ同時期であるのが興味深いところであるが、それはさておき、鄭が「文化的関心」のはじまりであるとしている一九八四年というのは、日本における韓国の日常文化を論じた代表的な書籍の共通年号となっている。[8] 一九八八年のソウル・オリンピック[9]前後に起こった韓国ブームの初期にもあたるこの時期は、戦後の日本において「大衆的な素材としての韓国あるいは韓国の日常文化」が「研究」という枠を超えて本格的に論じはじめられた時期である。すなわち、政治イデオロギーから比較的自由な位置から韓国という異文化に接し、その日常文化を論じるというスタンスが登場したといえる。[10] 女性による異文化体験記や韓国文化論が登場しはじめたのもこの頃のことである。[11]

韓国の日常へのまなざし

ソウル・オリンピック前後の時期に出版された、韓国の「日常」に注目した書籍のうち、現在でも幅広く読まれているものに、関川夏央の『ソウルの練習問題──異文化への透視ノート』、黒田福美の『ソウルマイハート』などがあげられる。この二冊の共通点は出版され二〇年が過ぎようとしている現在でも版を重ねており、大衆的支持を得ているということと、一九八四年を基点としていること、それまで政治や歴史的イシューが多かった韓国論のなかで、異文化としての韓国との接触という新しい視点で書かれていること、そしてもうひとつ、なんらかの異性愛ロマンス的な語り口（あるいはイメージ）をともなっているということである。[12] 少し詳しく見ていこう。

『ソウルの練習問題』は一九八四年に出版された異文化体験記・旅行記であり、一九八八年に文庫化されてからも版を重ね、二〇〇五年には『ソウルの練習問題新装版』が出版されている。関川は、それまでの韓国関連本への不満から発した自らの韓国に対するまなざしのありかたを述べている。「これまでの韓国についての本はおおむね、三つの方向に分けられ、いずれもその方向から一センチも逸脱していないと考えられた。ひとつは、韓国で日本人がいかに過度に謙虚に、言い換えれば、いかに卑屈になれるかという方向、もうひとつはいかに尊大になれるのかという方向である。残りのひとつは、韓国の政治経済的内幕を知り、眉間のしわと片側の頬の皮肉な笑いを同時に浮かべたいという方向である。ソウルでは実際に、まえのふたつのスタイルのどちらかをまもりつづける旅行者群に多く出会うことができる。その両端への往復運動を水飲み鳥のように繰り返す者はいても、中間点、つまり普通の状態に静止しながら感嘆とさげすみ以外の言葉を口にする旅行者はきわめてまれだ」（関川、一九八八）。同書の問題意識は、いかにバランスのとれたまなざしで、いかにありのままの韓国と接することができるか、ということにあったと思われる。一方で、この本の解説部分において宮村優子は「この本は日本人（男性）セキカワがユー・スンヂャに抱いたヨコシマな気持に端を発する恋愛物語である」と指摘する。実際に、ユー・スンヂャという女性とのやりとりを通じて触れる異文化は、関川がソウルを読み解いていく際に、ある一定の比重を占めているといっていい。ただしこの本は、キーセン観光に体現されるような、帝国主義的で男性中心主義的なまなざしからは、かなりの距離をおいており、真剣なやりとりと異文化への姿勢は「韓国異文化体験の名著」と呼ばれるほどの定評を得た。

一方の『ソウルマイハート』は女優・黒田福美が一九八四年にはじめて韓国を訪れた際の旅行記を中心にして書かれた異文化体験記として、一九八八年に出版されている。彼女の著書としては『ソウルの達人』シリーズがより知られているが、『ソウルマイハート』のほうも一九九五年に文庫化され版を重ねている彼女の重要な代表作であるといえる。黒田の韓国文化論は在日韓国・朝鮮人問題や歴史認識、韓国の日常など多岐にわたるものであり、韓国のバレーボール選手にあこがれたことがきっかけで韓国文化に興味を持ち始めたという黒田の異性愛ロマンス的な感情に端を発している。しかし、ここで見落とされがちなのは、『ソウルマイハート』における日韓関係や歴史問題に対する黒田自身の真摯な姿勢である。彼女自身、著書のなかで「……事情通の間で私に対する認識は「ある韓国のバレーボール選手に憧れたことがきっかけで、韓国を好きになり、韓国語まで勉強した女優」という図式が定着していったようだった。それは概ね事実だが、しかし一番肝心な部分を欠いていた。韓国に対する知識など皆無だった私を、四、五年で「韓国通」などというレッテルを貼られるまでに駆り立てたのは、ほかでもない、「在日韓国・朝鮮人差別」に対するいかり」だったと述べている。

このような彼女の「憧れ→韓国の日常に対する関心→韓国に対する自己反省的な問題意識」という構図が見落とされがちだというのは、「韓国エステツアーに大挙して出かける女性たちには偏見もなければ国境もない」（テリー伊藤他、二〇〇二）という言葉に代表されるように、政治・社会問題とは切り離したかたちで日本女性と韓国との関係を語ろうとする論調とも無関係ではないだろうし、また、語り手である女性たち自身が、なんらかの問題意識をもちながらも、それとは一見切り離したように見えるかたちで韓国を「語る」傾向にあるためであるとも考えられよう。

同時期に書かれたこの二冊を比較した際、黒田の「きっかけ」に過ぎなかった「バレーボール選手への憧れ」という異性愛的表現は、関川の練習問題に見られるユー・スンヂャとのやりとりよりも、ずっと強調されてきたのではないだろうか。

女性消費者と韓国大衆文化

さて、一九九〇年代に入ると、韓国大衆文化消費のほうも、徐々にではあるがその層が広がっていった[13]。アジアの音楽を紹介する深夜番組『アジアＮビート』（フジ系、一九九四）や、雑誌『Pop Asia』の創刊（一九九五年）など、一九九〇年代初めに起こったアジアブームを受けて、韓国大衆文化への接近可能な「窓口」が徐々にではあるが広がっていったのである。また、観光のアジアブームを受けて、韓国への渡航者数は増加し、一九九四年に実施された韓国へのビザなし渡航がこれに拍車をかけた。日本女性訪問客の比率も増加していった[14]。日本では、一九九二年にデビューしたキム・ゴンモが一九九五年一二月に東京のホテルでディナーショー形式のライブを行っている[15]。韓国における一九九二年は、ＴＶドラマでは『嫉妬』（ＭＢＣ）でトレンディドラマ時代が幕を開け、大衆音楽ではソテジワアイドゥルの鮮烈なデビューなどで、本格的な大衆文化消費時代を迎える。

観光や大衆文化の消費を通じて、また別のルートを通じて、徐々にではあるが日本女性と韓国が「近く」なっていったのがこの時期であるといえよう。

しかしながら、前述のように、女性たちが語る「異文化としての韓国」という流れは、ソウル・オリンピック前後の韓国ブームごろから始まっていたといえる。黒田をはじめとするこうした流れにおいて、彼女たちの「韓国」は「知らなかった」ことが前提となっている。一九九八年に韓国で『韓国おばさん礼賛』として発売され話題を呼び、二〇〇一年にはＮＨＫでドラマ化もされた、渡邉真弓の『韓国のおばちゃんはえらい！』や、カナダ留学での韓国人との出会いをきっかけに韓国に興味を持ち、語学留学したという菅野朋子の『好きになってはいけない国』などにおいても、この「知らなかった」という姿勢は一貫している。以上に挙げたものはごく一部に過ぎないが、これらの語りの特徴は、韓国自体というよりは、ひょんなことから、例えば夫の転勤先が韓国だったとか、あるいは韓国の特定有名人や友人などへの興味から、異文化との接触を行っていくという構図である。しかし、韓流以前の日本の状況において、こうした語りは大衆文化消費や旅行記、異文化体験記以上の意味を持つことはあまりなかったといっていい。もちろん、「女性」による韓国への語りをひとかたまりのものとしてみることは明らかな間違いであるが、その「女性による語り」に対する反応については「消費、ちょっと変わったミーハー」などのようなものだったし、学術分野ではほとんど無視されてきたといっていいのではないだろうか。

ところで、「知らなかった」という姿勢は、二〇〇四年にピークを迎えた冬ソナブームの際に、冬ソナ視聴者によって語られた「(韓国について)なにも知らなかった」という語りと似ている。とりわけ「冬ソナ」ブームの中心であるといわれている中高年の女性たちは、それまで、韓国へのチャンネルがほとんどなかったといってもいいだろう。[16]「知らなかった」女性たちが、時期をずらして「知っていく」過程の、おそらく最大の現象が「冬ソナ」ブームであったといえるのではないだろうか。

4 異性愛ロマンスのドラマ化

異性愛ロマンスと越境する女性たちの表象

前出の黒田はある雑誌のコラムにおいて、韓国大衆文化を消費する女性たちについて、以下のように述べている。

日本文化開放、ワールドカップ日韓共催、そして「冬ソナブーム」と一連の流れを見ていると、私たちが少しずつ蒔いてきた日韓交流の種が、こういうふうなかたちで成就したんだなあって、感慨深いものがありますね。……ミーハーって決して悪いことじゃないと思う。ミーハーって、とりあえず無条件で肯定することからはじまるでしょ？　そこから芽生えて次の行動につながっていくものがあると思う。まさに二〇年前の私がそうだったように。

（黒田、二〇〇四、二七頁）

ここで黒田は、「ミーハー」としての女性たちを肯定し、彼女たちの可能性について述べている。しかしながら、黒田はなぜ「冬ソナブーム」の消費者たちを語るとき、わざわざ「ミーハーって決して悪いことじゃない」と語らなければならなかったのか。『女の愛をなめんなよ！　女のトキメキは国境を越える！　解体☆韓国エンタメ完全攻略』の著者・村田順子は、一九九三年に韓国映画をみたことと、韓国大衆音楽ファンの友人の影響で韓国に関心をもったひとりであるが、彼女はこれに関し、鋭い指摘を行っている。

二〇〇四年。ペ・ヨンジュンの出現で日本は変わった。さすがの男社会も、救世主ヨン様には刃向かわない。なぜなら信者の数が半端ではないからだ。うかつなことを言うと、大変な目にあう。何より、ものすごい経済効果をもたらす商品なだけに、苦々しく思いながらも男たちは資本主義の忠実なしもべとなって黙っている。でも、バッシングのチャンスを虎視眈々と狙っているのは確かだ。実際、この現象を彼らは「恥」だと感じている。ことさらに韓国スターのファンを「オバサン」と連呼するTVにも悪意を感じるし、言い方に険があって愕然とすることも多い。極端な〝おっかけ〟ばかりをクローズアップすることにも疑問を感じる。

（村田、二〇〇五、一六四〜一六五頁）

村田の指摘は明らかに、この「韓流」現象がもはや単なるファンである消費者と特定のメディア産業間の閉じられた関係ではなく、日本社会がこの関係に注目し、それに対するリアクションをしようとしている（あるいはしている）ということを物語っているものである。村田は韓国スターへの憧れや「恋愛」感情を表すことを惜しまないが、一方でそれに「アンチ」の姿勢を示す男社会・日本を警戒している。このリアクションというのは、村田の警戒するような「アンチ」である場合もあるし、また「韓流」という現象を政治・外交と積極的に結びつけていこうとするナショナリスティックな動きである場合もあるだろう。前者の場合、「文化的自閉性の帰結（中西、二〇〇六）」であるとか「趣味化された」といわれているナショナリズムの表出であるともいえる『マンガ嫌韓流』や2ちゃんねるにおけるハングル板での動きが代表的なものであるが、そこに限らず、一部の週刊誌やワイドショーなどでも頻繁に見られるものである。

　これは一見すると、韓国への批判や日本のマスメディアへの批判としても読み取れるが、実は「韓流」に「乗る」日本女性に対する「アンチ」という要素も多分に含まれていると思われる。「歴史を知らない」とか「真実」を知らないと韓流に乗せられてしまうのだよ、という語りは、韓国批判であると同時に、韓国大衆文化を消費する女性たちに対する批判でもあるように受け止められる。これは、二〇〇五年三月に、インターネット上のファンサイトが基盤のペ・ヨンジュンファンクラブのひとつである「ぺさもジャパン」の女性たちによって行われた、春川《チュンチョン》明洞《ミョンドン》通りの清掃を皮肉った韓国のラジオMCの言葉として紹介されているような、「清掃してくれるのはありがたいんですけどね、春川市より、過去の歴史を清掃してほしいですね（菅野、二〇〇五）」という語りにも共通したものであり、「韓流ファン＝歴史や日韓関係を知らない」という図式が日韓両国で形成されてしまっているようでもある。前述の黒田の語りは、こうした動きを受けて、韓国大衆文化を消費する女性たちの行動を彼女なりに「意味化」したものだと言えるだろう。

もちろん、黒田福美が『ソウルマイハート』を著した一九八八年と、韓流以降の「韓国を消費する、あるいはそれに接する」女性たちへの社会的関心は全く異なるものである。しかし、そのような女性たちに対する視線はあまり変化したとは言えず、「韓流」という言葉ばかりが韓国経済や日韓関係改善など別のレベルで語られ、一人歩きしているようにもみえる。それは日韓双方で言えることだ。前述の「韓国エステツアーに大挙して出かける女性たちには偏見もなければ国境もない」というような安易なフレーズは、女性たちの「異文化との接触」に何らかの可能性を認める肯定的な意見であるかのように見えるが、実は、女性は政治や権力に関係なく好きなことに盲目になるのだという偏見と「疎外」の論理が働いている。ここに、グローバルな女性主体の「移動」や異文化との接触が持つ、可能性と限界が見出される。それは「消費イメージ」と同時に、表象の「性愛化」という問題である。もちろん、「性愛」そのものを否定するわけではない。例えばファンとその対象の間にはある種の「親密性の交換」が存在する。そうではなくて、ここで指摘したいのは、極端に「性愛化」されることによってもたらされる「効果」の問題である。

異性愛ロマンスのドラマ化

さて、日本においては「日韓友好」であるとか「日韓交流」といった視点から、二〇〇一年以降、さまざまな韓国関連のテレビドラマ（日韓合作ドラマを含む）が制作されてきたが、それらドラマの特徴として、そのほぼすべてにおいて日韓関係が「異性愛」に置き換えられていること、そしてそのほとんどのドラマの中で、「恋愛」という理由によって国境を越えるのは「女性」であることを指摘しておきたい。ついでに言うと、それら「女性」たちは、それぞれ逆説的に「国」を背負っている。なぜ逆説的にかというと、「異文化・異国」への理解というかたちで自分たちの生まれた国を代弁しているかのように表象されるからである。

日韓ワールドカップ共同開催を控えた時期に放映されたドラマ『結婚の条件』（TBS、二〇〇二）では、日本男性が出張先の韓国で韓国女性と出会い、韓国女性が両親の反対を押し切って日本にやってくるというストーリー展開となっており、また、『もう一度キス』（NHK、二〇〇一）、『至上の恋――愛は海を越えて』（NHK、二〇〇二）でも、韓国女性が何らかの理由で日本に滞在していることになっている。

また、二〇〇二年から二〇〇四年にかけて日韓で同時期に放映された日韓合作ドラマと呼ばれる三作品[17]に関しては、いずれも国境を越えるのは日本「女性」である。これは一方で国境を越えるという女性の積極性をあらわしている反面、「異性愛」という枠組みの中でその積極性が限界を迎え、結論としてその「異性愛」を通して「異文化理解」を深めていこうというものになっている。国境を越えるのが女性の場合、それはどうしても現地男性との恋愛と結び付けられがちである。それ自体を極度に問題視する必要はないのかもしれないが、このような表象のシチュエーションで体よく避けられているのが、日本男性と韓国男性、すなわち日韓男性同士の接触・葛藤・摩擦であるということは注目すべきであろう。それは表現されたとしても大変消極的であるか、韓国の家父長制を強調しそれを尊重するかたちで表現される。韓国の家父長制との接触がまるで「異文化」との接触となっている部分が多くあり、それを理解または問題を解消していくのは日本（あるいは韓国）女性の役割となっているのである[18]。

例えば日韓合作ドラマ『ソナギ――雨上がりの殺意』では、女性主人公であるちずるの両親は不在、兄は物語の冒頭で殺され、「日本」は極度に女性化されている。また『フレンズ』では女性主人公である智子の家は母子家庭という設定だ。とりわけ日韓両国で放映された日韓合作ドラマでは、日本女性のこうした役割が強調されている。

ここで問題とすべきは、なぜ「異文化理解」が「異性愛」の枠組みのなかで語られてしまうのかということと、もうひとつは、日本女性が「異文化理解」の架け橋的存在として表象されることによって得られる「効果」、すなわち日韓の男性同士の摩擦の回避についてである。女性には表象のレベルにおいてこのような役割が課されるにもかかわらず、それは「異性愛」の枠内にとどめられるという限定つきの「異文化理解」であるという構図は、実際に韓国大衆文化を消費する日本女性に対する日韓社会の認識と同一線上にあるといえはしないだろうか。

5 『愛のあとにくるもの』のあと

『愛のあとにくるもの』

では、「韓流以降」の表象はどうか。

「冬ソナ以降」に企画されたものの一例として、韓国の人気作家である孔枝泳と日本の辻仁成がそれぞれ日韓男女の思いを綴った小説『愛のあとにくるもの』（二〇〇六）がある。韓国ではたいへん話題となったこの作品は、もともと『遠い空、近い海』という題名で韓国のハンギョレ新聞に連載されたもので、既存の日韓合作ドラマにおける韓国＝男、日本＝女とは逆のかたちで日本＝男、韓国＝女の恋愛が各自の視点から語られていく。日韓合作ドラマがどれも日本＝女、韓国＝男の恋愛であったことが韓国の新聞紙上で批判されていたこともあり、この企画はジェンダーを逆にするというものであった。確かに、こうした企画が韓国の新聞紙上で連載されるということは、「過去の記憶」すなわちキーセン観光や従軍慰安婦問題などの記憶を表象上で克服していくことにつながるという意味で、歴史的文脈では「進展」と言えるのかもしれない。だが、大衆レベルの日韓関係の表象が男女間の恋愛に終始してしまっているという点ではむしろ批判的に見るべきではないだろうか。

ここでも、日本に留学した韓国女性、すなわち越境する女性が登場する。仕事で韓国を訪れた日本男性（彼女の元カレ）と再会するという設定だ。小説の中で、男性主人公の潤吾は『韓国の友人、日本の友人』という本が韓国語に翻訳されたことをきっかけに韓国を訪問する。それは自分が経験した韓国女性との終わってしまった恋を題材にしたものだった。その女性・紅は、韓国での通訳として彼の前に現れる。偶然再会した紅と潤吾の七日間が、日本で暮らしていた頃の回想を交えながら語られていく。しかし、お決まりのようにここでも日本と韓国という「国家」とその過去は、二人の間に侵入してくる。

「あの日、わたしは彼に向かって叫んだ。しかし、何を言ったのか、すべてを思い出すことはできない。ただ、あなたたち日本人は……、と叫び、わたしたちを占領して、わたしたちを苦しめて、わたしたちのものを奪って……と叫んだとき、ゆっくりとわたしを振り向いた潤吾が、ハンマーで打たれた人のような目をしていたことは覚えている。」

「わたしたちはあなたたちに占領されていたのよ。それを、未だにわたしたちのほうから謝れ謝れと迫るのもおかしいし、嫌で仕方がないの。まるであなたたちのように、全く悪かったとは思っていない、あなたたち日本人に！」

（孔、二〇〇六、一六八頁）

ここでは、日本の植民地支配に対する批判が、韓国女性の叫びによって語られる。表象のレベルにおいてジェンダーが逆転した場合には、ほとんど起こりえない展開である。

「韓流以降」に書かれた「小説」であり、それ以前に製作された日韓合作ドラマとは主旨も異なるため、異文化交流よりも男女間の「恋愛」がより強調されている。しかし依然として「異文化理解」と「恋愛」は切り離せないものとなっている。そして、このことは、前述のような、日本で韓国の日常に注目しはじめた二つの著作における表象の性愛化についても言えることである。

日本人であろうが韓国人であろうが、女性たちは一方で、まるで「性愛化」によって「不幸な日韓関係」解消への架け橋となるかのような表象のされ方をし、またある一方では、その「性愛化」が理由となり実際に韓国大衆文化を消費する女性たちへのバッシングが行われたりもする。追っかけという名の性愛しかりである。これらはまさに表裏一体のものであり、性愛化された異文化理解は明らかに「異文化理解」という可能性と同時に「性愛にすぎない」という限界をもっている。そしてこれは時に「性愛」に過ぎないことを強調することにより、女性たちがそれ以上の領域へ介入することを困難にするというメカニズムが働くのではないだろうか。

むすびにかえて――『愛のあとにくるもの』のあと

ピーターソンは女性と集団の関係性について、「集団利益の定義において行為主体 agency たることを否定され、男性の定義する諸要求に従うよう強いられるほどに、女性の自由と自立は限界付けられている」（ピーターソン、二〇〇一）と述べているが、まさに女性が「異文化」を体験するということは、集団すなわち国家の立場から見た場合、そのアイデンティティを脅かすことにも、また逆にそこに利益をもたらすことにもつながる。そこでは、普遍的に語られる固定的イメージとしての「男」と「女」が前提となっていることは言うまでもない。ナショナリズムがそこに介入し、政治的にその「行為主体」は利用され、そして「行為主体」である女性たちはそこから排除される傾向にある。そこに、表象される「女性たちの韓国大衆文化消費」の限界がある。

この「女性たちの韓国大衆文化消費」から、またその勢いを借りてその周辺から生み出されていく言説から、さまざまな「限界」と「可能性」が読み取れる。

註

(1) 毎日新聞 http://www.mainichi-msn.co.jp/tokusyu/everyone/news/20070111mog00m200001000c.html

(2) もちろん、ここで「女性と韓国大衆文化消費」の関係性を一般化するつもりはない。しかしながら、これが表象される場合には、いくつかの傾向が見出せる。わたしが言及したいのはむしろそちらのほうである。

(3) 韓国ドラマ消費の中心として浮上した中高年女性の韓国観について、水田宗子は「(韓国について) 教えられてこなかったこともありますが、私たちのコンプレックスなんですよ。戦争が悪いことだったことをわかってることによる強い罪の意識と、自分たちが被害者なのか加害者なのかどちらでもあるのかという不安定さ、落ち着きのなさ、そういう自分の内側の問題。そういうものに対して私たちも複雑なものを持っているということです」(水田宗子他編、二〇〇六) と述べている。

(4) このような流れに対する批判もはやくから行われてきたことは注目すべきである。文化人類学者チョハン・ヘジョンは、「韓流」を「優秀な文化が低級な文化へと伝播する現象というよりは、国境を越えたトランスナショナルな資本とメディアの移動、そして人々の移動によって起こった複雑でダイナミックなトランスカルチュレーションの一部であり、権力再編の過程として把握すべき現象である」としている (チョ・ヘジョン、二〇〇二)。

(5) 韓国の大手書店・教保文庫のサイト (www.kyobobook.co.kr) で「韓流」という文字を入れて検索すると二〇〇六年八月三〇日現在、一七件の書籍がヒットする。明らかにここで言う「韓流」とは関連性のないものは三件であり、それは「韓流」という単語が本来の意味を超えて幅広く使用されていることを示すものでもある。残りの一四件を出版年度別に見ていくと、二〇〇二~〇三年に出版されたものは三件、『韓流を活用した中国観光客誘致増進方案』などのマーケティング関連書のほか、日韓の人類学者、文化研究者などによる論集『韓流とアジアの大衆文化』も出版されており、この時点から「韓流」は、さまざまな分野において注目を集めていたことがわかる。さらに二〇〇四~〇六年 (八月現在) にかけては一〇冊の関連書籍が出版されている。そのうち、明らかにマーケティング関連本とわかる『韓流、グローバル時代の文化競争力』（サムソン経済研究所、二〇〇五）のようなものは五冊、文化論は同じく五冊であった。

(6) 一九七三年の東京における金大中拉致事件や、一九七四年の文世光事件などは日韓関係に衝撃を与えると同時に、韓国に対する政治的関心が高まった。

(7) また、韓国でのセクシュアルサービスの発展に関する記述としては申惠秀『韓国風俗産業の政治経済学――従属的発展とセクシュアルサービス』（新幹社、一九九五）が詳しい。

(8) 同年には、NHKで「アンニョンハシムニカ　ハングル講座」がスタートした。

(9) JOC総会で一九八八年のソウル・オリンピック開催が決定したのは一九八一年九月のことである。

(10) 四方田犬彦『われらが〈他者〉なる韓国』（PARCO出版、一九八七）や朴貞洙・金容権『ソウルの八八人――韓国の中流階級（ふつうの人々）』（角川書店、一九八八）など多数。

(11) すべてを記すことはできないが、主なものに、小野田美紗子『ワンダーランド・ソウル』（評論社、一九八一）、戸田郁子『ふだん着のソウル案内』（晶文社、一九八八）、茨木のり子『ハングルへの旅』（朝日新聞社、一九八九）などがある。女性による旅行案内書も、『おしゃべりソウル』神山麻子著（みずうみ出版、一九八七）や、トラベルデザイナー・おそどまさこによる『韓国に夢中！旅ガイド』（平田志津子との共著、地球は狭いわよ、一九八九）などが出版された。

(12) もうひとつ、幻の名盤解放同盟による韓国旅行記『ディープ・コリア』についても言及しておきたい。こちらも一九八四年から韓国が語られている。一九八七年に出版された『定本ディープ・コリア――韓国旅行記』は、一九九四年に青林堂から再度出版され、さらに二〇〇二年に『豪定本ザ・ディープ・コリア』として再び出版されており、根強いファンを持つ。しかしながらこの本は、「ありのままの、日常の韓国・韓国文化」に接するというスタンスをとる一方で、キーセン観光や売買春を、まるでひとつの異文化接触のかたちであるかのように正当化している。本は「どうしてそういうことをするのですか。股間による侵略ではないですかといきまく人々もいるだろう。だが、なぜ彼らがわざわざ韓国までやってきて、彼女たちと交流をもとうとしたのか、なぜそうした交流関係をけなげに永続させているのかを考えてみよ（幻の名盤解放同盟、二〇〇二、二四〇頁)」と語る。ここでは韓国それ自体が女性化されているようであり、非常に男性中心主義的な語りとなっている。

(13) それ以前には韓国大衆音楽や文学が一部の層によって消費されてはいたものの、その消費層はごく限られていた。

(14) 一九九〇年代初頭のアジア・ブームは一九九五年以降のアジアへの観光ブームを巻き起こし、韓国への女性観光客は一九七〇年、一九八〇年代には日本人訪韓者全体の一〇パーセント台(あるいはそれ以下)という状況を変化させた。これはアジア諸国の急速な経済成長が大きな要因となっていることも見逃してはならないが、日本における「趣味・趣向の多様化」という一面も忘れてはならない。一九九〇年代の韓国は、日本にとって少なくとも「男性の空間」というだけではもはやなくなっていた。

(15) キムゴンモファンクラブ Japan 公式ホームページ参照 http://www.kalche.com/

(16) 「冬ソナブーム」が、即、韓国へのまなざしにつながるかどうかという点は議論の分かれるところであろう。しかしながら、少なくとも異文化との接触という観点においては肯定的に見るべきだとわたしは考えている。参考までに、韓国観光公社が発表した資料によると、二〇〇四年に韓国を訪問した日本人観光客のうち、二〇・一パーセントに達する約一〇万五〇〇〇人が韓流による観光客であった(韓国観光公社、二〇〇四)。

(17) 『フレンズ』(TBS・MBC、二〇〇二)、『ソナギ――雨上がりの殺意』(フジ・MBC、二〇〇二)、『スターズエコー』(フジ・MBC、二〇〇四)。このうち韓流四天王と呼ばれる韓国男優の一人であるウォン・ビンと深田恭子主演の『フレンズ』が契機となり、ウォン・ビンのファンサイトができる等、韓流のさきがけとなったともいわれている。

(18) ちなみに、この時期に日本のみで放映された韓国を主題としたドラマでは、韓国=女性、日本=男性主人公が多く登場し、日韓合作ドラマではすべてが日本=女性、韓国=男性主人公となっている。

参考・引用文献

菅野朋子（二〇〇五）「ヨン様ファンは韓国で白眼視されている」『諸君！』二〇〇五年三月号
黒田福美（一九九五）『ソウルマイハート』講談社
黒田福美（二〇〇四）「ミーハーって悪くないんじゃない」『ペ・ヨンジュンで知る韓国』ＡＥＲＡ臨時増刊号、朝日新聞社、二七頁
孔枝泳（二〇〇六）『愛のあとにくるもの』幻冬舎
関川夏央（一九八八）『ソウルの練習問題——異文化への透視ノート』新潮社
鄭大均（一九九五）『韓国のイメージ』中公新書
テリー伊藤、リュウ・ヒジュン、金文学（二〇〇二）『お笑い日韓決別宣言』実業之日本社
中西新太郎（二〇〇六）「開花するＪナショナリズム：『嫌韓流』というテクストが映し出すもの」『世界』二〇〇六年二月号
ピーターソン、Ｖ・スパイク（二〇〇一）「グローバリゼーションの文脈におけるアイデンティフィケーションの政治」村山真紀訳『アソシエ』二〇〇一年一月号、五七～七七頁
別冊宝島54（一九八六）『ジャパゆきさん物語』ＪＩＣＣ出版局
幻の名盤解放同盟（一九九四）『定本ディープ・コリア——韓国旅行記』青林堂
水田宗子・長谷川啓・北田幸恵編（二〇〇六）『韓流サブカルチュアと女性』至文堂
村田順子（二〇〇五）『解体☆韓国エンタメ完全攻略——女の愛をなめんなよ！女のトキメキは国境を越える!!』技術評論社
김복수（キム・ボクス）（二〇〇五）「일본의 한류에 대한 한국 미디어의 시선」『한국문화의 세계화와 한류：일본에서의 한류현상에 관한 연구』학술세미나 자료집, pp. 81-107.
김수이（キム・スイ）（二〇〇六）「한류, 21세기 한국문화의 국가적 아젠다・한류의 발전 방향을 중심으로」『한

류와 21세기의 문화비젼』 김수이 편저、청동거울
김현미（キム・ヒョンミ）（二〇〇六）『글로벌시대의 문화번역』 또하나의문화
조혜정（チョ・ヘジョン）（二〇〇三）「글로벌 지각변동의 징후로 읽는 〝한류〟 열풍」『〝한류〟와 아시아의 대중문화』 연세대학교 출판부 pp. 27-35
한국관광공사（韓国観光公社）（二〇〇四）『한류관광 마케팅의 파급효과분석 및 금후의 발전방향』

第3章　NHKテレビハングル講座から見た韓流ブーム

山　泰幸

1　問題の所在

韓流ブームの到来

日本における韓流ブームの到来は、二〇〇三年四月、NHK-BSでの『冬のソナタ』の放送開始を直接的な契機としている。NHKテレビハングル講座の講師を担当していた小倉紀蔵（二〇〇五、六九頁）は、当時を振り返って、次のように述べている。

忘れもしない、あれは二〇〇三年五月のことだった。NHKのスタッフが緊張した表情で、今大変なことが起こっているのだという。何が起きているのか、と問うと、『冬のソナタ』に対する視聴者の反応が、前代未聞のレベルに達しているという。具体的には、読者からの手紙・葉書が、これまでの常識をはるかに超える量と質でNHKに寄せられているのだという。一体これはどういうことなのか。誰にも理解できないことなのだという。「ハングル講座」の番組あてにも、『冬のソナタ』のファンからの手紙・葉書が届いていた。それらの文面は、奥ゆかしい文体と丁寧な文字で、このドラマへの熱い思いを綴ったものばかりだった。

小倉（二〇〇五、六八頁）によれば、それ以前からの「韓国語」に対するイメージの変化も反映して、また直接的には『冬のソナタ』の影響によって、二〇〇四年度のNHKテレビハングル講座のテキストの売り上げは約二〇万部と、前年の二倍、外国語テキストの中では英語に次ぐ部数になったという。『冬のソナタ』の反響の大きさを語るエピソードであるが、その一方で、NHKテレビハングル講座自体が、韓流ブームの一翼を担ったことも見逃せない。BSでの『冬のソナタ』の放送開始に合わせて、ハングル講座においても、『冬のソナタ』を紹介する「イマコレ」と呼ばれるコーナーを設けていたからである。

このコーナーは、「今の Koreanology」の意で、「韓国・北朝鮮を本格的に理解するためのコーナー」であり、扱う内容は「映画やポップスなどの大衆文化をはじめ、歴史や思想、人々の生活など多岐にわたります」とある。このポピュラー・カルチャーを重視したコーナーに、『冬のソナタ』が登場することになったのである。

さらに、同年九月からは、「ハングル名人への道（韓国式〈愛のドラマ〉の法則）全四回」というコーナーが登場し、『冬のソナタ』は文化情報から、直接、語学教材に転用されることになる。一〇月にはドラマのセリフを通して学ぶ「ドラマなハングル」という新コーナーが登場する。そして、翌二〇〇四年度には、NHK総合での『冬のソナタ』の放送開始に合わせて、四～九月まで毎週、『冬のソナタ』が取り上げられる。その後も韓国ドラマを用いた学習スタイルは継続され、一〇月からは、毎週、韓国ドラマ「美しき日々」が取り上げられることになる。

テレビハングル講座は、韓国の文化情報を提供する媒体として、韓流ブームの一翼を担ったのである。

NHKハングル講座という視点

NHKの語学番組「アンニョンハシムニカ？ ハングル講座」は、気軽にアクセスできる韓国・朝鮮語学習の手段としての役割を果たしてきた。そればかりでなく、韓国・朝鮮に関するさまざまな情報を提供してくれる貴重な媒体でもあった。また、NHKという性格上、そこで紹介される情報は、偏向のない正確なものとして、受講者に受け取られてきた。つまり、ハングル講座は、語学学習の媒体であると同時に、韓国・朝鮮に関する公的な性格を帯びたイメージを表象する媒体として機能してきたのである。

韓流ブームは、このような韓国・朝鮮イメージの表象装置としてのハングル講座の機能を表面化することになる。とりわけ、テレビ講座はメディアの特性を充分に活用して、韓国のテレビドラマを教材として取り込むことで、言語と結びついた韓国・朝鮮表象の新たなスタイルを構築することになったのである。

このような背景には、岩渕功一（二〇〇三）が指摘するように、九〇年代以降、メディア・コミュニケーション技術の発達とグローバル化の中で、ポピュラー・カルチャーのトランスナショナルな消費が飛躍的に発展し、日本や韓国のテレビドラマがアジア地域で爆発的な支持を得ている状況がある。テレビ講座は、グローバル化によるメディア交通が、国境だけではなく、語学番組というジャンルをも越境したことを示している。このことは、ハングル講座の歴史における大きな転換を意味するだろう。また、毛利嘉孝の編著（二〇〇四）に明らかなように、『冬のソナタ』の大ヒットを契機とする韓流ブームの到来は、トランスナショナルなメディア文化の台頭を否応なく表面化させ、「民族」や「国家」という枠組に縛られた文化概念に再考を迫っているのである。これは同時に、日本における韓国・朝鮮表象を捉えるための視点の転換を要請するだろう。

本章では、NHKテレビハングル講座のテキストを主な題材として、そこに描かれた他者表象のスタイルの成立と展開のプロセスのアウトラインを明らかにし、NHKテレビハングル講座に現われた韓流ブームを位置づけることにしたい。

2 ハングル講座における〈韓国・朝鮮〉表象の基本スタイル

NHKハングル講座のはじまり

NHKの語学番組「アンニョンハシムニカ？ ハングル講座」は、ラジオ、テレビともに一九八四年四月から放送を開始している。放送開始以来、ラジオ講座は、第2放送で月曜日から土曜日までの毎日二〇分、テレビ講座は、教育テレビで週一回三〇分放送されている。なお、再放送は、ラジオは当日、テレビは同じ週の別の曜日に放送されている。また、テキストは、ラジオ講座は毎月、テレビ講座は隔月で発行されていた（テレビ講座は二〇〇一年四月より毎月刊行となる）。

ハングル講座の創刊号には、ラジオ、テレビ講座とも、次のような文章が掲げられている。

안녕하십니까？「お元気でいらっしゃいますか」ながらくお待ちいただいた「アンニョンハシムニカ～ハングル講座」が開講のはこびとなりました。

人と人のコミュニケーションは言葉から始まります。お互い理解し合うにはまず、相手の話す言葉を理解することが先決です。この講座は一年間でハングルを読み、書き話せるようにすることをめざしてカリキュラムが組まれています。夏や冬、春には、途中でついて行けなくなった方々のために、それまで学習したことの復習の期間も用意しています。

ハングルは一五世紀中頃にできた表音文字で、アルファベットと同じように母音字と子音字からできていて、音節ごとにまとめて表記するのが特徴ですがユニークで、魅力あふれる文字として知られています。学習していくとそのすばらしさに気づかれるに違いありません。

テレビでは、文字の理解、発音の訓練、基本文法の理解、会話表現の習得を中心に学習しますが、ラジオは放送が毎日（日曜日を除く）ですので、それに加えてドリル的要素、反復トレーニングを重ねます。時間のある方は、テレビ・ラジオあわせて利用されるのが上達の早道となるでしょう。春です！　はりきって学習に取り組みましょう。

なお、開講にいたるまで、多数の方々からはげましのお手紙や、さまざまなご意見、またご協力をいただきました。ほんとうにありがとうございました。

今後とも放送でお気づきの点、ご注文がありましたら、係までご連絡をいただければ幸いです。この講座が国際理解の一助となることを願ってやみません。

この文章を読んで気づくことは、「朝鮮」や「韓国」という言葉が見られないことである。この講座が、「ハングル」と呼ばれる文字の学習を目的としたものであることが告げられているものの、しかし、それが地球上のどの場所で、どのような人びとによって使用されている言語なのかは書かれてはいないのである。テレビ講座の担当者梅田博之が、わずかに次のように述べている。

いよいよ「アンニョンハシムニカ（안녕하십니까?）」と題する語学番組が始まりました。永年この言語の研究と教育にたずさわってきたものとしてこの上ない喜びです。古くから日本と深い関係にある大切な隣人の言葉を多くの方々が学ぶことができるようになったからです。

ここでは、ハングルが「大切な隣人の言葉」とされている。しかし、「大切な隣人」がどこの誰なのか、どのような意味で「深い関係」にあるのかは、語られてはいないのである。

これは周知の通り、南北分断という政治的状況を背景として、南北いずれかの国家と結びついた言語として表象することを避けたためであり、そのため、この番組の名称は、「朝鮮語」、「韓国語」のいずれでもなく、「ハングル講座」という異例の名称となったのである。

鄭大均（一九九五、一三〜一八頁）によれば、戦後日本の韓国イメージの変遷は三つの時期に区分できるという。第一期は、一九四五年の解放から六五年の日韓基本条約調印までの「無関心・避関心の時期」。第二期は、一九六五年の国交正常化から八三年までの「政治的関心の時期」。第三期は、一九八四年以降（〜八八）の韓国ブームからの「文化的関心の時期」で、人やモノの相互交流が盛んとなり、韓国への関心が文化的・娯楽的・大衆的に変わる時期とする。ハングル講座は、ちょうど第三の文化的関心の時期に開始したことになる。

このような韓国に対する文化的関心が高まる時期に、ハングル講座には、南北のいずれか一方の国家を喚起させせないように工夫するという条件が課せられたのである。

では、このような条件のもと、ハングル講座において、韓国・朝鮮表象は、いかなる変遷を遂げて現在に至ったのであろうか。テレビハングル講座テキストの文化欄を中心に概略を見ていくことにしたい。

「民族」表象の時代——一九八四年四月〜

創刊号のテレビ講座テキストの目次を見ると、文化欄に相当するのは、「『訓民正音』について」と題したハングルの由来の解説である。ちなみにラジオ講座の方は、「ことわざ」と「文字について」とある。南北に分断された国家の一方に還元されない「伝統文化」と、近代以前の「歴史」を紹介したものである。これは二つの国家に共通する「民族」を主体とした表象と考えることができる。以下、テレビ講座テキストを追ってみたい。

まず、一九八四年五・六月号では、「今月の歌」のコーナーが登場する。この時、紹介された歌は二曲で、一曲はハングル講座のために新しく作曲されたもの。もう一曲は戦前にヒットした演歌とされている。先の条件が守られていることがわかる。さらに、「主な民俗行事」が紹介されている。

「今月の歌」のコーナーと伝統文化を紹介するスタイルは、その後も継承され、伝統文化に関しては、「なぞなぞ」や「昔話」、「伝統家屋」など多様な素材が提供されることになる。

一九八七年からは、毎週、「サランバン」という「伝統的な文化や習慣、人びとの日常生活のあれこれをゲストの先生方にやさしくお話し頂くコーナー」が登場する。伝統文化だけでなく、日常生活文化、大衆文化を含めた広く現代の文化が扱われることになる。そのため、現代のどこの話なのかを触れる場合があり、時折、ソウルなどの韓国の地名が言及されるものの、基本的には、南北のいずれであるかを明示しないというスタイルは維持されている。

「韓国」表象の時代――一九八八年一〇月～

一九八八年の前半は前年度の内容が再放送され、一〇月から新しいテキストとなる。注目すべき点は、「サランバン」で取り上げられる話題の大半が、「韓国」を舞台とし、「韓国人」を主語として語られていることである。ソウル・オリンピックに象徴されるように、政治的・経済的に南北の立場が明暗を分けた時期に相当する。鄭大均の指摘する第三期の韓国イメージがハングル講座にも及ぶことになる。

一九八九年四・五月号からは、「私の韓国留学日記」というエッセイの連載が始まり、梨花女子大に留学した学生が、現代韓国の様子を写真入りで紹介することになる。一九九〇年四・五月号からは、テキストの表紙も一新し、さまざまな単語をハングル文字で表現した従来のデザインから、毎回、韓国各地の建築物や風景の写真が掲載されるようになる。また、「キム・ヒジャさんのソウルだより」というコーナーが設けられ、観光案内のようにソウルの様子が報告される。

一九九一年四・五月号からは、藤本巧の写真紀行「韓国ひとり歩き」が連載される。これに加えて、一九九二年四・五月号からは、山中進の「私の韓国〝食〟体験記」の連載が始まる。一九九三年四・五月には、山中の「韓国また旅記」が、一九九四年四・五月号からは、山中の新連載「書きも描いたり雑記」が始まる。この間も藤本の写真紀行は継続し、一九九五年四・五月号からは、「韓国こころの旅」と名称を変えて続くことになる。

これ以降、旅行記・体験記のかたちで韓国各地を現地レポートするコーナーは定着する。一方、歴史や伝統文化を語る「民族」表象はその後も継続するが、「韓国」表象に従属することになる。この時期に、ハングル講座テキストにおける文化表象の基本的スタイルが確立することになる。

また、一九九九年四・五月号からは、これまで二つであった文化欄が四つに増えている。興味深いのは、戸田郁子「ウッチャの家族日誌」の連載開始である。韓国に嫁いだ日本女性の立場から韓国の家族生活を綴ったもので、国際結婚の現実を正面から取り上げたエッセイが掲載されるようになったことが注目に価する。さらに同年一〇・一一月号からは文化欄は五つに増える。この時期から、ハングル講座のテキストは、語学教材の性格だけではなく、文化情報の媒体という性格をも明確に具えるようになったと言える。

3　ハングル講座における〈韓国・朝鮮〉表象の展開

「ポピュラー・カルチャー」表象の時代——二〇〇〇年四月〜

二〇〇〇年四月からは、従来のテキストの文化欄に加えて、番組の中で新たなコーナーが登場する。キム・サンミの「LIVE ON KOREA（韓国の最新文化芸能情報）」である。これは、毎回、現代韓国の映画や音楽などのポピュラー・カルチャーの世界で活躍する人物を紹介するものである。さらに二〇〇一年四月から、これまで隔月で刊行されてきたテキストが月刊となり、番組の中にもう一つ新たなコーナーが登場する。歌手の神野美伽の「歌うハングル酒場」である。これは神野が主人のカラオケ居酒屋で、韓国の歌謡曲を韓国語で歌うというコーナーである。興味深いのは、九月には、韓国でヒットした尾崎豊の「I LOVE YOU」を紹介していることである。韓国における日本のポピュラー・カルチャーの流入を認めている点で注目に価する。「LIVE ON KOREA」では、南北分断の悲哀を描いた映画『シュリ』のヒットの影響から映画関連の紹介が増加し、第一回目は、『シュリ』の監督カン・ジェギュのインタビューが紹介された。その後、キム・ユジンや、ソン・ガンホなどの俳優や、チョ・ソンモなどの歌手のインタビューが毎月掲載されることになる。

以上は、一九九九年以降の文化欄の拡充の流れにそったものであるが、注目すべきなのは、これらの文化情報が、確かに現代韓国において生産されているものであるが、しかし、韓国国内に止まらず、日本を含めたアジア全般に広がっているポピュラー・カルチャーを中心としたものだという点である。また、映画監督や俳優、歌手、スポーツ選手など、才能と魅力に溢れた「個人」を表象する傾向が強まっている点も重要である。「民族」や「国家」にすべてを帰属させられないような状況が生じているのである。

もう一点、注目したいのは、ミニドラマ「ミサの韓国で会えたら」である。これまでの会話の場面ごとに作成していたスキットから、ストーリー性のあるドラマに変わったことである。内容は、「このスキットは、日本人女性が初めて訪れた韓国で、さまざまな出会いを重ねながら韓国人との友情をはぐくんでいく物語です。主人公のミサは写真家志望の二五歳の女性。インターネットを通して目にした韓国の文化や流行に刺激され、ハングルの学習を始めて一年あまり、ある韓国人のメールフレンドから誘われて、初めて韓国を訪れます。友人たちの案内で韓国の各地を撮っていた時、ある韓国人プロカメラマンの男性と出会い互いに好意を抱いていきます。やがてミサは友人たちの協力で写真展をソウルで開く」という、カメラマンとして才能をもった個人同志が恋愛関係に入っていくことを暗示するもので、国家や民族は背景に退いている。それと同時に、個人が主体として浮上し、個人と個人の関係を前提とした日韓関係を語るイディオムとして「恋愛」が登場しているのである。

また、二〇〇一年四月号からは、韓国のサッカー事情を紹介するコーナーが設けられ、さらに二〇〇二年一月号からは、韓国のワールドカップ開催地のレポートの連載が加えられることも見逃せない。これと関連して、一〇月の放送では、出演者の阿部美穂子によるサッカー選手ホン・ミョンボへのインタビューが流れる。なお、これをきっかけに二人は結婚し、二〇〇三年一〇月には阿部が結婚報告のため出演。結婚式の様子が二〇〇四年三月号のカラー挿絵で紹介される。ここでは、実際に「結婚」というかたちで、日韓関係が「恋愛」のイディオムで表象されているのである。

「恋愛」表象の時代――二〇〇二年四月〜

このような流れは、二〇〇二年も継続する。まず、黛まどか「恋するハングル俳句」である。ハングルで俳句をよむことを試みるコーナーで、ハングルに対する想いを「恋」という言葉で表している。もう一つは、「KJトーク」で、日韓のお互いの疑問をぶつけるコーナーである。タイトルを挙げると、「リュウの疑問？　日本の男性は、なぜ女性に「愛してる」とか言葉で伝えることを恥ずかしがるの？」（四月）、「小倉の疑問？　韓国では今、恋愛が自由になったと言われていますが、他方でお見合い結婚の風潮も根強く残っているのはどうして？」（五月）、「ソナの疑問？　日本の男性って優しいんだけれど、なんだか男らしくないみたい……」（六月）などが続く。ここでも「恋愛」がテーマとなっている。

さらに、「KJトーク」の興味深い点は、ユン・ソナやリュウ・ヒジュンといった韓国人の視点から、日本人のあり方に言及していることである。これは、日本人を他者として表象する韓国人が表象されていることを意味しており、ハングル講座の他者表象は、「他者の他者表象」を表象するというメタレベルの表象に転換しているのである。一方的に表象される他者といった自己と他者との不均衡な関係が、ここではもはや開いていること自体が表象されているのである。

ここには、「恋愛」というイディオムと、自己と他者の二者関係の表象という二つの条件がある。この条件において、他者表象には二つのタイプが選択肢として残されることになる。一つは、自己と他者の関係を恋愛関係として表象することである。すでに指摘したミニドラマ「ミサの韓国で会えたら」や、この年ウォンビンと深田恭子が共演した日韓合作ドラマ『フレンズ』、二〇〇三年四月のハングル講座のスキット「たのしい我が家」などが当てはまることになる。もう一つは、自己と他者の二者関係の表象は後退し、純粋に他者における「恋愛」を表象することである。このタイプの他者表象は、その意味では以前の一方的な他者表象と類似していると言えるだろう。

しかし、これら二つのタイプの他者表象は、どちらも民族や国家という枠組が後退している段階での他者表象である点に注意したい。とりわけ、後者の他者表象は、他者における「恋愛」だけが、民族や国家に結びつきの強い伝統文化や生活文化から切断されて、テーマパークのような自律した空間として表象されることになるだろう。二〇〇三年四月に登場する『冬のソナタ』は、まさにこのタイプの新たな他者表象なのである。

4　ハングル講座の中の『冬のソナタ』

投書欄に見る『冬のソナタ』の登場

こんにちは！私は八月から「ハングル講座」を見始めた初心者中の初心者です。きっかけは『冬のソナタ』です。どうしてこんなにはまってしまったのかわからないくらいはまっています。内容ももちろんですが、ペ・ヨンジュンの大ファンになってしまいました。メガネの下の知的な目、笑うととけてしまいそうな笑顔…。ファンレターを書きたいなと思いました。彼がどんな生活をしているのか、どんなことを話題にして話しているのか、何でも気になっていました。

それまでの私は、恥ずかしいのですがまったくと言っていいほど韓国に興味がありませんでした。そんな私が『冬のソナタ』と出会い、韓国に興味を持ち、いろいろなことが知りたいと思うようになりました。そんなとき、この「ハングル講座」を知ったのです。

これは、二〇〇三年一一月号の投書欄に掲載された受講者からの便りの一部である。この便りには、ハングル講座を受講したきっかけとして、『冬のソナタ』という韓国のドラマと、その主人公を演じたペ・ヨンジュンという韓国の俳優への関心が語られている。まさに、「『冬のソナタ』をはじめとする韓国のドラマが「韓流」と呼ばれ大ヒットしている」（毛利二〇〇四、八頁）という事態を反映したものである。

投書欄に掲載された『冬のソナタ』関連の記事の見出しを追ってみると、まず二〇〇三年年七月号に「「겨울연가」に夢中」が初めて登場する。一〇月号「『冬のソナタ』で勉強」、一一月号「『冬のソナタ』で韓国に興味」などが見られる。

さて、ここで注目したいのは、『冬のソナタ』が受講者の関心の中で、どのような過程を経て登場しているかである。八月号では、「私はハングルを勉強して二年目になります。韓国への門扉を開いてくれたのは、やはり『フレンズ』のウォンビンでした。その後、韓国の映画やドラマを見ているうちに、好きな俳優さんがどんどん増えてきています。そして今、まさしく『冬のソナタ』にはまっています。」とある。一〇月号の「今年の冬も韓国へ！」という投書は、『冬のソナタ』への関心の流れをよく現している。

안녕하십니까?昨年、ドラマ『フレンズ』見てウォンビン씨のファンになり「ハングル講座」を見始めました。昨年はウォンビン씨と同じ空気を吸いたくて、韓国へ行ってきました。そして今年は「겨울연가」の배용준씨に夢中です。韓国語ＤＶＤも購入しました。字幕がないので大変ですが、ハングルの勉強になります。テレビ放送の日本語吹き替えを見て、「ああ、こう言っていたんだ」と思うことが多いのですが…。今年の「ハングル講座」は、日常会話に使われる言葉がたくさん出ているので楽しいです。今年の冬は、ぜひドラマロケ地に行って배용준씨と同じように雪に触れてみたいですね。

『フレンズ』のウォンビンから、韓国ドラマに向かい、『冬のソナタ』にたどりつき、さらにペ・ヨンジュンに至る関心の流れが見られる。

投書欄に、韓国ドラマが言及されるのは、二〇〇二年七月号の「ハングルでファンレターを！」という見出しのある、『フレンズ』を見てウォンビンに手紙を書くためにハングル講座を始めたという内容の投書が最初である。二〇〇二年度には、『フレンズ』への言及が八通に及んでいる。これ以外に韓国ドラマとしては、『秋の童話』が三通で言及されている。一二月号には、「『韓国大好き』のきっかけは、日韓共同制作ドラマ『フレンズ』を見てからです。これ以降、韓国映画をかたっぱしから見る！見る！『八月のクリスマス』『シュリ』『JSA』『インタビュー』…。芝居では韓国ハクチョン劇場の『地下鉄一号線』等。今は『オータム・イン・マイハート』を毎週欠かさず見ています」。二〇〇三年二月号には、「ラジオで聴いたK-POPから歌詞を読みたさにハングルの世界をのぞいたのですが、『分りたい』気持ちが日々大きくなるのを実感しています。KBSのドラマ『秋の童話』を見てサントラも購入しました」とある。

以上から、『フレンズ』が一つの契機になっていることがわかるが、しかし、これはそれ以前からの映画と音楽への関心の流れから出ているもので、まだドラマへの言及がなかった前年の二〇〇一年度では、音楽に言及したものが一四通、映画が四通であり、『フレンズ』への言及が八通登場する二〇〇二年度でも、音楽が一〇通、映画が五通であり、ドラマが突出しているわけではない。ドラマが音楽や映画を明らかに超えるのは二〇〇三年度の『冬のソナタ』以降で、音楽八通、映画八通に対して、ドラマは出演者の名前や内容から判断できるものも含めると、『冬のソナタ』八通、『フレンズ』八通を含めて延べ二三通となっている。さらに、地上波での放送が開始した二〇〇四年度一年間には、『冬のソナタ』だけで一九通の言及がある。これは年間の投書総数の約四分の一に相当する。『冬のソナタ』の登場が、それまでのポピュラー・カルチャーへの関心を背景にしながらも、明らかに突出した現象であることがわかる。また、『冬のソナタ』に言及する一九通のうち、投稿者の氏名や内容からはっきり女性と判断できるのが一七通に及んでいる。すでに日本の韓流が中年女性を主体とした世代とジェンダーに区切られたサブカルチャーの出来事という指摘（土佐、二〇〇六、二〇九頁）が、投稿欄でも確認されるだろう。

投書欄における受講者表象の意味

このように、投書欄はどのようなきっかけや動機を持った人がハングル講座を受講しているのかを知るうえで格好の素材である。これを手掛かりに『冬のソナタ』を通じた女性の文化実践として研究することも可能だろう（毛利、二〇〇四　平田、二〇〇四　林、二〇〇五など）。しかし、紙面が限られている以上、すべての投書が掲載されるわけではない。そこには一定の選択が働いていると考えなければならない。もちろん、きっかけや動機において、できるだけ多くのあり得るタイプの受講者を紹介するように努めているかもしれない。しかし、結果的には、ハングル講座を受講する正当なきっかけと動機を持った受講者を表象することになるのである。そのような観点から言えば、ハングル講座のテキストは、『冬のソナタ』をきっかけとする受講者を、あるべき望ましい受講者として表象したのである。

このことは語学学習の動機として、必ずしも結びつくわけではないドラマへの関心を、きわめて自然なものとして表象することを意味する。つまり、文化を縛る国家や民族という枠組が後退し、そこからポピュラー・カルチャーが解放されたように、言語もまた民族や国家という枠組から距離を置いて、新たにポピュラー・カルチャーと結びついて表象されるようになったのである。そのようなかたちでの言語の表象が、韓国・朝鮮語においても登場したことを、ハングル講座は示しているのである。

これを投書欄に見る受講者の側から言えば、ポピュラー・カルチャーを通じて、韓国・朝鮮語という異言語の存在を初めて認識したということである。このことは、ハングル講座の受講者に限らず、『冬のソナタ』にハマった多くの日本人にとってもそうであろう。それは、多くの日本人にとって、異言語に結びついた他者として、韓国・朝鮮が初めて表象されたことを意味するのではないだろうか。

異言語認識の成立と他者表象

最後に、異言語認識に結びついた韓国・朝鮮表象の意味を、そもそも言語を扱うハングル講座のテキストとは別のテキストを取り上げて、議論を一般化するための手掛かりを提示しておきたい。

ソウルに来た日本人は二時間でハングル酔いの症状に入る。

どこもかしこも日本に似ている。建物も、道路も、歩く人の姿も。歩く人の顔も服の色あいも。やはり東アジアなのだと思う。そして身の内にささやかな冒険心が湧きあがる。この土地で、この街で、おのずとひとの気分をひきしめる高い空の冷気の街で、旅行者としてできる限り活動的になろうと考え、また実際、自在な行動力を約束された気分になる。

しかし一時間後には、人口八百五十万といわれる大都会のなかで、いかに自分が無力かを悟る。あくまで日本弧状列島に似たり、と思ったソウルではすべての言語が朝鮮語で記されてある。右せんか左せんかと立ちどまり頭上を見あげるとき、そこには例の複雑怪奇な、そして日本人にははなはだしく無機的な印象を与えるハングルの記号しか発見できない。むなしく百ウォン玉を投げあげ、裏と出て右へ行く。

その瞬間から日本人の旅行者の心はあやしく泡立つ。つまり自分が文盲であることをはっきりと思い知る。

これは関川夏央（一九八八、一〇頁）の『ソウルの練習問題』（初出一九八四）の書き出しである。これを鄭大均（一九九五、五六頁）は、八〇年代の「異文化型」韓国論の先駆けとしてあげている。この文章には「ハングル酔いとディスコミュニケーション」というタイトルがつけられているように、ハングルを異言語として発見しているのである。

一方、これとほぼ同じ時期に書かれた対象的な文章をみたい。一九八四年に出版された『日韓ソウルの友情』に収録された日韓の著名な作家、ジャーナリスト、学者による座談会の記録である。ソウルで開かれた座談会の参加者は、日本側は、司馬遼太郎、田中明、渡辺吉鎔、韓国側は鮮于煇、千寛宇、金聲翰である。ここで注目したいのは、司馬（一九八八、一〇八頁）の発言である。

司馬　われわれ日本、韓国は、アルタイ語族といわれますね。

渡辺　一応、朝鮮語は言語学上もアルタイ語と親族関係とされていますが、日本語とアルタイ語との関係は定まっていないんです。

司馬　四十年前、私も学校でそう習いました。アジア語の言語学はあまり進歩していない（笑）。しかし、われわれの言語の先祖は、やはり大昔にシベリアにいたのではないでしょうか。

渡辺は日本人と結婚した韓国人女性で、後にNHKラジオハングル講座の講師となる言語学者である。司馬は渡辺に対して、日本語と韓国語の共通の起源を主張しているのである。

ソウルでのこの司馬の発言は、同じソウルでハングルに異言語を認めた関川の発言とは随分と異なっている。司馬（一九八八、二七〇〜二七一頁）は同書を次のように結んでいる。

ロビーに戻ると、偶然、渡辺吉鎔さんがむこうから歩いてきた。歩き方が、アメリカの三世のように活発だった。

「母です」

と、彼女は、あかるくて品のいい婦人を紹介した。私どもはごく自然にかたわらのソファに腰をおろした。私は、母堂に、自分のたったいま演じた寝呆けばなしを白状した。

「あれは、ガチという鳥でございます」

と、母堂はいわれた。

「この国の言いつたえでは、旅先であの鳥を見ると、いい人に会うといわれておりますのよ」

ちかごろ、日本でも聞くことがまれなほど鄭重な日本語だった。

私はすでに吉鳥を見、しかも多くのよきひとびとに会った。


司馬の発言は、日本人の韓国・朝鮮語に対する基本的認識をよく示している。韓国・朝鮮語が存在することは知っていても、それが異言語としては存在していないのである。起源の共通性を説くか、さもなければ、彼らの話す日本語に驚きを示すだけなのである。丁重な日本語に注意が向けられることはあっても、異言語としての韓国・朝鮮語には向けられることはない。

韓流以前、テレビハングル講座の投書欄には、韓国・北朝鮮との関わりで自らの出自を語る場合でなければ、韓国・朝鮮人と友人となり、あるいは恋人となり、あるいは結婚することになったことを受講のきっかけとするものが、長らく主流を占めてきた。個人同士の出会いを契機に、相手の話す異言語を認識することになったのである。しかし、その契機は、旅行や留学という特別な場合であって、しかも留学先での出会いの多くは、日本でも韓国・北朝鮮でもない英語圏という境界的な場所だったのである。

関川の発言もまた、ジャーナリストとして、フィールドワークに出かけた先で得た認識であって、日本に居ながらにしては、このような認識を得ることは難しかったであろう。

しかし、『冬のソナタ』に始まる韓流ブームは、日本に居ながらにして、異言語としての韓国・朝鮮語を多くの日本人に発見させたのである。ハングル講座テキストの二〇万部にも及ぶ販売数は、それを如実に物語っている。

ＮＨＫテレビハングル講座は、韓流ブームが、韓国・朝鮮表象を、異言語認識をともなう他者表象に転換した事件であったことを示す貴重な視座を提供しているのである。

参考・引用文献

岩渕功一編（二〇〇三）『グローバル・プリズム――〈アジアン・ドリーム〉としての日本のテレビドラマ』平凡社
小倉紀蔵（二〇〇五）『韓流インパクト――ルックコリアと日本の主体化』講談社
関川夏央（一九八八）『ソウルの練習問題――異文化への透視ノート』文春文庫
司馬遼太郎他（一九八八）『日韓ソウルの友情』中公文庫
土佐昌樹・青柳寛（二〇〇六）『越境するポピュラー文化と〈想像のアジア〉』めこん
土佐昌樹（二〇〇六）「『韓流』はアジアの地平に向って流れる」土佐昌樹・青柳寛編（二〇〇六）『越境するポピュラー文化と〈想像のアジア〉』めこん、一九九～二二七頁
鄭大均（一九九五）『韓国のイメージ――戦後日本人の隣国観』中公新書
林香里（二〇〇五）『「冬ソナ」にハマった私たち――純愛、涙、マスコミ…そして韓国』文春新書
平田由紀江（二〇〇四）「まなざす者としての日本女性観（光）客――『冬のソナタ』ロケ地めぐりにみるトランスナショナルなテクスト読解」毛利嘉孝編『日式韓流』せりか書房、五一～八二頁

毛利嘉孝編（二〇〇四）『日式韓流――「冬のソナタ」と日韓大衆文化の現在』せりか書房
毛利嘉孝（二〇〇四）「序」「『冬のソナタ』と能動的ファンの文化実践」毛利嘉孝編『日式韓流』せりか書房、一四〜五〇頁

コラム　各国における韓流

韓国の「韓流」現象

金　賢　美

韓流とは韓国大衆文化の「熱風」、「風」あるいは「ブーム」を意味しており、この言葉がどのように使われはじめたのかについては意見が分かれるところである。韓国で流通している最も説得力のある説は、一九九九年に韓国文化観光部が広報用に企画・製作し、海外にある韓国公館を通じて配布した韓国歌謡のCDのタイトルに由来しているというものである。本来この言葉は「韓国歌謡の流れ」という意味を伝えようとして「韓流」という名前をつけたのだが、のちに中国で韓国の歌手が突然の人気を得ることとなり、中国の新聞が「韓流が中国に衝撃を与えた」という見出しをつけた。それを韓国のメディアが借用して使用し始めたということである。言葉の出処がどうであれ、この言葉が大衆的に幅広く使われるきっかけとなったのは、韓国メディアであり、そのため「韓国中心的」であるという指摘はまぬがれない。なぜなら韓国大衆文化の人気が高い地域でさえ、韓国メディアが報道するような、韓国大衆文化が他の国籍の文化をすべて席捲するほどの総体的な掌握力と競争力を持ってはいないからである。

実際、韓国内において過去数年の間、「韓流」への関心は高まるばかりであった。とりわけ日本での「ヨン様」現象と『冬のソナタ』の人気以降、韓国大衆文化の経済的価値に対する関心が高まった。一九九九年ごろから、中国、台湾、ベトナムなどで韓国大衆文化が人気であるというニュースは新鮮な衝撃と興奮をもって韓流現象として報道されはじめた。この興奮は、当時韓国社会が直面していた社会、政治、経済的状況と関わりがある。一九九七年の経済危機以降、韓国社会は後発産業型の近代化過程に対する総体的な懐疑に陥っていた。深刻な通貨危機の中で、国民的劣等感が深まっていたことは事実である。当時、高付加価値型の文化産業を通じて突破口を模索しようという意気込みが社会全域に拡がっており、ちょうどその時期に

「韓流現象」が登場したのである。いくつかの外国メディアでは、韓国人が一九九七年の経済危機で経験した「国民的侮辱」を韓流で克服したとの報道も見られた。このように初期段階では、韓国社会の社会的熱望が過度に投影され、韓流現象が誇張されたかたちで報道されもしたし、歪曲された解釈を根拠に韓国文化の普遍的な優越性を強調する言説も生まれた。

通常、文化の消費は国家イメージに依存する場合が大変多い。しかし、韓国大衆文化が人気を得た台湾、香港、シンガポール、中国などにおいては「韓国」という国は、アメリカや日本とは異なり、模倣するほどの文化的イメージもとりたててなかったし、韓国の経済モデルに対する羨望も大きくなかった。アメリカや日本の大衆文化によって主導されてきたアジア地域の大衆文化市場において、韓国の大衆文化が新しい文化資源として浮上したことは、文化商品の国籍よりも個別的な趣味趣向を中心に文化を選択する、グローバル文化消費者の存在を示唆している。また、韓流は、西洋とアジア国家という二分法的な文化地図を変化させつつ、アジア国家の文化消費者の間に意思疎通のチャンネルを作り出しているという点で意味があるといえる。たとえば、日本で大人気の『冬のソナタ』の場合、日韓関係を改善しようとしていた日韓両国間のどのような努力よりも「韓国」に対する肯定的な関心を作り出すことに成功した。

最近、韓国政府も韓国大衆文化の人気を背景に、外交および文化政策において「韓流」を活用しようとする動きを見せている。韓国政府は北京、上海などに「韓流体験館」を設置し、京畿道に「韓流ウッド」という大規模な文化・コンベンションセンターを建設中である。また、韓国の国家認知度を高めるための文化外交のひとつとして中南米地域や中央アジア、アフリカ地域で韓国ドラマを無償で配給したり、翻訳を手伝う作業も行っている。韓国政府の文化政策においては、これまで大衆文化は「低レベルで」商業的文化であるとして、とりたてて注目を浴びることがなかった。このことと照らし合わせて考えてみると、驚くべき変化である。しかし、国家の介入に対する憂慮の声も高い。国家が関与すれば、形式的、制度的、規制的システムが構築されることになり、創意性とアイディア、迅速性が求められる大衆文化産業は、その「生命力」と「多様性」を失ってしまうかもしれないからである。また、過度に画一的で創意力に欠ける政府内部の文化政策家たちの企画能力は、いまだに民間が信頼できるものではない、という指摘もある。したがって、国家は韓流の持続および拡がりと関連し、主導するよりも「助力する者」の位置にいるべきだというのである。

なにより、韓国内では韓流の経済的効果への過度な期待が充満している。韓流現象を「経済的損益」や「マーケティング戦略」などと関連付け、集中的に報道する場合が多い。文化を産業資本主義的な時代の「商品」とし、輸出志向的観点から扱う傾向が強い。こうした議論は韓流の拡がりを「市場開拓」と関連付け、文化を経済の領域に包括しようとする。これに対し、一部の韓国の研究者は、韓流は結局巨大な商業資本によって企画され組織される産物であり、アジアを消費市場に変えようとする亜流帝国主義的欲望の表れであると批判している。「韓流」とは、輸出主導型の近代的国民国家の論理と、短時間に利潤を創出しようとする資本の論理が合わさって作られたものなのである。

最近の学術分野における議論は、韓流を過度に経済的観点から扱うというよりも、今まで文化的交流がなかったアジア国家間の「対話」を可能にしたひとつの契機ととらえることが重要である、と強調している。韓流に込められた韓国社会の物質主義的欲望は、批判を受けるべきであるが、一方で西洋のみを羨望してきたアジア市民の「まなざし」が周辺部のアジアの国へと多様化するのに韓流が寄与しているという事実を記憶することも重要である。韓国人にとって韓流が意義ある現象だとすれば、韓流が、アジアの他の国を準拠集団としてまなざそうとする、アジアの消費者を生み出しているという点ではないだろうか。

（平田由紀江訳）

コラム　各国における韓流

台湾における韓流——韓流の発祥地・台湾

酒井　亨

実は、台湾こそが世界的に広がる「韓流」の現象と名称の、発祥の地である。

そもそも「韓流」という名称は、台湾のメディアが二〇〇一年ごろから始まった韓国ドラマの流行を「韓流正強、日頭又烈」と形容したことに始まる。「韓流」は北京語で発音が似ている「寒流（寒波）」の語呂合わせで、この熟語の意味は「韓国ブームが冬の寒波みたいに強く、日本からの日差しにも強くさらされた」ということだ。

同年一月、民視（民進党系全民民間テレビ）が、『火花』（原題プルコッ）を放映したことが端緒だ。世界で最も早くケーブルテレビが普及し、多チャンネル化している台湾では、視聴率が一パーセントを超えれば御の字とされているが、同ドラマは四・八一パーセント（ACニールセン調べ）を記録した。

さらに〇一年には、『藍色生死恋』（原題はカウルドンファ、秋の童話）で最高視聴率は二・九一パーセント。日本で人気を誇った『冬季恋歌』（冬のソナタ）は日本よりも早く〇二年から放映を開始、視聴率は最高で二・八七パーセントを取った。

こうして韓国ドラマを放送するチャンネルが広がり、〇二年までには八大戯劇台（パータ・ドラマ・チャンネル）、八大綜合台、緯来（ウェイライ）綜合台、緯来戯劇台は夜の時間はほぼドラマで占領され、韓国の超人気ドラマのほとんどが台湾でも放送される状態となった。特に、日本でも『チャングムの誓い』の題名で人気が出た『大長今』（〇四年七月開始）は〇五年に韓国ドラマとして史上最高の六・二二パーセント、『浪漫満屋』（フルハウス）も最高六・一二パーセントをそれぞれ記録、〇五年は韓国ドラマの全盛時代を迎えた。

台湾における韓国ドラマの視聴者は、日本とほぼ同じで、三五〜五〇歳の主婦が中心だ。

台湾で、韓国ドラマが流行した最大の理由は、日本ドラマに比べて、コストが格段に安いからだ。韓国ドラマの場合、〇一年時点で版権は一本あたり三〜五万元（一元＝三・五円）、さらに翻訳などの費用を加算しても五〜七万元にしかならない。そのわりに、質もそこそこ高く、台湾人が好きな「日本と同じような雪の場面」が見られるためである。

ただ、台湾の韓流には限界もある。そもそも、韓国語の原音を流さず、北京語に吹き替えられるのがほとんどだ。日本のドラマの場合、日本語原音に中国語字幕付きで流されているのとは対照的である。しかも、対象はあくまでも、ドラマとそれに付随するアイドルのCD、ブロマイド販売に限られ、アニメ、コミック、伝統文化、風景・温泉旅行、日本語、留学などに拡大した日本文化に対する関心ほどの広がりが韓流には、あまりみられない。

もちろん、韓国への関心には一定の貢献があることも事実だ。九二年の台韓断交後、途絶えていた両国の航空会社による直行便も〇四年九月に復活、台湾から韓国への渡航者がうなぎのぼりに増加した（〇四年は前年比一〇・九万人増）。ドラマ人気のおかげで、ロケ地見学ツアーも流行したためだ。韓国貿易協会の推計では、〇四年の一年間で韓流で韓国が台湾から得た売り上げは一・〇四億米ドルに上った。

また、国立政治大学、私立中国文化大学にしかない韓国語学科も、かつてはしばしば定員割れになっていたが、韓流登場以降はかなり人気を集めるようになったことも事実であり、韓国語入門書の種類も増えた。さらに、韓国ドラマ主題歌韓国語歌詞の意味を筆者に聞いてくる友人も出てくるようになった。

ただ、人気を誇る韓国ドラマも、現在転換期にさしかかっている。版権料引き上げによるコスト増だ。『大長今』が人気を集めた〇五年がピークだったという見方も出ている。

コラム　各国における韓流

中国における韓流——拡大するその影響力

南　真理

「韓流」という言葉は台湾メディアによって生み出されて中国に伝わり、それから日本でも使用されるようになったことから分かるように、中国の韓流は日本よりも早い時期から始まっている。中国では、文革終了後から西側諸国の文化が移入し、八〇年代中期から九〇年代初頭にかけて香港・台湾文化が流行し、九〇年代後半には日本のトレンディードラマも人気を得た。韓流もそうした本国以外の文化移入の流れの中に位置づけられるが、その影響力が遥かに強く、急激な勢いであったため、「韓流」という言葉が特別に使用された。

中国と韓国の国交樹立は一九九二年と比較的最近のことである。それまで中国は北朝鮮とのつながりの方が深かったため、韓国の実際の社会や生活に対する深い理解はあまりなかった。しかし、九〇年代後半から韓国のポップスが中国の若者に受け入れられるようになり、酷龍（CLON）、神話、H・O・Tなどのアイドルグループのダンス音楽が流行し、二〇〇〇年に行われたH・O・Tの北京コンサートの成功の報道から、韓国のメディアが「韓流」という言葉を使用するようになった。そして一九九七年に中国の国営放送局である中央電視台が『サランイムォギルレ（愛が何だ）』（中国題：愛情是什麼）という韓国の連続テレビドラマを放送し、当時の海外連続テレビドラマ最高視聴率を獲得した。そのため、経済発展に伴い多チャンネル化が進み、自国のテレビドラマが不足していた中国のテレビ局は、質もよく、比較的安価な韓国ドラマを次々と放送し始め、二〇〇三年までに、中国で放送された韓国ドラマは一〇〇本以上に上っている。また、『大長今（チャングムの誓い）』などのテレビドラマは若者中心だった韓流ファンの年齢層を広げるなどして、テレビドラマが韓流の中心となった。そしてこのポップスとテレビドラマの流行を下地として、続々と韓国の映画、書籍などのメディア産業が参入した。現在、中国における韓流はゲーム、車や携帯などの電化製品、キャラクター産業、旅行業、アパレル業、飲食業、化粧品にまで拡大しており、その規模は日本の韓流よりもさらに大きい。

中国でのこうした広範囲に渡る韓流の高まりの理由には、中国人が韓国に対して歴史的な経緯による反感があまりないことや、共に漢字文化圏、儒家文化圏に属し、文化的近似性があるということ等がよく挙げられる。特に最近は、昨今の日中関係の冷え込みによって、日本ドラマよりも韓国ドラマの方が身近に感じるとの声も増えてきた。韓流ファンの年齢層は次第に広くなってはいるが、中国での韓流ブームの中心的担い手はやはり都市部の、自在にインターネットで海外の情報を取り入れることのできる若者たちである。中国ではまだ独自の若者文化が未成熟で、韓流は一歩進んだ新しい生活のモデルを提示する流行文化として消費されているのである。このように、韓国文化が「おしゃれな生活」という近代的な側面と、「親兄弟を重視する伝統的儒教価値観」という東洋的な側面の二つを備えているという点が中国における韓流の重要な原因と言えるだろう。

また、韓国の文化立国推進戦略として、中国を韓国文化宣伝の第一の戦略地区とする方針があることも重要な要因であろう。さらに中国は二〇〇〇年五月の中国ＷＴＯ加盟前後に高まった、グローバル化の中で中国文化をいかに守るか、二〇〇八年北京オリンピックに向けて中国文化ブランドをいかに広めるか、出遅れている文化産業をいかに強化するかといった問題を抱えており、韓流をこの問題に対する成功例であると見なし、手本にしようとしている。そのため、国外からの文化の移入に敏感な政府側も韓流に対してはさほどの危機感を持っていないようである。しかし、二〇〇六年に中国政府が自国のテレビドラマ保護のために、韓国ドラマの放送制限を考えているとの報道がある。こうした措置が以後どのように韓流に影響していくのか興味深いところである。

コラム　各国における韓流

ミャンマーにおける韓流——西漸の臨界地

土佐昌樹

日本から見るとミャンマーというのは北朝鮮と同じくらい閉鎖的な社会で、とても外国文化の入り込む余地などないと思われるかもしれないが、事実は大違いである。中国からベトナムやタイへと波及した韓流は、ミャンマーでも大きな勢いをふるっている。テレビでは連日ドラマを放映し、家族そろって熱中する現象が続いており、街を歩けば若者が俳優をまねたファッションも目撃できる。ただし、これは日々躍進を続けるアジアの都市部でなく、世界最貧国かつ軍事独裁体制との指定席をもつ社会における流行現象である点はやはり忘れてはならない。ミャンマーにおける韓流の意味を読み解く特別な位置づけはここにある。

韓国ドラマの人気に火がついたのは、二〇〇二年に『秋の童話』が地上波で放映されたときに始まる。その後、『ホテリアー』『イヴのすべて』『宮廷女官チャングムの誓い』など日本でもおなじみのドラマが二つしかない地上波のチャンネルで競うように放映されてきた。他の東南アジア諸国と同じく日本に先行する形で韓流が起きたが、やはり貧しい国なので放映権の高い作品はやって来ないとか、韓国から俳優が訪問するとしてもトップスターではないという現実がある。それでも韓国側エージェントは、先行投資という考えで最初は儲けを度外視して売り込みに来たという。同じ理由でドラマは吹き替えでなく、字幕を付して放映する。ただ、人々はそんな委細に頓着することなく、家族そろってドラマの魅力を楽しんでいる。

ミャンマーにおける韓流の意味を理解するには、まずメディアが政府の厳しい統制下にあるという点が大切になる。地上波放送はあらゆる番組とCFが情報省検閲部の事前チェックを受け、ミャンマー文化の基準から見て許容できない部分（女性がお酒を飲む場面等）や政治的に不適切な要素は容赦なくカットされる。韓国ドラマも、明らかに検閲の結果だとわかる唐突な場面転換が時々あるが、家族そろって安心して見ることのできる内容が多い。韓国もまた軍事政権下における厳しい規制の歴史を経てきているので、政治的に無難であると同時に刺激に満ちた作品世界を作り上げる手法にたけている。また、「情緒の近さ」を人気の秘密にあげる意見はよく聞かれる。

ただし、地上波のように政府の監視が行き届いている領域からレンタルビデオ屋へと目を移すと、事情はずいぶんと変わってくる。ミャンマーで出回っている外国のCD、VCD、DVDはすべて海賊版であり、ビデオ屋などで非常に手軽に外国のポピュラー文化に触れることができる。ミャンマーにおける外国文化の受容実態を知りたければ、野放しになった海賊版の世界に目を向けることだ。こちらでは、テレビで絶対にお目にかかることのないハリウッド映画が絶対的な人気を誇っている。ドラマがきっかけになり韓国映画のファンになる人や、K-ポップの音楽CDを求める若者もいるが、その割合はかなり限られたものだ。

二〇〇五年から政府は知的所有権や治安維持を名目に、海賊版の取り締まりを強化するようになり、一種のサロンとして外国文化の窓口となってきたビデオ屋がいつまで存続できるかは保証の限りでない。外国文化が人気を博するのは、自国の文化生産に対する抑圧的な規制とペアをなす事態であり、韓流はそうした政治経済的貧困の間隙で花咲いた現象である。もともと韓国文化の存在感が希薄だったため今は目立っているが、台湾や中国のドラマも同じくらいの人気を誇っている事実もある。

最後に、テイストの問題がある。韓流の及ぶ範囲はいわゆる「醤油・魚醤文化圏」の範囲とほぼ重なっており、飛び火のような例外もあるが、ミャンマーより西に進むことはまずない。顔つき、身振り、筋の運び、リズムといった微妙なスタイルの違いは、異文化の受容を大きく左右する。この点は、政治経済的な分析では手の届かない微妙でかつ本質的な問題である。

コラム　各国における韓流

インドネシアにおける韓流――それは『秋の童話』から始まった

小池　誠

一般の日本人は「韓流ブーム」が日本だけの現象と思っているが、じつは韓国ドラマの人気は東アジアのみならず、ベトナム、マレーシア、シンガポールなど東南アジアにも広がっている。ここではインドネシアを取り上げ、人気の広がりに迫ってみたい。

インドネシアのテレビ界は、既存の六局に加え、二〇〇一年にさらに民放五局が開局し、多局化がいっそう進んだ。そのためテレビ局間でソフトをめぐる争いが熾烈になり、各局はアメリカや中南米、日本以外の国々のテレビ番組に目を向けるようになった。その口火を切ったのが、日本のマンガ『花より男子』に基づいて台湾でドラマ化された『流星花園』(Meteor Garden)であり、二〇〇一年にインドネシアで放送され大ブームを引き起こした。続いて二〇〇二年にインドシアルという民放が初めて韓国製のドラマ Endless Love(『秋の童話』)を放送した。インドシアルは比較的に安価な放送権料しか払わなかったが、このテレビドラマはヒットし、視聴率一〇パーセントを獲得したのである。圧倒的に若者に支持された台湾製の『流星花園』と違って、『秋の童話』は若者層だけでなく主婦層にも人気があった。

このヒットがきっかけとなってインドネシアでも次から次へと韓国製ドラマが放映されるようになった。日本で大ブームを引き起こした『冬のソナタ』も Winter Sonata という英語タイトルで放送されヒットした。このほか、『フレンズ』という日本・韓国の合作ドラマも含めて、『イブのすべて』、『ホテリアー』、『天国の階段』、『オール・イン　運命の愛』、『バリでの出来事』などが放送されている。イスラム教徒の多いインドネシアの視聴者にとって、アメリカ製のドラマと違い、男女関係の描き方など韓国ドラマの筋立てには違和感をあまり感じないようで、これが人気の一つの要因となっている。

日本と同様にインドネシアでも、ウェブ上で、韓国ドラマの人気の広がりを知ることができる。韓国ドラマ・ファンのサイト（http://www.geocities.com/dramakorean/）や、ペ・ヨンジュンのサイト（http://www.byjindofamily.com/）も存在するし、またインドシアルなどテレビ局の掲示板には様々なファンの書き込みが見られる。そのなかには『冬のソナタ』に出演したパク・ヨンハが好きで韓国語を習いたいというファンの声も載っている。韓国の携帯電話会社がスポンサーとなったイベントで、パク・ヨンハが二〇〇三年にインドネシアを訪問し、大きな話題となった。

また、日本では『冬のソナタ』とペ・ヨンジュンが図抜けて人気となり、大ブームを引き起こしたが、インドネシアのウェッブ上で見るかぎり、インドネシアで最初に放送された『秋の童話』とその主役を演じたウォンビンのほうが注目度は高いようである。韓国ドラマは二〇歳以下の視聴者が比較的よく観る夕方の時間帯に放送されることが多く、人気の違いはインドネシアのファンのほうが日本のファンよりも全体的に若いということも関係しているのかもしれない。韓国ドラマの人気はインドネシアと日本で共通の現象といえるが、どのドラマと俳優が人気を獲得するかは、両国のファン層の違いを反映し、一概にいえることではない。

日本製ドラマと台湾製ドラマと同様に、韓国ドラマも英語の題名がつけられ、インドネシア語の吹き替えで放送されるので、視聴者にとっては、どの国のドラマなのか分からなくなる場合がある。じっさいインドネシアの人たちの話を聞いても、韓国と、日本、台湾のタレントの違いがよく分からないと答える人たちが多い。インドネシアの視聴者から見れば、東アジアに住む人間の顔立ちには、さほど違いはないようである。インターネットの掲示板に書き込むような、韓国ドラマとしっかりと認識して楽しむファンがいると同時に、国の違いを意識せず、漠然と「アジアのドラマ」と受け取って、観ている視聴者が多いことも忘れてはいけない。

コラム　各国における韓流

エジプトにおける韓流――『冬ソナ』ブームとイスラーム、ジェンダー、ロマンチックラヴ

新井一寛

　エジプトの国営放送ERTUは二〇〇五年一月五日から、月〜木曜日の夜一時間にわたって、『冬のソナタ』を放送した。この放送は同年に国交十周年を迎える韓国との文化交流事業の一環としても位置づけられた。ERTUの責任者は、ドラマの内容にイスラームに背く点がないのを評価した。大学生など高学歴の若い女性を中心とした会員数三〇〇人以上の『冬ソナ』同好会も誕生した。主人公の男性をイスラーム教徒に改宗させたいという同好会会長の女性は『冬ソナ』を好きになった理由について、欧米諸国のドラマに対して『冬ソナ』は、キスシーンは出てくるものの性的欲望を刺激するものではなかったと述べた。一方、高学歴の若い女性だけではなく『冬ソナ』が放映される時間になると、妻の希望で夫が一緒にテレビの前にかじりつく現象も生じた。

　エジプトでは古くから映画文化が盛んで、テレビドラマも普及している。しかし、性を主題としたものは少ない。エジプトの男女の不公平を描いた、アフマド・ハーリド監督の短編映画『The Fifth Pond』（エジプト、二〇〇五、一四分）が、異性間の性的欲望を刺激するシーンを含んでいたため当地で波紋を呼び、映画館で上映を拒否されたのは記憶に新しい。イスラームについて一枚岩的に語ることはできないが、エジプト人の多くはイスラーム教徒であり、彼らが良しとするイスラームが異性間の恋愛や性的交渉に関して厳格なことがその主な原因である。

　ちなみに、イスラームの場合、聖典クルアーンにある「男」と「女」の差異は本質的なものであり、これが生物学主義における「男」と「女」の差異に相当すると考えてよいであろう。また、ジェンダー研究者のバトラーによるクィア理論をエジプトのイスラーム社会の文脈で考えた場合、その実践面での効果は、同性愛者などは既存のジェンダー秩序を攪乱するよりも、

嫌悪感・危機感をあおり、反照的にその秩序を一層強化する作用を持っていると考えてよいであろう。

話を戻すが、エジプト社会は恋愛や性的事柄に厳格な一方で、インターネットなどのメディアの普及によって、欧米社会におけるそれらの情報はエジプト人にも知れわたっている。情報だけが流れ込み、その解消手段をもたない若者を中心に、恋愛や性的事柄に関する関心が「肥大化」している場面を見かけることもある。こうした状況下、男性を魅了し、惑わす「ちから」をもつとされる女性は、肌の露出に注意しその「ちから」を抑制することを少なからず意識しているのが通常である。基本的に彼女たちがその「ちから」を発揮する、あるいは発揮しなければならないのは結婚した男性の前である。こうした状況下では、欧米社会でいうような、婚前交渉を含む「主体的」恋愛の経験の積み重ねから結婚へと至ることはなかなか難しい。

しかし、高学歴の未婚女性を中心に「主体的」に生きることへの関心は高まっている。欧米の「主体的」で「かっこいい」生活スタイルと親和的な「正しい」イスラーム教徒の生き方について説く説法師のブームも生じている。

そうした状況下、『冬ソナ』の場合は、未婚女性たちに「性的欲望を刺激しない」イスラーム的規範の枠内での「主体的」な恋愛の手本となりうる素材を提供したといえるであろう。また彼女たちは単にロマンチックな幻想に逃避し、「文化交流」というナショナルな価値に回収されていたのではなく、『冬ソナ』をブームにするという実践を通じて、実は「主体的」な新たな恋愛の可能性を模索する必要性を気づかせる「啓蒙的」な実践をしていたのかもしれない。

また一方で、既婚女性の場合、日本では『冬ソナ』は純愛の再評価から家父長制を強化するよりも、主婦の家父長制からの幻想逃避を助長したのに対して、エジプトでは主婦の夫に対する幻想を強化し家父長制を強化する作用をもった。

つまりエジプトの『冬ソナ』ブームには、既婚女性による家父長制を強化する流れと、未婚の高学歴の女性を中心としたイスラームに適合的な「主体的」な恋愛の模索を通じた実践の両方が見られたのである。

第4章　「韓流」にならないポピュラー文化
――イメージの交錯と新たな「他者」の誕生――

山中千恵

1　「韓流」とマンガ

韓国で最も利用されている、インターネット事典検索[1]によれば、「韓流」は次のように定義されている。

一九九八年、韓国のテレビドラマが中国に輸出され、二年後にはK－POPへと興味が拡大しながら、中国で韓国大衆文化の熱風が生じた（中略）。その後台湾・香港・ベトナム・タイ・インドネシア・フィリピンなど東南アジア全域に拡散し、二〇〇〇年以後にはドラマ・ポピュラー音楽・映画などの大衆文化だけではなく、キムチ・コチュジャン・ラーメン・家電製品など関連製品の選好を伴うようになるが、これらすべての現象をさして韓流と呼ぶ[2]。

ここで、韓流の中心となる「大衆文化」は、ドラマ・ポピュラー音楽・映画と例示されている。韓流は、海外における日本ポピュラー文化の人気と比較して語られることが多いが、この定義を見る限り、

表4－1　韓国におけるマンガ図書発行部数の推移

年	総部数	マンガ	比率（％）
2000	112,945,032	44,537,041	39.4
2001	117,172,347	42,151,591	35.9
2002	117,498,447	35,944,520	30.5
2003	111,450,224	33,359,330	29.9
2004	108,958,550	26,862,030	24.6
2005	119,656,681	23,267,029	19.4

出所：大韓出版文化協会（http://www.kpa21.or.kr/main/index.htm）より作成。

一つ大きな違いがあることがわかるだろう。それは、マンガの不在である。

韓国においてマンガ文化・産業が存在しないというわけではない。出版統計を見ればわかるように、韓国におけるマンガの発行部数が出版市場全体に占める割合は小さいものではない。

近年のヒット作となった純情マンガ（少女まんが）の『宮《グン》』は八〇万部、子ども向けの『ギリシャ・ローマ神話』は一〇〇〇万部を売り上げたと報じられてもいる。(3)韓国の文化産業統計にも「マンガ」という項目があり、ドラマや映画同様に、政府の支援政策の範疇に含められており、マンガの輸出も積極的にすすめられてきた。

ではなぜ韓国において、マンガは「韓流」の定義に入らない／なかったのか。(4)これを、本章の一つ目の問いとする。

この問いは、経済的実体として一定の規模足りえないということと、ブームとして「語られない」ということの二つの水準から捉えることができるだろう。この二つは相互に作用しあい、韓国の人々にとっての「韓流」のリアリティを作り上げていると考えられる。ここでは、商品としてのマンガの売れ行きといった経済的側面を考慮しつつ、韓国の人々にとってマンガが「韓流」にのらないように「見える」理由を探ることを目指す。

以下では、韓国におけるマンガをめぐる言説に焦点をあて、歴史的過程と現在の状況という二つの側面から検討を加えていく。つまり、マンファの成り立ちと、まんがのグローバルな流通に注目し、〈日本〉イメージとの関係をキーワードに、韓国におけるマンガと「韓流」の関係を読み解いていくこととする。

そしてさらに、韓国における言説配置をふまえたうえで、日韓・双方向的に構築されたものとして「韓流」を捉えなおし、「マンガ文化」は「韓流」現象と無関係なものと考えていいのかについて、問い直す。これが本章の扱う、二つ目の問いである。

本章では、「韓流」ブームの範疇に入らなかったメディアに注目することによって、このブームがひきおこした出来事が、単なる一方向のメディア商品の越境と消費の問題にとどまらず、わたしたちのポピュラー文化をめぐる思考のあり方を問い直すものであったことを指摘したいと思う。その過程で、メディアの消費と他者表象、そしてナショナリズムという問題系が、どのように関連する／しないのかについても考えていくこととする。

パク・ソヒ『宮（グン）』ソウル文化社，2002年

さて、本章で取り上げる「マンガ」という記述は、アメリカのコミックやフランス語圏を中心に発展してきたＢＤ（バンド・デシネ）の形式とは区別して、戦前・戦後を通じて主に日本社会において形成されたもので、類型化された記号表現を用い、白黒で描かれ、多ページで構成され、安価に販売される、いわゆる〈ストーリーマンガ〉と呼ばれるメディアを指す。国籍にこだわらず、前述の表現・形式で生産されるモノ自体、つまりメディアに言及する場合にはマンガという単語を使う。そして、メディアの国籍性が問題となる場合には、韓国

語圏のマンガという意味でマンファ、日本語圏のマンガという意味でまんがと記述する。

2 「韓流」として語ることの困難

マンファのなかの〈日本〉という他者

まず、マンガが韓国においてどのような存在であるのか、なぜ韓流に乗らないように「見える」のかを、歴史的文脈に沿って、韓国における「大衆文化」と〈日本〉イメージの問題と関連づけながら考えていくことにしよう。

韓国マンガ家協会が発表している「韓国マンファ史」では、近代マンファの歴史が、一九〇九年六月、大韓民報の創刊号に掲載されたイ・ドヒョンによる一コママンガから始まるとされている(5)。別の説では、これ以前にも雑誌の表紙などにマンガ的記号表現が用いられていたとの指摘もある(ソン・サンイク、二〇〇二)。

マンファ史では、多くの場合、当時の朝鮮半島で日本人向けに発行されたまんがや、それに類する発行物は含められない。この分類に象徴されるように、現在、韓国のマンファ史言説は、〈日本〉的要素から距離をとることによって成り立っている。

とはいえ、植民地支配期以降、解放後も、日本から持ち込まれたまんがは描き写されたり転写されたりすることで、韓国社会に流通し続けた。一九六五年に日韓の国交が回復した後にも、日本大衆文化の輸入禁止措置がとられたが、まんがは翻訳され、作者名やタイトルを変更することによってマンファとして読まれたのである。マンファは、内部に〈日本〉という他者を含みこんだハイブリッドなメディアとして形成されていった。

とはいえ、マンファは「大衆文化」として華々しい地位を獲得してきたわけではない。むしろ、まんがであるかマンファであるかに関わり無く、低俗なもの、子どものものとみなされてきた。これは、韓国社会の「大衆文化」認識と深く結びついている。マンガ（マンファ・まんが）だけにかぎらず、映画、テレビドラマなどを含めたメディア文化は、人々に広く受容される一方で、民主化運動の担い手や知識人からも操作されやすい大衆の文化として批判され、彼らが擁護する「民衆文化」とは異なるものとして位置づけられてきた（キム・チャンナム、一九九二）。

ここで、マンファが内部に抱え込んだ〈日本〉という他者の、韓国における位置づけについて確認しておこう。

韓国における日本イメージの変遷をまとめた鄭大均（一九九八、九〇～一二二頁）は、これにつぎのような歴史区分をあたえている。第一期（一九四五～六五年）は、植民地時代や日本に対する反日と郷愁、憎悪と愛着のアンビバランスの原型が登場する時代。二期（一九六五～八二）は新しい日韓関係の展開にともなう誘引と反発、関心と反関心、模倣と敵意の競合が生じた「一方通行の日韓関係」の時代であったとされる。そして、三期（一九八二～現在）を、相互作用の増大による、対抗意識と膨張主義的ナショナリズムの時代であるとしている。ここでは、解放後から現在に至るまで、その時期ごとの日韓関係の変化に基づきつつも、常に矛盾と葛藤の中で日本が表象され、韓国という自己が形作られていった経緯がまとめられている。

各時期における一つの日本表象として、日本文化（特に大衆文化）は「倭色」と言われ、煽情的で暴力的なものが多い低俗なものとみなされる傾向にあった。金賢美（二〇〇四、一七三頁）は、韓国社会が、イデオロギー的な言説として、日本（大衆）文化がいかに劣ったものかを強調し、日本文化によって韓国社会が汚染される危険性に警笛をならしてきたことを指摘している。つまり、相反するような日本イメージが存在するなかで、日本（大衆）文化は、低俗なものとして表象されることによって、韓国の純粋性を確保する装置として機能してきたという側面をもつ。

もう一度確認しておくならば、マンファはその出自からも、形成過程においても、〈日本〉との混淆を経ている。だからこそ、先にあげたようにマンファ史は、韓国社会の大衆文化認識と、日本文化認識が背景となって、〈日本〉をうちに含みながらも、語りのうえではそれを排除しようとする矛盾をはらまざるをえない。

さて、韓国における「大衆文化」と「日本（大衆）文化」をめぐる言説が、「マンガ」をめぐって重なりあい、マンファをのみこんで、注目を集めていくのは、一九九〇年代に入ってからのことである。

ソウルオリンピック、海外渡航自由化、そして一九八七年の民主化宣言を経て、一九九〇年代前後に、韓国社会は大きく変化する。このころから、日本まんがは、海賊版ではなく、次第に正式な版権契約に基づき輸入・翻訳出版されるようになっていった(6)。なかでも、『ドラゴンボール』をはじめとする日本の少年まんがは、それまでにない、爆発的な売れ行きを見せた。

『ドラゴンボール』の人気は、「まんがに代表される低俗な日本文化流入の危機」、というような「文化帝国主義」言説を生み、社会的な問題となる。やがて、『ドラゴンボール』、ひいては日本まんがをめぐる語りが増えた結果、一九九〇年代半ばまでには、（まんがとマンファを含んだ）マンガ＝日本＝低俗、そして操作されるオーディエンスとしての「子ども」、という図式が定着する。その図式はマンガを読まない人々のあいだにも、根づき、マンガというメディアについての語りを規定するようになっていった（山中、二〇〇四）。

まんがは、一九九八年に日本大衆文化の段階的開放措置が開始される以前から、韓国社会に「正式に」受け入れられてきた。そのため、他の「日本大衆文化」以上に、日本との関係、子どもへの影響、文化としての評価に関する言説と強く結びついたメディアとして、韓国社会に位置づけられてしまったのだといえるだろう。マンファは、マンガとしてのメディア性ゆえに、これらの言説にまきこまれざるをえなかった。

では、マンガというメディアが「韓流」のリストに含められないのは、マンファ文化が韓国社会において、「日本」の刻印をうけていたからだ、と結論づけることができるのだろうか。しかしこれには多くの反論がよせられるだろう。

〈日本〉から逃れるマンファ

マンファは、韓国国内において、おそらく、他のポピュラー文化以上に、〈日本〉を担うものとして位置づけられてきた。しかし、韓国社会では、一九九〇年代後半から、マンガというメディアに関する言説を規定する、ポピュラー文化（大衆文化）認識の大きな変化を経験している。

まず、アカデミズムの傾向として、一九九〇年代末ごろから、民主化闘争につながるような大きな物語をめぐる論争から日常の場へと、そのまなざしの転換がはじまった。それにともなって、「大衆文化」への言及が増加することとなる。

政府の政策においても変化があった。一九九八年からの金大中政権は、文化政策に力をいれた。特に、「文化」の中に「映画やゲーム、アニメやマンガ」がリストアップされたことが重要である。さらに、二〇〇一年には、文化コンテンツの育成は国家の将来を左右するとの見解のもと、政府内に専門部局が設立された。

そして、一九九七年の通貨危機によって、韓国の人々が、日常生活レベルで、まさにグローバル化にまきこまれているのだと実感することになったことも考慮する必要がある。

こうした変化をうけて、マンガ＝マンファは、〈日本〉イメージをよびおこすものではない、いまやポピュラー文化と〈日本〉イメージの問題は別個のものになりつつあるのだ、とする「論調」が増加していった。たとえば、朴順愛（二〇〇二）に見られるように、韓国の研究者たちは、韓国の若者たちの、まんがもふくめた、「日本文化を消費することへのこだわりのなさ」を指摘し、それを批判するのではなく、肯定的に捉えるようになってきた。

あるいは、マンガの読み手が、「まんが」に矮小化せずに、マンガについての議論を行うための言説空間を模索しはじめてもいる（山中、二〇〇四）。ここでは、マンファであれ、まんがであれ、読者の愛着の対象としてのマンガが、ポピュラー文化の経験の中で語られるようになってきたのである。

これらの動きを見ると、マンファは、独自の文化領域を切り開くことで、韓国における日本表象との関係から抜け出しつつあるように見える。とすれば、「韓流」にマンガが含められないように「見える」理由として、マンファと〈日本〉との関係を持ち出すのは、「時代遅れ」なことのようにも思えてくる。

この問題の現在的な妥当性を考えるにあたって、グローバルなレベルでのマンファ流通に目を向けてみることにしよう。近年、韓国国内の文脈において組み替えられつつあるマンファと〈日本〉の関係は、マンガ文化の拡散に目を向けたとき、国内の状況とは異なる文脈で、再認識されることになる。

マンガメディアの周辺性と〈日本〉性

マンファのたどってきた文化状況を概観すると、韓国におけるテレビドラマジャンルの形成と類似した点が多いことに気づく。韓国のメディア研究者であるリー・ドンフ（二〇〇三）は、韓国におけるテレビドラマジャンルの形成を、日本製ドラマとの混淆、奪用／領有、そして日本を他者化しようとする文化的実践の過程から読み解いている。そして、このようにして獲得されたドラマのハイブリッド性が、韓国ドラマの魅力を生み出したという。ではなぜ、同じハイブリッドなメディアでありながら、マンファとドラマの差は生まれたのか。この疑問を手がかりに、マンガを、グローバルなレベルで越境する、メディアのひとつとして捉えなおし、その流通について考えてみることとしよう。

アパデュライ（二〇〇四）はグローバルな文化経済を、五つのフローから捉えることを提案しているが、ここでは、そのうちの一つ、メディアスケープに注目する。このスケープは、メディアによって創造される世界についてのイメージと、情報を生産、配信する能力をめぐる問題によって形作られるとされる。ここで、彼がとくに注目しているメディアは、電子メディアである。それは、想像の自己や想像の世界を構築する新たな資源や規律をあたえるもので、印刷物や音声や視覚、聴覚の媒介を超えた可能性をもつという。

アパデュライの議論をふまえて、電子化と情報の生産・配信という観点から、マンガを捉えなおしてみると、そもそも、マンガはグローバルなフローたりえているのか、という疑問が生じる。

基本的にマンガは印刷メディアである。一部のファンダムによって、マンガがスキャニングされ、電子化され、翻訳されることはあっても、それが完全に制度化されるには至っていない。マンガの電子化はまだまだ始まったばかりなのである。

また、マンガの生産と配信は、既存のグローバルなメディアネットワークに組み込まれているとは言いがたい。現在、メディアの生産と配信の能力は、少数の巨大な多国籍企業グループが握っているとされている。二〇〇〇年の段階で、コミュニケーション産業が生み出す世界全体の年収益二五〇〇〜二七五〇億ドルの三分の二以上を占めていたのは、たった一〇社のメディア・コングロマグリットであったという（スティーガー、二〇〇五、九七頁）。こうしたメディア複合企業が支配するのは、テレビ、映画、音楽、インターネット、雑誌、ラジオなどの製作および配給のネットワークである。これらのネットワークの中心はアメリカにある。実際、貿易統計をもとにメディア・コンテンツの流通状況を分析した山下東子（二〇〇五、四三頁）によれば、東アジアにおけるコンテンツの流通の方向性は、中国、香港、台湾相互の中華圏での流れと、アメリカと日本から韓国へ、そして、アメリカから日本を経由して東アジアへという流れが見えてくるという。

ここで分析されている「コンテンツ」をのせるメディアは、基本的に欧米発のものであると考えていいだろう。つまり、欧米を中心としたメディアの流通網は、欧米発メディアのためにネットワークされており、マンガというメディア形式は、その中で、発信地が日本であるという点で、すでに周辺化されている(7)。よって、マンガというメディア形式で作られた「コンテンツ」は、流通が確保されているそのほかのメディア・コンテンツに比べて流れが悪いとしても無理はない。

では、マンガというメディアの流通網とはどのようなものか。日本におけるまんがの海外出版は、現地の出版社との版権契約によってすすめられてきた。近年、小学館と集英社が共同出資したビズメディアをはじめ、北米、イタリアなどに基盤をもつ、東京ポップ、パニーニなど、欧米圏で日本まんが出版を手がけてきた出版社が、多国籍展開し、流通のネットワークを築きはじめている(8)。

まんがとの混成の中から生まれたマンファは、まんがが形成してきた海外市場を後追いする形で、流通を拡大しようとしている。実際、韓国におけるマンファ産業は、他の「コンテンツ」に比べると、経済的に成功しているとは言いがたい。文化産業統計をみれば、二〇〇三年のマンファの輸出益は四〇〇万ドル程度である。これは、放送（約四〇〇〇万ドル）やゲーム（約一億八〇〇〇万ドル）と比べてみれば、決して多いとはいえない数字であろう。マンファは、それがマンガであるがゆえに、すでにネットワーク化された巨大な市場が用意され、グローバルに「コンテンツ」が生産され、配給されるドラマや映画とは、同じように流れることはできないし、利益を得ることもできないのではないか。

また、現時点では、マンガの流通網は、基本的に「まんが」を出版するためのものである点にも注目しておきたい。出版社のマンガ・レーベルにおいて、マンファは基本的に「ＭＡＮＧＡ」の一部として扱われている。韓国の出版社は、まんがと区別して、「ＭＡＮＨＷＡ」という記述を定着させるべく、努力している。その結果なのか、たとえば、イタリアを中心としてまんがを扱ってきた、パニーニのマンガ・レーベルに、「ＭＡＮＧＡ」「ＭＡＮＨＷＡ」といったマークが印刷されるようになってきた。しかし、一般の読者たちにとって、その区別はさして重要なものではなく、時としてマンファはまんがと混同されながら受容されている。あるいは、一部の熱狂的なまんがファンからは、「亜流まんが」とみなされることとさえある。韓国において〈日本〉イメージから逃れつつあるように見えたマンファは、グローバルなフローの中で、再度〈日本〉的なものとして表象される可能性をはらんでしまうのである。

以上ここまでの議論をまとめておこう。韓国における定義の中で、マンガが「韓流」に含められなかった理由の一つは、マンガというメディアのグローバル化が不十分であったため、マンファが経済的利益にむすびつかなかったことにある。韓国国内におけるマンガ言説を見る限り、日本との関係を云々するよりは、この理由が最大唯一のもののように思われる。しかし、マンガが作り出すメディアスケープの特徴を考慮するならば、そこに新たな〈日本〉性との葛藤を読みとることができるだろう。とくに韓国から見れば、他のメディアが作り出す眺めに比べて、その景色はとぎれとぎれであるだけでなく、まんがイメージによって日本化されている。「韓流」を、韓国の自画像を描く手段としようとする言説において、マンファは、経済的成功の少なさに加え、そのメディア形式と流通が含みこんだ〈日本〉イメージのために、いっそう語る必要がないように「見える」のではないだろうか。

3　「韓流」がもたらしたもの

構築されるオーディエンス

ここまで、韓国側から、マンガと「韓流」について考えてきた。ここからは、韓国と日本の間に起きた双方向的な現象として「韓流」を捉え直し、「二つ目の問い」について考えてみることにしよう。日本において、「韓流」は、韓国のものを消費し、楽しむだけではなく、「韓流」という現象そのものを分析しようとする欲望を生み出した。日本や韓国で、「韓流ブーム」について考えようとする、無数の（といっていいくらいの）ワークショップやシンポジウムが開かれたのも、こうした欲望の結果であろう。

このような「韓流」、ひいては「韓国」を知ろうとする好奇心は、往々にして「対の現象」を求めることになったように見える。

たとえば、二〇〇五年一一月、国際交流基金によって開催された「日韓セミナー二〇〇五、韓流と日本 feel――交流時代の課題と可能性」と題するシンポジウムを見てみよう。ホームページの説明文には「韓流はなぜ日本でブレークしたのか。韓国に日本ブーム、日本 feel はあったのか。日韓の交流が新しい時代を迎えた今、両国の大衆文化交流の深層に迫ります。」とある。(9) シンポジウムの形式をみると、《第一部　日本における韓流》と対になる形で、《第二部　韓国における日本 feel》が設けられ、韓国における日本文化受容や「日流」の検討がなされている。「交流」が志向されることによって、両国についての語りが必要と考えられたのだろう。「韓流」の言説は、日本における「韓国のポピュラー文化」だけではなく、韓国における「日本のポピュラー文化」というテーマを前景化させる契機にもなったのではないか。そしてここでは、マンガやアニメが日本のポピュラー文化として重要な位置を与えられる。日本における韓国への興味のあり方として、韓国の「日本大衆文化の受容」というテーマは、「韓流」以前にも、エッセイやルポルタージュ、学術調査の対象となってきた（菅野、二〇〇〇　朴・土屋、二〇〇二　小針二〇〇二）。特に、一九九〇年前後から、韓国で日本大衆文化開放をめぐる議論が盛り上がるにつれ、「マンガやアニメなどの日本大衆文化を消費する、韓国の若者」の姿が、「未来志向」の日韓関係を担う存在として、日本の研究者たちによって描き出され、時には民間の「文化交流」における可能性の「象徴」として用いられもした。さきに確認したように、韓国においても、「日本大衆文化を消費する若者」に日韓関係の新たな可能性を見出す動きは、韓国の日本研究者を中心に、「韓流」に先駆けて始まっていたといえる。

「韓流」とは異なるところで発見されてきた「日本大衆文化を消費する若者」は、このブームによって、地域研究的興味を超えて再発見され、ポピュラリティを得はじめている。

ジョン・ハートレイは、オーディエンスとは、様々な利害関心によって捏造されるフィクションであるとし、その構築性をもって、オーディエンス研究に疑問を投げかけた。彼の議論をふまえて、メディア研究者の土橋臣吾（二〇〇三、五二頁）は、オーディエンスの構築性を前提としたうえで、「ある特定のオーディエンスの想像／創造がなぜ、いかにしてなされたのか、その歴史的・社会的条件を探ることの必要性」を指摘している。

オーディエンスの構築性という視点を用いて、「日本大衆文化を消費する若者」を捉えなおしてみると、さしあたり二つの文脈が交差していることが読みとれる。一つは、日韓地域研究者たちのコミュニティから、学際的な日韓共同研究の開始へ、という学術領域での「語り手」の拡大。そしてもう一つは、官民、大小を問わず、日韓「交流」への期待が、ポピュラー文化へと焦点化されていったことである。

そうした流れの中で、情報のバランスをとろうとする無意識的な感覚が、「韓流」の「対の現象」を模索させ、その結果、一つのオーディエンス像が求められたのではないか。

「韓流」を契機として焦点化された、このオーディエンス像は、主に、交流や、他者理解をめざす言説の中にたち現れたものである。しかしここで、現在、日本において、まんが・アニメが、グローバル化という視点の下で、ナショナリズムとの結びつきを強めていることに注意をしておく必要があるだろう。「韓流」現象のなかで「(再)発見」された「日本大衆文化を消費する若者」というオーディエンス像は、日本の脈絡では（そしてそれは〈韓国〉の言説の中でも承認される形で）、〈マンガ・アニメ大国である日本〉を構築しようとする言説を強化していく可能性をもっている。

「韓流」によって韓国からマンファが翻訳され、日本へ輸入されることはそう多くはなかった。しかし、マンガは「韓流」と無関係だとはいえない。日韓双方が生み出した「韓流」言説は、マンファ（マンガ）の読み手を、「日本大衆文化を消費する若者」として構築した。つまり、「韓流」は、他者表象の越境と交換をうながし、商品として流通しなかったメディアのオーディエンス・イメージを、マンガ言説についての言説（メタ言説）を通じて、流通させることになったのである。

他者化される「マンガファン」

では、先に述べたようなメタ言説の越境は、韓国にどのような状況を生み出しつつあるのだろうか。

二〇〇五年八月、ネット上である噂がとびかった。植民地支配からの開放六〇周年を祝う、八月一五日の光復節特別番組の一つとして、国営放送であるKBSが、「日本に狂った子供たち」という番組を企画しているというものである。そのため、八月一三日から一五日にかけて開催される、マンガ同人誌即売会、コミックワールドにおいて、「キモノ」をきるようなコスプレをしては危険だ、という呼びかけがネットを駆けめぐった。

社会学者の早川洋行（二〇〇二、一八頁）によれば、流言は、「コミュニケーションの連鎖の中で短期間に大量に発生した、ほぼ同一内容の言説を言う」と定義されている。特別番組に関する呼びかけは、流言にあたるといえるだろう。早川（同、六九頁）は、これまでの流言研究を整理しつつ、流言を生み出す人々の心理として、不安の存在を指摘する。また、清水幾太郎（一九三七＝一九九二、一〇七頁）は、流言を「潜在的世論」と呼んだ。

これをふまえて、以下では、ＫＢＳのネット掲示板に書き込まれたマンガ読者たちの声をもとに、「潜在的」にならざるをえない彼らの主張と、「不安」について検討を加えてみよう。ＫＢＳの掲示板には、「流言」を信じた人々が、ＫＢＳへの非難を書き付けている。

最初の「うわさ」をめぐる書き込みは二〇〇五年八月五日付である。ＫＢＳ掲示板への書き込みが始まる以前に、インターネット上の、同じ趣味をもつもの同士のコミュニティ「カフェ」ではすでにこの話題が盛んにとりあげられていた。ＫＢＳの掲示板には、終息を迎える八月一八日までに、二四件（同一人物による書き込みも含む）の意見が書き込まれ、それに対し五四の「推薦文」が付け加えられた。閲覧はそれぞれが一〇〇以上多いもので四〇〇を越えた。

たとえば、次の書き込みを見てみよう。

わたしはマンガがオタクレベルで好きです。友達がカフェでうわさを聞いたそうです。言っておきますが、コスプレは日本文化ではありません。（中略）日本に留学して、日本語がうまい大人を「狂った」といいますか？　なぜ子どもだけが「狂った」のでしょう。子どもは人ではないのですか？[10]

二〇〇五年八月五日　シン・ジンギョン

この書き込みに象徴されるように、彼らは二つの「ラベリング」を拒否しようとしている。一つは、マンガ（まんが・マンファ）ファン（あるいはコスプレーヤー）＝日本文化の受容者と見られること、つまり、自分たちの行動が「日本」という要素のみから解釈されることである。もう一つは、マンガの好きな人＝（操作される）子ども、という捉え方である。この二つは、一九九〇年代に、まんがに対する批判が噴出したとき、韓国社会がマンガ（まんが・マンファ）読者にあたえていたポジションと変わらない。

この「流言」騒動から、彼らが、〈日本〉へのこだわりの無さをアピールしたいと感じていることが読みとれる。彼らは、まんがもマンファもふくめたマンガファンにすぎないにもかかわらず、日本まんがファン、あるいは〈日本〉ファンとしてカテゴライズされ、主流メディアの言説によって、他者化されることに不安を感じているのである。

「韓流」によって友好的にかわされたポピュラー文化の相互浸透・受容という言説は、「日本大衆文化の」オーディエンスを（再）構築していった。と同時に、光復六〇周年という区切りが、日韓の人々の目を、歴史問題に向けさせてもいた。たとえ、「日本大衆文化を消費する若者」というカテゴリーが、「韓流」の議論の中で肯定的（あるいは中立的）なものとして用いられたのだとしても、そのカテゴリーは越境することで再び異なる文脈におかれ、九〇年代初頭に繰り返されたような議論と再接合されることで、あらたなアイデンティティの問題を引き起こす可能性をもったのである。

繰り返すことになるが、韓国のマンガファンたちは、すべてが「まんが」だけのファンではないし、「マンファ」だけのファンでもない。かれらは「マンガ」が好きなだけである。しかし、「日本大衆文化を消費する若者」として構築されたオーディエンス・イメージは、直接名指しされたわけではなくとも、彼らを、ポピュラー文化を無国籍的に楽しむことができない存在として、主体化してしまうのである。

彼らの不安は、まさしくポスト韓流のメディア文化状況の中で生まれたものだといえるだろう。

4　ポスト韓流の視点

本章では、二つのことを問うてきた。なぜ、マンガは「韓流」に含められないのか。そして、含められないことをもって、「韓流」と無関係といえるのか。

前者については、韓国における日本表象とナショナリズムの、一筋縄ではいかない歴史的関係と、メディア産業のグローバルな展開という視点からの考察を試みた。そこでは、マンファが〈日本〉イメージから逃れようとしつつも、グローバルなメディア流通のなかで再〈日本〉化されてしまうため、「韓国」を語ることを見出す「韓流」言説のなかで、常に違和感を生むからではないかと結論づけた。また、後者の問いに対して、「韓流」をめぐる言説が（意識的、無意識的に）志向していた、相互理解や交流という目標の存在によって、「日本大衆文化を消費する若者」というオーディエンス像が必要とされ、それは、日本においては、文化ナショナリズム強化の可能性を、そして韓国では新たなアイデンティティ・ポリティクスを生んでいることを指摘した。

今や、「韓流」を、メディアの越境とその消費の拡大、消費を通じたイメージや想像力の発動として捉えるだけでは不十分なのかもしれない。少なくとも、マンガ・まんが・マンファをめぐる状況は、その商品の流通と消費を超えて、イメージとそれを生む分析的な言説が越境し、文化的なアイデンティティの政治を生み出しているのだから。

ポスト「韓流」の文化状況の中で、ポピュラー・メディア文化の越境を考えようとするならば、流れの中で乱反射しあう他者表象によって、あらためて誰が他者化されていくのかを、自省的に問うてゆく必要があるだろう。

註

（1）ランキングサイト http://www.rankey.com/ による。辞書検索ではネイバーが最も利用されている。

（2）ネイバー百科辞典「韓流」http://100.naver.com/100.nhn?docid=771137

（3）朝鮮日報二〇〇六年一月一五日。国民日報二〇〇四年七月一日。

（4）日本で翻訳された、ユ・サンチョル他『韓流熱風』朝日新聞社（原題『韓国ＤＮＡの秘密』）は、韓国マンガが近年「恐ろしいほど売れている」と伝えてはいる。しかし、「まんがは過ぎ、マンファが浮上する」という節の大半は映画やテレビ番組、ゲームの輸出に関する話題が占めており、マンファの影は薄い。

（5）韓国マンガ家協会 http://www.cartoon.or.kr/

（6）日本大衆文化開放は一九九八年から段階的に実施されている。しかし、日本文化の輸入禁止は、明確な法律に基づくものではなく、行政措置として進められてきた。そのため、アニメや小説、マンガなどは、開放措置以前から、韓国社会に流通していた。

（7）アメリカの「コミック」文化自体が、直販ルートを通じた専門店での販売を中心としてものであり、他の一般書籍とは異なる流通経路を形作っていた。マンガ同様「コミック」も、グローバルなネットワークからすれば「周辺的」なメディアであったといえるかもしれない。詳細は、掘淵清治（二〇〇六）。

（8）アメリカを中心とした欧米でのまんが市場開拓の経緯については、掘淵清治（二〇〇六）を参照。

（9）国際交流基金「日韓セミナー二〇〇五」http://www.jpf.go.jp/j/intel_j/news/0510/10-02.html

（10）ＫＢＳ http://news.kbs.co.kr/bbs/exec/ps00404.php?bid=2&id=7870&sec=&page=118

参考・引用文献

アパデュライ・アルジュン（二〇〇四）『さまよえる近代——グローバル化の文化研究』平凡社

キム・チャンナム（一九九二）「大衆文化」月刊社会評論編集部編『韓国社会論争』社会評論社

金賢美（二〇〇四）「韓国における日本大衆文化の受容と「ファン意識」の形成」毛利嘉孝編『日式韓流——『冬

のソナタ』と日韓大衆文化の現在』せりか書房。
小針進（二〇〇一）「韓国における日本大衆文化とその開放措置」石井健一編著『東アジアの日本大衆文化』蒼蒼社
清水幾太郎（一九三七＝一九九二）『清水幾太郎著作集2 流言蜚語・青年の世界・人間の世界』講談社
菅野朋子（二〇〇〇）『好きになってはいけない国──韓国J－POP世代が見た日本』文藝春秋
ソン・サンイク（二〇〇一）「韓国の漫画事情」『アジアINコミック展──「私たちはどこへいくのか？」』国際交流基金アジアセンター
鄭大均（一九九八）『日本（イルボン）のイメージ』中公新書
土橋臣吾（二〇〇三）「アクターとしてのオーディエンス」小林直毅・毛利嘉孝編『テレビはどう見られてきたのか』せりか書房
朴順愛・土屋礼子編著（二〇〇二）『日本大衆文化と日韓関係──韓国若者の日本イメージ』三元社
早川洋行（二〇〇二）『流言の社会学──形式社会学からの接近』青弓社
堀淵清治（二〇〇六）『萌えるアメリカ──米国人はいかにしてMANGAを読むようになったか』日経BP社
マンフレッド・B・スティーガー（二〇〇五）桜井公人他訳『グローバリゼーション』岩波書店
山下東子（二〇〇五）「国際流通から見た東アジアのメディア融合」菅谷実編『東アジアのメディア・コンテンツ流通』慶應義塾大学出版会
山中千恵（二〇〇四）「「韓国マンガ」という戦略──グローバリゼーション・「反日」・儒教文化」岩渕功一編『越える文化、交錯する境界──トランス・アジアを翔るメディア文化』山川出版社
リ・ドンフー（二〇〇三）「日本のテレビドラマとの文化的接触」岩渕功一編『グローバル・プリズム──〈アジアン・ドリーム〉としての日本のテレビドラマ』平凡社

第5章　韓流の底力、その言説

黄　盛　彬

韓流が流行って久しいが、意外と産業論としては語られていない。経済効果についてもさまざまな試算が出されているが、ほとんどは製造業や観光などへの波及効果であり、映画やドラマ、音楽などのメディア・コンテンツ産業としての分析は多くない。本章では、なぜ「韓流」が起きたのか、それを支えた韓国の文化産業の現実はどうなっているのかについて、まずは、映画、テレビドラマ、音楽に焦点を絞ってその実態を探り、それをめぐる言説についても考察を試みたい。

1　「韓流」は、国策の産物か

韓流ブームは、一九九〇年代以降のこの地域における多チャンネル化の影響で、いわば「日流」の延長にあるともいえる。その背景としては、経済発展の結果、中産層が広がり、文化へのニーズ、多様性への欲求が広がり、またこの地域にも及んだグローバル化の過程で、人々の間で、それが伝統であれ、都市近代であれ、似たような経験を追体験するようになり、それがいわば東アジア的共感の領域——近似性であれ、近時性であれ——を増やしたことも、背景の一つとして指摘できる（岩渕、二〇〇一）。とはいっても、こうした条件が揃ったからといって、自然発生的にある国の文化商品が国境を越えた流行を作り出せるわけではなく、そこには何らかの形のプッシュ要因が存在するはずである。いわば、韓国発文化商品が持つ力、競争力の向上があってこそ、ブームは起きたはずである。とりわけ、韓流は、かつては文化発信国ではなかった「小国」からの発信という点、日本との関連でいえば、それ以前はむしろ日本からの圧倒的かつ一方的な流れが現実として存在し、それをめぐって「文化侵略」が懸念されたこともあった。

「韓流」発生の背景については、それが「韓国政府の国策の産物」であるというものがある。たとえば、次のようなビートたけしの指摘はどうか。

ここまで韓国映画・ドラマブームを作ったのは、一面では韓国政府の国策だといえるわけでさ。（以下、スクリーン・クォーターや政府の文化産業支援について触れた後、）韓国はニッポンに比べたら産業基盤が弱いところがあって、そこに映画産業がいけるとなったら、もう重点的に強化して、ニッポンや中国に輸出するようになったわけだろ。（中略）戦後ニッポンは、なんでも公平ばかりを重んじて、これぞっていう産業とか人物を、えこひいきしても育てるってことを否定してきたよな。戦後民主主義の中で「えこひいき」ってのは、もっとも否定されたことのひとつだろ。それが今になって、活力を奪い、競争力を失わせたんだよ。それが映画産業に、象徴的に表われている気がして仕方ないね。

（『SAPIO』二〇〇四年八月一八日号）

こうした認識は、韓国側から発信される言説とも意外と合致する側面があり、いわば日韓相互の共鳴作用があるようにも見受けられ、また日本側に以前から存在する「韓国認識」とも合致し、なるほど、説得力のある論議として語られている。たとえば、SMAPの出演する番組などで、「その背景には何が」という問いに対し、ナレーターの解説にも、香取慎吾は「へえ！なるほど！」と納得している様子なのである。また、興味深いことに、これらの韓流国策説は、日韓友好論的な文脈でも、あるいは「嫌韓流」的な言説においても、共通して見られるという特徴がある。さて、果たして本当のところはどうなのか、韓流が元気な映画、ドラマ、音楽に絞って、その実態を探ってみよう。

2　一〇〇〇万観客を動員する映画産業の底力

各種のデータから読みとれる韓国映画の成長は一目瞭然である。国産映画の制作本数も着実に増え、観客数の増加は爆発的ともいえる。ここ一〇年の間、観客数は、九七六万人から八五四四万人になり、ほぼ一〇倍増。二〇〇五年の一人当たり年間映画鑑賞数は二・九八本となったが、そのうち外国映画一・二三本、国産映画は一・七五本である。いまや韓国は、ハリウッドを有するアメリカを除き、国産映画のシェアが著しく高い国の一つになっているのである。制作本数以上に伸びが著しいのは、制作費である。ハリウッドのブロック・バスター映画には及ばないものの、一本当たりの平均制作費も一九九六年の一〇億ウォンから四二億ウォンに、総制作費も六五〇億ウォンから三四一一億ウォンに、ほぼ五倍以上に、個別の作品別にもみても、日本でも一〇〇万人以上の観客を動員した『シュリ』（一九九九年）以降の韓国国内でのヒット作の興行記録をみると、この数字が人口四七一八万人足らず（二〇〇五年現在、四七二七九〇〇〇人、大韓民国統計庁調査）のマーケットでの記録とは信じがたい（以下、売り上げ統計などは、ウォン表示。輸出関連の統計はドル表示）。ちなみに、日本では、二〇〇一年以降、映画入場者数が一億五〇〇〇万人を超え、興行収入は二〇〇〇億円前後で推移している（以上、日本貿易振興機構（ジェトロ）『産業レポート　日本映画産業の動向』二〇〇六）。したがって、一人あたり年間映画観覧数は、一本強ということになるが、年間の映画入場者数の統計では、日本と韓国の間にほぼ差はない（表5－1参照）。とりわけ二〇〇六年は一〇〇〇万人以上の観客を動員した映画が二つも公開され、ほかに五〇〇万人以上を動員した二つの映画を合わせると、四つの映画でほぼ全人口に匹敵する観客を動員したことになる（表5－2参照）。このほかにも、日本でも公開された映画のなかで本国でも多くの観客を動員した映画を紹介すると、『殺人の追憶』五二六万人、『スキャンダル』三五二万人、『オールドボーイ』三二七万人、『私の頭のなかの消しゴム』二六五万人、『マラソン』五一八万人などであり、いかに韓国映画界が熱いかが分かる。

なぜ、ここへ来てこの成功ぶりなのだろうか。それには、国を挙げた政府の支援が背景にあるのだろうか。実は、韓国映画界における政府レベルの振興策の歴史は一九六〇年代にまで遡る。この時期の映画政策とは、映画奨励の名の下での検閲体制を強化するものであったが、その一方で、映画産業の育成策としての側面もあり、一九六二年、軍事政権下で制定された映画法では、産業の振興を目的として、外国映画輸入権を国産映画製作者だけに割り当てるといった政策が盛り込まれた。また、一九六六年の第二次改正においては、「スクリーン・クォーター制」、すなわち国産映画義務上映制度が新設され、一時的には国産映画制作ブームが起きたこともある。また、その後、さらなる権力の集中と権力の長期化を意図した、いわゆる「維新憲法」の翌年に制定された第四次改正において、国産映画の育成機関として、映画振興公社が設置された。しかし、この間、韓国映画は一時的に注目を集めることはあっても、産業的な意味での成功とは縁の遠いものであった。学校や職場で「反共映画」や「教育映画」を団体観賞することはあっても、数百万の人が自発的に映画館に足を運ぶ現象は起きていないのである。

それでは、なぜか。さまざまな議論のなかで、比較的語られないのは、次の諸点である。第一に、一

表5－1　韓国における国産映画および外国映画の観客数（1996〜2005年）

	国産映画			外国映画			全　体	
	観客数（万人）	占有率（%）	一人あたり観覧回数	観客数（万人）	占有率（%）	一人あたり観覧回数	総観客数（万人）	一人あたり観覧回数
1996	976	23.1	0.19	3244	76.9	0.71	4220	0.90
1997	1212	25.5	0.23	3540	74.5	0.77	4752	1.00
1998	1259	25.1	0.29	3759	74.9	0.81	5018	1.10
1999	2172	39.7	0.50	3300	60.3	0.70	5472	1.20
2000	2271	35.1	0.41	4191	64.9	0.89	6462	1.30
2001	4481	50.1	0.96	4455	49.9	0.94	8936	1.91
2002	5082	48.3	1.07	5431	51.7	1.13	10513	2.20
2003	6391	53.5	1.32	5556	46.5	1.15	11947	2.47
2004	8019	59.3	1.65	5498	40.7	1.13	13517	2.78
2005	8544	58.7	1.75	6008	41.3	1.23	14552	2.98

出所：韓国映画振興委員会資料。

表5－2　韓国映画興行記録（1996〜2006年 上位10作品）

タイトル（公開年）	観客数（万人）	制作費（億ウォン）
グエムル　漢江の怪物（2006）	1300以上	160
王の男（2006）	1230	46
ブラザーフッド（2004）	1174	170
シルミド（2003）	1108	105
チング　友よ（2001）	818	45
トンマッコルへようこそ（2005）	800	88
シュリ（1999）	620	25
トゥサブイルチェ（2006）	610	35
JSA 共同警備区域（2000）	583	45
タチャ（2006）	570以上	51

出所：韓国映画振興委員会。制作費については，新聞記事などより，筆者作成。

九八七年からの一連の民主主義の成熟過程において、表現の自由が大幅に拡大されたこと。たとえば、映画界においては、一九九六年に憲法裁判所の判決によって映画の事前検閲の撤廃されたことや、また映画振興を担っていた「映画振興公社」が、より民間主導の「映画振興委員会」として改組されたこと、といった、いわば「民主化」の気風が映画をはじめとした文化・芸術産業界に充満していたことである(1)。

第二に、こうした過程において、それまではタブー視された多くの韓国近代の激動の「ストーリー」が、小説や映画のシナリオとしてよみがえるようになったことである。たとえば、これまで紹介したヒット作の多くが、朝鮮戦争やその後の分断体制のなかで「圧縮」近代化を強いられた日常、まさに「私たちの話」を題材としていることが、幅広い層からの支持につながっているのではないかとも考えられる。そして、何よりも重要なのは、こうした成熟した諸条件を十分に活用し、魅力的な作品を企画し、プロデュースしていく才能と資金が集まったことである。一九八〇年代に学生時代を過ごした、いわゆる民主化世代と呼ばれる三十代から四十代の人びとが、社会の現実への強い関心と感受性を持って、映画界に新風を吹き込み、また彼らの活躍をサポートする資金が経済成長の果実として豊富に準備できていたことが、映画界の飛躍の背景にあったのである(2)。

それにしても興行上位の数本の映画で、一国の総人口にも匹敵する観客を動員するような状況は、映画の多様性を損なわざるを得ない。たとえば、一三〇〇万人を動員した『グエムル　漢江の怪物』の場合、全国の総スクリーン数の三分の一に当たる六二〇スクリーンで一斉に公開され、一カ月という短い期間に一〇〇〇万の観客を動員する大記録を作ったわけで、同時に封切られたほかの韓国映画にとっては、ハリウッド以上の脅威であったという批判もあるのである。一方では、平均的な資本（四六億ウォン、前掲表5-2参照）しか投入しておらず、娯楽性に乏しい史劇にもかかわらず、ブロック・バスター映画を凌駕する動員記録を樹立した『王の男』（二〇〇六）や、制作費二三億ウォンにすぎない、自閉症の息子と母親の親子愛に焦点を当てた『マラソン』（二〇〇五）のような映画が、五〇〇万人を超える観客を動員した例もある。こうした多様性こそが韓国映画の底力であるという指摘もあるが、両極化、つまり、莫大な資金を投入できるブロック・バスター映画と、低予算で作られる映画との格差が急速に広がっていることは間違いない。現に二〇〇六年に公開された一〇八本の韓国映画のなかで八八本は赤字となったことや、ますます配給網の集中傾向が加速し、以前からも貧弱だった独立映画や芸術映画の上映基盤がさらに隅に追いやられるという現実が続いているからである。

また、市場の観点からの弱点も指摘されている。映画産業がより跳躍していくためには、ハリウッドのようなマルチ・ウィンドー戦略を駆使し、多様な収益源を模索しなければならないが、韓国においては、そのような二次利用のマーケットが未成熟のままである。その背景には、世界有数のブロードバンド普及国という状況のなかで、インターネットなどで映画の海賊版ファイルが横行しているという事情もある。さらに現段階において、配給収入の比率が八〇パーセントにも達しており、その他のＤＶＤ、ビデオ、ケーブルテレビ、地上波テレビやキャラクター商品などから得られる収入は二〇パーセント以下であり、配給収入にのみ頼りすぎる構造になっている。また、輸出の好調が指摘されて久しいが、二〇〇四年の韓国映画の国内配給収入が、五〇〇〇〇億ウォンにのぼるのに対し、同年の輸出総額は約五八二八万ドル、大まかに計算しても、約六〇〇億ウォン程度で、国内配給収入の一〇パーセント強にすぎない。また、輸出先をみても、アジア地域への依存度が八〇パーセントに迫っており、その中でも日本への輸出がもっとも高く総輸出額の六〇パーセントにも達している（韓国文化観光部資料）。二〇〇六年、日本では、韓国映画が約六〇本公開されているが、この数字は、二〇〇五年度の韓国映画の制作本数が八〇～一〇〇本程度であることを考えると、半分以上の映画が日本で公開されていることになり、いかに韓国映画の輸出先として日本のマーケットが大きい存在となっていることが窺える。実は、近年、日本の原作を映画化する作品が増えていることや、最初から日本公開を念頭に置いて企画が行われるケースが増えていることも、こうした事情と関係があるともいえるのである。ところが、二〇〇六年には海外輸出実績が六八パーセントも減少したのだが、そのほとんどは日本への輸出実績が急激に減少したことによる。すなわち、韓国で大ヒットを記録した多くの韓国映画が日本ではそれほど観客を呼べなかったことから、日本からの買付注文が減ったり、輸出価格が下がったりしたのである。最後に、一九七〇年代以来、国産映画の上映を義務づけていた、いわゆる「スクリーン・クォーター」の上映日数が、従来の一四六日から約一〇六日程度に軽減されることによる影響も注目される。

3　韓流の主役、ドラマの実力とその背景

そもそも韓流と呼ばれる現象は、テレビドラマから始まったともいえる。中国では、一九九三年頃から韓国ドラマの放送が人気を集めると、その後、ドラマに出演したスターが中心となって、韓国歌謡のレコードが紹介されはじめ、いよいよ流行が本格化していったのである。そして、台湾やベトナムなどといった地域においても、韓流ブームを幅広く印象づけたのはやはりドラマの人気によるところが多い。『冬のソナタ』の放送で火がついた日本については言うまでもない。また、テレビドラマの流行が重要とされている理由はほかにもあって、たとえば、放送ドラマの場合、放送局の編成の段階の障壁を乗り越えれば、映画をはるかに凌駕する規模の潜在的視聴者に出会う可能性が開かれ、それはまた多くの場合、茶の間という慣れ親しんだ空間において、自国語に吹きかえされた形で鑑賞が行われるといった点など、その影響が日常生活に密着した形で、幅広い層に及びやすいことが指摘されている。また、こうしたドラマがそのきっかけを作ったという点で、韓流ブームが、かつての映画を中心とした香港ブーム

表５－３　韓国の放送番組輸出入の推移

（単位　千ドル）

	輸　出		輸　入	
	金額	増加率（%）	金額	増加率（%）
1995	5536	—	42218	—
1996	5996	8.3	63904	51.4
1997	8318	38.7	52278	－18.2
1998	10017	20.4	27036	－48.3
1999	12736	27.1	28733	6.3
2000	13111	2.9	29093	1.3
2001	18920	44.3	20442	－29.7
2002	28813	52.3	25111	22.8
2003	42135	46.2	28062	11.8
2004	71461	69.6	31096	10.8
2005	123493	72.8	36975	18.9
2006	147743	19.6	31657	－14.4

出所：韓国文化観光部『放送番組輸出入統計』。

よりも、あるいは、ビデオゲームやＪ－ＰＯＰ中心の日本文化のブームよりも、より持続するだろうと予測される根拠の一つでもある。

韓国の放送番組の輸出額の推移をみよう（表５－３）。一九九五年から一〇年間の輸出額の伸びは、二二倍以上。番組の貿易収支は、二〇〇二年から輸出超になっており、一本当たりの価格も大幅に上昇している。ジャンル別にはドラマが輸出全体の九二パーセントを占める。輸出先をみると、日本（六〇・一パーセント）、台湾（一一・四パーセント）、中国（九・九パーセント）、フィリピン（三・七パーセント）の合計が総輸出額の九五・三パーセントを占めており、東アジア地域の、とりわけ日本の比重が高い。二〇〇三年の段階までは、台湾、中国に続き、日本は第三位であったが、『冬のソナタ』以来、多くの韓国ドラマが輸入されていることの現れである。また、メディア別のシェアをみると、輸出においては、地上波テレビの比率が九二パーセントであり、地上波テレビが輸出をリードしていることがわかる（以上、『韓国文化メディア産業白書』二〇〇六、一四三～一四七頁）。

このような韓流ドラマの輸出増加については、「韓国の放送映像産業は放送番組の輸出によって急激な成長を見せたが、韓流がその成長を牽引する主役であった」（韓国放送映像産業振興院、二〇〇六、四頁）といった評価もあるが、はたしてそうだろうか。韓国放送産業の売り上げ規模は、約七兆ウォンであり、同年の輸出額は二パーセント台にも満たない数字である。もちろん、海外への番組の輸出増加から生まれるさまざまな波及効果については過小評価できないが、放送産業の成長を支えるとまではいえないのではないか。さらに、この数字を、日本のＮＨＫグループが、二〇〇三年度から二〇〇五年度の三年間、『冬のソナタ』のＤＶＤや関連書籍の売上で得た収入、約一四五億円（三〇億円＋八五億円＋三〇億円）と比べると、その矮小感は拭えず、実態以上にその意味が誇張されているともいえよう。

むしろ国内の放送産業の量的な拡大、民間放送の登場やニューメディアの広がりなどによる資源の増加と競争圧力の拡大が、国産の映像ソフトの輸出増加を後押ししたとみるのが妥当であろう。韓国の放送産業[3]は、一九九八年から毎年平均二八パーセントの成長を果たし、二〇〇四年には七兆八〇〇〇億ウォンの規模になっており、こうした成長を支えてきたのは、ほぼ九〇パーセント以上の普及を果たしたケーブルテレビや衛星放送などの有料放送市場である。二〇〇二年よりシェアが減少傾向にある地上波テレビも、新しい収益源を求めて多様な新規事業への進出を果たし、二〇〇四年よりＫＢＳは、二つの子会社（KBS SKY、KBS KOREA）を、ＭＢＣは、三つの子会社（ＭＢＣゲーム、ドラマネット、ＥＳＳスポーツ）、ＳＢＳも、ドラマチャンネルに加えて、ゴルフチャンネル、スポーツチャンネル、衛星チャンネルを運営するようになり、こうした状況のなかで番組ソフトの多角的な展開を図るようになっている。こうした一連の多メディア・多チャンネル化の過程において、映像ソフトへの関心が高まった結果、資源や人材の投下が強化され、その結果として番組の競争力が高まったというのが、やや単純すぎるかもしれないが、正しい見方なのではないだろうか。

もう一つ、見逃してはいけないのは、一連の韓国テレビドラマの好調は、放送局だけが支えているわけでないという点である。著作権処理などの面で地上波放送が優位に立っている取引慣行の問題があり、制作著作権者として前面に出ることは少ないが、日本で放送されている韓流ドラマの多くには、さまざまな独立番組制作会社が参加している。韓流ドラマの代表監督としてのブランドを構築したユン・ソクホ監督も、二〇〇四年には「ユンスカラー（Yoon's Color Corporate）」を設立し、『春のワルツ』や『ミユージカル　冬のソナタ』の制作者となっているなど、少数ではあるが、かなりの制作およびマーケティングの能力を持っている制作会社も増えつつある。全体としては、零細企業が多い点や、地上波に有利な取引慣行などが問題として指摘されてはいるが、多チャンネル化による窓口の増加、投資資本の流入、韓流ブームによる海外からの収入など二次利用市場が活性化すれば、これまでテレビ局の下請産業として位置づけられてきた番組制作業が、いよいよ独立した産業として定着していく発展の道が具体的に現れつつある。なお、こうした番組制作会社の浮上の背景としては、一九九一年より放送法において外注制作番組の編成義務が定められるなどの、制作元の多様化を図る目的の振興策があるが、一方で、こうした政策については、文化の次元における「多様性」と、選択と集中が要求される「産業競争力の強化」という目標が同時に追求され、必ずしも当初の目的を達成していないという見方もある(4)。

そのほか、さまざまな放送映像コンテンツ政策支援が行われたことも事実である。「放送振興基金」や「文化産業振興基金」といった各種基金より、番組制作会社向けに低利の融資事業を行っており、またさらに零細な制作会社に対しては、「優秀パイロット番組制作支援事業」として、二〇〇五年には、一八作品に対し、八億ウォンの制作費支援が行われている。また、政府のリーダーシップの下で、各種の「放送映像投資組合」の結成が促進され、番組制作部門への資金の流れの活性化への寄与が期待されている（以上、『文化メディア産業白書二〇〇五』韓国文化観光部、一〇三〜一〇五頁）。

内容面でいえば、映画界でもみられたような、経済発展や民主化などにより、表現の自由の拡大やテーマの面で多様性が発揮され、またまさにドラマチックともいえる激動の時代のなかで育った新しい世代の経験と感性がテレビ界に投入されるなどの諸要因が複合的に作用し、活力がもたらされたことがより大きい背景ともいえよう。日本を含む東アジア地域で国境を越えた共感を生んだ作品の多くは、いわば韓国社会が経験した激動の現代史やその中の家族の姿が投影されているものが多いことからも、こうした見方は説得力を持つと考えられる。また、『チャングムの誓い』やそのほかの新しい感覚の歴史ドラマなどは、歴史を扱うドラマの素材の幅、マンネリズムから脱皮した新しいセンス、女性の登場といった要素が大きい反響の秘訣であったことを考えると、そこからは「国策」の臭いよりは、「自由」の気風が伝わるともいえよう。

以上の内容を総合すると、テレビドラマの韓流には、まずは、多メディア・多チャンネル化の推進が大きな背景となり、国内制作番組や外注番組の編成義務やさまざまな財政支援など独立番組会社の育成政策などが一定の寄与をしてきたとも考えられる。しかし、一方でこうした番組ソフトの振興政策は、最大の番組制作会社である地上波テレビに向けてではなく、資本力の弱い独立部門に向けられており、いわゆる国際競争力の強化という文脈にはそぐわない面もある。地上波テレビには、日本以上に厳しいマスメディア集中排除原則(5)が適用されており、メディア・コングロマリットの結成という観点からは、はるかに競争力が弱いのが現状である。要するに、韓流は「国を挙げての政府レベルの努力の産物」というより、むしろ様々な外部要因、つまりはアジア地域の多チャンネル化、とりわけ中華圏の経済成長による中産層の拡大によるところが大きく、日本においては、韓国における日本大衆文化の開放措置や二〇〇二年のW杯の共同開催を前後に起きていた友好ムードの拡大（その逆のムードも同時に拡大するが）などの影響もあるなかで、たまたまＮＨＫで放送された『冬のソナタ』というドラマが、日本のテレビが疎かにしてきた「中年女性」という隙間市場の鉱脈を発見させるきっかけを作ったというのが、よりリアルな認識ではないだろうか（林香里、二〇〇五、一四四〜一六二頁を参照）。

だからこそであろう。「ブーム」以来、韓国のさまざまな政策シンクタンクやメディア言説からは、いかにこのブームを持続できるか、各地にはどのように韓流が受け入れられているのかについての分析が相次いだ。その多くの内容は、ブームに翳りが見え始めているというものであり、たとえば、『冬のソナタ』以来、最大の輸出先として浮上した日本では、すでに韓国ドラマの編成が減少傾向にあり（キム・ヨンドク、二〇〇五）、中国や台湾、香港においても、韓流の加熱現象への警戒心が高まり、編成規制や関税規制などの動きが起きないか、「韓流がそのうち寒流になるのではないか」と心配する内容となっている（三星《サムスン》経済研究所、『韓流の持続と企業の活用策』）。

さらに、こうした「外」での評価の高まりによって、国内の産業構造が持つさまざまな問題点が明らかにされ、また内外からの資本および人材の流入が加速すれば、むしろさらなる跳躍を可能にする契機となる可能性は決して小さくなく、その期待は今後も高まっていくと思われる。

４　Ｋ－ＰＯＰ音楽産業の力は本物か

音楽は、韓流という言葉が生まれる直接的な契機になった分野であり、中国では早くから韓流の主役として位置づけれた。一九九八年には、Ｈ・Ｏ・ＴのＣＤが発売一カ月ぶりに五万枚を販売し、その後、クローン、アン・ジェウックなどヒットが相次いだ。台湾でも、クローンを筆頭とした韓国歌謡が人気を集め、日本では、ＢｏＡを筆頭としたＫ－ＰＯＰミュージシャンの活躍は刮目すべきものである(6)。

実は、これらの音楽韓流をリードしている企業のひとつに、「ＳＭエンターテインメント」という新興企業であるが、これはまた日本のエイベックス（ＡＶＥＸ）という新興企業とのパートナー関係にあり、日本で発売されているＫ－ＰＯＰのミュージシャンはほとんどがこの連携の産物である。このプロジェクトの韓国側の立役者であるイ・スマン氏によれば、当初よりこのプロジェクトは、韓国、中国、日本だけでなく、アジア全体を念頭に入れてプロジェクトを展開しており、また別の音楽企画の関係者は、「スターの出身国が重要なのではなく、どこで作られるのかがはるかに重要である」といい、「（韓国が）スターメーカーとしてアジアの大衆文化市場をリードできる」と自信満々のコメントを出している（中国の市場が海賊版の横行でまだ不安ではあるが、オリンピック開催、ＷＴＯ加盟などできちんとした市場の形が整えられる日が遠くないという）。

韓国の音楽産業では、一九八〇年代後半から、洋楽と国内音楽の勢力が逆転し、また青少年を中心とした市場が拡大するにつれて、レコード企画会社がビジュアル性の強いミュージシャンを養成する「アイドル・システム」が定着した。攻撃的に新人を発掘し、長期のトレーニングを積ませて、マーケティングを展開し、企画、制作から流通までも包括するトータルエンターテインメント企業が誕生していき、いわばその代表格がＳＭエンターテインメントであり、そのシステムが生んだスターとは、ＢｏＡをはじめとするエイベックスがプロデュースするＫ－ＰＯＰのミュージシャンたちなのである。

ところが、韓国の音楽市場は、決して大きくはなく、韓国の映画や放送産業と比べてみても、その規模の小ささには驚かざるを得ない。二〇〇四年の音盤売り上げの総額は、日本の年間ＣＤ売り上げ総額（約四〇〇〇億円）と比べると、二〇分の一にも及ばない。人口比、ＧＮＰ比をはるかに超える格差で、また映画産業や放送産業の規模に比べても、弱小である。韓流音楽が中国や日本など東アジアで人気を集めているとしても、現在のところ、世界の音楽産業の秩序は、五大メジャー（ユニバーサル、ソニー、Warner, EMI, BMG）が現地の子会社を通じて直接配給、世界市場の七〇パーセント以上のシェアを支配

表5-4　韓国音楽産業の規模　（単位　億ウォン）

	2002年	2003年	2004年
音盤産業	2861	1833	1338
デジタル音楽産業	1345	1850	2014
合　　計	4206	3683	3352

出所：韓国文化コンテンツ振興院『音楽産業白書』。

しており、国別のシェアをみても、アメリカが約四〇パーセントのシェアで第一位、日本は第二位（約一五～二〇パーセントのシェア）、その後をイギリス、ドイツ、フランスが続くが、韓国は一パーセントにも満たない音楽小国なのである。

また、世界的にも、音楽市場はレコード売り上げの減少傾向にあるが、韓国の場合も、総体的な不況に苦しんでいる。ミリオンセラーは二〇〇〇年に四枚、二〇〇一年に三枚、二〇〇一年以降は出ていない。五〇万枚以上のレコードも二〇〇〇年に九枚あったものが、二〇〇二年に五枚、二〇〇三年には一枚となっている。販売量が一〇万枚を越えるCDがなかなか出ず、閉店するCD小売店が続出しており、二〇〇〇年頃に二万カ所に達したCD売り場は二〇〇四年現在、五〇〇カ所にも満たない。こうした音楽ソフト市場の不況はMP3などを通しての不法コピーが増えたせいもあるが、根本的には不透明なシステムが問題だという。音楽ソフト産業関係者は、「不透明なビジネスモデルのために企業が投資をためらっているのが根本的な問題」と指摘する。

一方、二〇〇〇年以降、音盤の売り上げは、下落傾向が続くものの、ストリーミングサービスや携帯電話の音源サービスなどデジタル音楽部門は急成長しつつあり、二〇〇四年には、デジタル音楽産業の規模が音盤産業を上回っている（表5-4）。だが、デジタル分野でも、実は着信音など携帯電話関連市場が圧倒的（一八四〇億ウォン）で、ストリーミングサービスやダウンロード市場の規模は一七三億ウォンに過ぎなかった。モバイル音楽関連コンテンツとは違って、インターネットを利用した違法コピーが依然として活発であるからである。ブロードバンド普及率、ケーブルテレビ、携帯電話、ＰＣなど情報通信機器普及率はトップレベルにあるだけに、今後もデジタル音源部門は伸び続けるとも予想されるが、そのためには、著作権システムを整備する必要がある。また、テレビ放送に頼るプロモーションや、流通構造の未整備、透明性不足といったシステムの問題も解決が急務といわれている。

こうした状況において、音楽ソフト市場は海外進出でそれなりに活路を見出しているとはいうが、はたしてどうだろうか。たとえば、日本で発売した四つのアルバムすべてをミリオンセラーにしてしまったＢｏＡの売り上げは、Ｋ－ＰＯＰの売上げなのだろうか、Ｊ－ＰＯＰの売り上げなのだろうか。韓国の音楽の競争力なのか、日本の音楽の競争力なのか。このような越境の文化産業の経済学については、より丁寧な分析が施されるべきであろうが、少なくとも韓国の音盤売上げではなく、日本のＣＤ売上げにカウントされていることは間違いない。

5 「成功」の秘訣を語る百家争鳴の言説

韓国映画は、本当に力がある。いま自分たちは何を描きたいのか、何をいいたいのか、何に涙するのか。物語の核になる感動というものを基本に持っている。

（川本三郎、二〇〇二）

たしかに、一九九〇年から来日している私にとっても、とりわけ映画やドラマにおける韓流ブームは驚きであり、いくつものの「なぜ？」を考えてきたが、巷に溢れる「韓流論」を一通り読んでみても、まだまだ答えを見つけてはいない。その多様な言説を類型化する作業はいずれ必要になるかもしれないが、まずは、日本でも蓮池薫氏の翻訳により紹介された韓国の『中央日報』の二〇〇五年新年の特集記事をまとめた『韓流熱風』による分析を抜粋紹介したい。

韓流は、「図らぬ成功」だった。「われわれは韓流に対する評価にとても厳しかった。というより、われわれの文化コンテンツ全般に対して厳しかったというほうが正しいかもしれない。しかし、韓流は政府や大企業の支援はもちろん、国民の精神的な支援すらないなかで、純粋に大衆文化の業界自らが成し遂げた成果だといって間違いない（韓国文化コンテンツ振興院国際マーケティングチーム長）。

（ユ・サンチョルほか、二〇〇五、七八頁）

いろいろな意見のなかで、引き出せた共通点は二つだ。ひとつは外国人も認めた韓国人の民族性だ。そしてふたつ目は、われわれが弱点と見なしていることが海外市場ではかえって長所として通用したことだ。……専門家たちの意見を集めてみると、話し好きで、人のことにいちいち口出しし、「早く、早く」と急がせる気の短い韓国人の民族性は、ソフト産業時代の二一世紀には、短所ではなく、長所になるということだ。

（同前、七九頁）

筆者らによれば、これらの長所とは、ストーリーに強く、意思決定と作業進行が早いといった特徴として現れたという。たとえば、アメリカの映画プロデューサーの話として、「日本人と一緒に仕事をすると、じれったいときがある。何かひとつを決定するのに時間がかかりすぎるからだ。おまけにあるときは重要な書類もそのまま日本語で作成して送らなければならないので、時間が二重三重にかかる。これに対して、韓国人は意思決定が早いから作業が早く進む」（前掲ユほか、二〇〇五、八七頁）といった日本との比較を引用されている。またこうした気質が「日帝の占領や戦争などの外部要因によって強いられた面があり、そのなかで多様な感情がとけ込んでくる点で、それがいわば韓国人の感情・情緒を豊かにし、それがスピーディな文化創作過程にもほとばしり出る」との指摘もある。

また、これらがすべてDNA論や歴史的経験論として説明されているわけではなく、所々、産業論的な文脈の記述もある。たとえば、ストーリーの面白さの背景には、「韓国国内の熾烈な競争がある」との分析やまた一九九七年末に金融危機に見舞われ、IMF救済金融を受けるという状況の下で、「現実逃避欲求に持続的な新しいマンパワーの流入」があったこと、また一九九〇年代に大企業が映画産業に飛び込んだ結果として、その後、ほとんどの大資本は撤退したものの、透明性の高いシステムが整備され、今日の創業投資家、銀行、個人など多様な資本が安心して映画ファンドに参加できるようになったことなども挙げている(7)。

また、別のところでは、韓流ドラマが面白くなる秘訣として、その制作システムの後進性ともいえる特性にあるとの語りも発見される。つまり、放映前にほぼドラマが完成する先進国（日本など）の場合と違い、完成を待たずに放送が始まってしまう劣悪な環境にあるため、そこに「ドラマの人気が高いほど、インターネットなどから視聴者の注文が殺到し、そのような結果がドラマの内容まで変えてしまうケースがあり、結果としてドラマの商品価値が上がるケースも出てくるという分析などである。実際に、日本でも広く流布されたように『冬のソナタ』の結末は、当初の悲劇で終わる予定のシナリオが「チュンサンを生かして！」という視聴者の圧力が功を奏して、交通事故の後遺症により視力を失うものの、ユジンとの再会を果たすハッピーエンディングで終わるという設定に変わったのである。とはいっても、こうした「事情」が「韓国的」とはいえるかもしれないが、それが韓流のブームを起こす構造的な背景になったとは言えないだろうし、ましてや、「国を挙げて」の政策の結果でないことは言うまでもないだろう。

いずれの説明でも共通しているのは、韓流の背景にあるものは、政府の政策というよりは、民間の活力によるものであり、内部の競争力強化によるものというよりは、外部の環境変化によるところが大きく、計画的に計算されたというよりは、偶然の産物という分析のほうが多いのである。むしろ、政府の役割については、次のような慎重な意見もある。

中国では韓国政府が韓流を助長したとの誤解があることを知って驚いている。反韓流を克服するためには、政府が注意深く役割を設定する必要がある。（Sisa Journal, 二〇〇六年一月一〇日号，七八頁）

韓流の効果を眺める際に、錯視現象が発生する。民間部門は市場論理で動いているが、政府は韓流を価値領域において国家次元の無形資産としてみているように見受けられる。重要なのは、国家次元の価値、メディアの市場論理を分けて考えなくてはならない。国家次元の価値を実現しようとすれば、当該国家の政府次元の対応が発生する。（放送番組輸出入担当者会議のインタビュー(8)）

6　「韓流国策説」の含意

最後に、日本での「韓流国策説」に戻ってみよう。この類の議論の論者は、冒頭に示したビートたけしに限らない。以下に紹介する内容は、二〇〇五年の年末にＮＨＫで放送された番組でのやりとりである。

番組では、まず、『冬のソナタ』関連の映像や韓国を訪れている日本人観光客のインタビューなどの資料映像とともに、次のようなナレーションが流れる。

韓国の映像ソフトが、韓国を代表する輸出品になったきっかけとなったのは、七年前の経済危機でした。空前の不況の下、工業製品の輸出に頼る構造では、もはや二一世紀には生き残れないといわれました。再生には、新たな産業の育成が不可欠でした。

その後、金大中大統領の演説の映像が流れる。

映像産業、アニメーション、コンベンション産業、観光産業などは国家経済発展の宝庫としなければなりません。『ジュラシック・パーク』や『タイタニック』といった映画〔の興行収入〕が、我が国の三大自動車の会社が稼いだ収入より大きいという事実は、われわれに対し文化産業の重要性を知らせてくれます。

（一九九八年一〇月の金大中演説）

その後のナレーションはこう続く。

国際競争力のある映画やドラマなどを生み出すため、国が先頭に立つことを宣言したのです。国の機関が、番組制作会社などに資金的な支援を行っており、／番組制作会社の数は／飛躍的に増えた。／業界内の競争が激しくなり、競争によって品質が高くなった。／二〇〇三年よりＫＢＳワールドが開始され、世界に韓国の文化を広め／アジア各地で売り上げを伸ばしている。／文化を一大産業にしようとする韓国。／手厚い文化保護政策があって、いってみれば、初めて生まれたのが『冬のソナタ』……

その後、スタジオでは、次のような会話が交わされる。

「ドラマとか映画の輸出が国を挙げての政策だったということがまず知らなかったわけでしょう。それにまんまとはまってしまったわけですよね。すごい経済効果ありましたもんね。」（女優　星野知子）

「やはり文化を保護することは、やはり人材を育てるということをね。あれだけ本格的にやった。普通、過去の文化を保護するということはよくありますけど、未来を保護するというか、この道に進みなさいという指針を打ち出したというのはやっぱりすごいですね。」（作家　秋元康）

「文化政策で、『シュリ』とか、『ＪＳＡ』といい映画もありましたよね。韓国らしいハリウッド映画流の映画だったのですが、そういうものがずっと続いていて、その延長上に『冬のソナタ』があると、だから驚いたようにみえますけども、やっぱりこういうものが、努力があって出来たので、一朝一夕、突然変異で生まれたのではないですね。」（ＮＨＫ国際放送局長　佐藤俊行）

「国のイメージまで変えてしまうのが、冬のソナタの一連の現象のすごいところだったのではないかという気がしますが。ああいう力あるものですね。」（ＮＨＫアナウンサー　小野文恵）

（以上、ＮＨＫ『特集・情報発信が世界を変える』ＮＨＫ総合、二〇〇五年一月三一日放送）

なるほど、実は、「冬ソナブーム」でもっとも収益を上げたところは、ＮＨＫ側ではあるが、以上のような意見が並べられていることをみると、韓流の飛躍をめぐるさまざまな語りがそれなりにバランスよく配置されているようにもみえる。

本当にそうなのだろうか。たしかに、NHKの番組でも紹介されたように、韓流を国家経済と結びつけようとした発想は、金大中政府に入ってからとりわけ強調された。具体的には、一九九九年に「文化産業振興五カ年計画」が立案され、また映像産業を「二一世紀の戦略的高付加価値産業」とし、一九九九年から二〇〇三年までの間に一五〇〇億ウォンが国庫から映画振興金庫に補助金として支出されたこともあり、その他、さまざまな支援策が講じられたことも事実である。また、その後の盧武鉉《ノムヒョン》政府に入ってからも、文化産業の振興政策は続き、韓流の本格的ブームの到来とともに、より遠大な夢として語られるようになっていく。「東北アジアのハブ国家」になるという構想とも相まって、より一層、韓流現象が中心的な議題として浮上していったのである。二〇〇一年には、韓流文化と関連して、総合的な支援政策が発表され、二〇〇三年の二月には、「世界五大文化産業強国実現のための参与政府[9]文化産業政策ビジョン」が発表され、また二〇〇五年はじめには、国務総理室の下に、「韓流の持続的な拡散のための対策会議」が設置されるに至っている。その他、各種の政府機関やその他のシンクタンクが発表している韓流関連の調査研究や支援策をめぐる論議をみると、まさしく「国を挙げて」取り組んでいるという印象を拭えない。「韓流」関連の国際セミナーが相次ぎ、「韓流」は政策、支援策の伝家の宝刀となった。国務会議の席上で「韓流」を新しい成長の動力産業と規定し、国家的支援を惜しまないと決議したともいわれるほどである[10]。

しかし、映画、テレビドラマ、音楽を中心に韓国の文化産業の現実をみると、近年のいわゆる「韓流ブーム」を支えた競争力向上が、国家的なプロジェクトとして、政府の支援によって、上から成し遂げられた人為的なものとみることは、困難である。繰り返し指摘しているように、韓流は韓国内で起きたのではなく、韓国の外で起きた現象であり、その中身も、バラバラである。中国における韓流現象、日本における韓流現象、ベトナムにおける韓流現象はそれぞれ違うし、それぞれの国におけるメディア産業、市場における意味が違い、それをみる人々の経験、消費、意味も異なる。
にもかかわらず、韓国内外において、またさまざまな文脈における「韓流国策説」が絶えないのはなぜか。この問いは、本章の射程を越えるが、まずひとつの背景として、韓国内の政治言説の地形を考慮に入れる必要がある。

そもそも文化という言葉が政府の国政を語るレベルで登場し始めるのは、金大中政府からであるが、金大中政府は当初より旧来の保守勢力とも手を結ぶことによって政権が発足（一九九八年）し、経済的にはＩＭＦの救済金融を受けるという状況の下で、それまでの公約とは異なる方向の、いわば新自由主義的な構造改革に着手せざるをえない状況に追い込まれていた。従来の政権が度々動員してきた「日本批判」についても、少なくとも小渕首相の在任時までは、日本の戦後の民主主義の発展を高く評価しつつ、未来志向の両国関係という方向への転換を模索していた。その一環として行われたのが、一九九八年からの「日本大衆文化の段階的開放」政策の推進であった。そうしたなかで、「文化」は政治のことばとして、しばしば登場するようになったのである。それまでにも、日本による文化侵略論に代表される、いわば国家の言説としての「文化帝国主義批判」のニュアンスの言説に慣れ親しんだ国民は、文化をめぐるナショナルな語りには、何ら抵抗感がなかったのである。政治は分裂し、経済は新自由主義の嵐に巻き込まれているなかで、政権の求心力を高めるための言葉として、「文化強国論」は工夫されたのではないだろうか。

そして、金大中政府を継ぐ盧武鉉政府においては、新たに工夫された「東北アジアの中心国家」という政府ビジョンに、たまたま巻き起こった「韓流ブーム」が、見事にその実感を吹き込んでくれたのである。政治や経済の分野ではなかなか味わえない「中心感」を、「文化」の領域では実感することができ、やや大げさながら胸を張ることができたのである。そういった点においては、いずれの政府においいても、韓流をめぐる言説は、結局、政治の言説であり、文化ナショナリズムの言説の域を越えないとも指摘できるのではないか。

では次に、日本においては、なぜ「韓流国策説」が、韓流を肯定する言説においても、警戒、あるいは嫌う言説においても、説得力を得たのだろうか。実は、「日流」の元祖ともいえるドラマ『おしん』は、政府の無償援助の計画のもとで、世界各国での放送が行われた。たとえば、エジプトでも放送されて日本人の生活や文化を理解する上で大きな効果を上げたともいわれているが、そこで「日流」は起きていない。むしろ、「日流」は、一九九〇年代の台湾で起きたのである。そこでは、民主化後の経済発展した社会において、第四台と呼ばれた「違法ケーブルテレビ」が日本の衛星放送を無断中継したことなどから日本のテレビ番組への関心が高まったのである。

一連の韓流をめぐる日本側の言説において、こうした日本の先例が参考とされることは滅多になかったのである。そもそも「文化産業が二一世紀の基幹産業となる」というような議論は、当時の日本においても盛んに行われたものであり、その類の政策レポートも数多く発表されている。元を辿れば、一九九五年の当時のゴア米副大統領の「情報スーパーハイウェイ」の議論や『ジュラシック・パーク』の原作者マイケル・クライトンの演説などが盛んに引用されていた時代でもあったのである。

一連の日本側の韓流論において、むしろ注意を向けるべきは、韓流の「国策説」を強調する言説と対になっているのは、「弱い日本」、つまりニッポンは何もやっていないという語りがその背後にあり、冒頭のビートたけしの話にもあるように、「戦後民主主義」批判の文脈が多いという点ではないだろうか。このような観点から考えると、さまざまな偶然が重なって起きた東アジア全体を取り巻くトランスナショナルな越境文化の流行現象が、韓国の政治言説の地形との作用において、きわめてナショナルな言説として発信され、それが日本に渡っては、ナショナリズムの欠如を懸念する側に動員される現実は、皮肉的ともいえる。

註

（1）なお、民主化以降の韓国映画における表現の自由の拡大については、作品論として展開しなければならないが、簡単に触れておくと、朝鮮戦争や南北の対立を描いた作品や、その後の独裁政権下の権威主義が生み出した社会のパラドクシカルな状況などを風刺した作品が多く登場したことが挙げられる。こうした「新しい映画」のストーリーは、それ以前の「反共映画」、「昔の（多分にエロチックな）風俗を描いた映画」、そして「ホステス映画」などが韓国映画のストーリーを代表していた時期に比べれば、大いに新鮮であり、また多くの観客に共感をもたらしたのである。より詳しい作品論については、『ユリイカ』（青土社）二〇〇一年一一月号の特集「〈韓国映画〉の新時代」の一連の論考を参照されたい。

（2）詳しくは、次の記事を参照。
「民主化世代がヒット担う　国挙げて『韓流』開花」『朝日新聞』二〇〇五年五月一七日朝刊。

「韓流の流れはさらに加速する　韓国映画のいま」『ＡＥＲＡ』二〇〇五年九月三〇日号、四七～五〇頁。

（3）地上波テレビ放送は、二つの全国放送チャンネルを保有している韓国放送公社（以下、ＫＢＳ、Korean Broadcasting System）と、同じく全国放送の文化放送（ＭＢＣ、Munhwa Broadcasting Company）と教育放送専門のＥＢＳ（Educational Broadcasting System）、そして一九九〇年に民放として開局したソウル放送（ＳＢＳ、Seoul Broadcasting Service）と一〇の地域民放事業者がある。その他、多数のケーブルテレビ事業者、そして衛星放送事業者として、二〇〇二年三月に開局したSkyLifeと衛星ＤＭＢがあり、地上波ＤＭＢ事業者も六つ。

（4）放送法第七二条　外注制作放送番組の編成　①放送事業者は当該チャンネルの全体放送番組のなかで、国内において当該放送事業者ではない者が制作した放送番組を大統領令の定めるところにより一定比率以上編成しなければならない。当初は三パーセントから始まったこの制度は、二〇〇五年度においては、MBCとSBSを基準とする場合、三五パーセントまで高くなった。

（5） 放送局の開設や出資に関する規制。日本においては、放送法第二条の二などの法令により、「放送をすることができる機会をできるだけ多くの者に対し確保することにより、放送による表現の自由ができるだけ多くの者によつて享有されるようにする」と定められている。具体的には、複数の放送局の所有の禁止、新聞・ラジオ・テレビの三事業支配禁止などがあるが、日本の全国新聞を頂点とするメディアの系列構造から明らかなように、実態はほぼ形骸化しているというのが現状である。一方、韓国では、少なくとも新聞資本と放送資本が独立している点など、メディアの集中度は日本よりは弱い。

（6） エイベックスのウェブサイトを参照。http://www.avexnet.or.jp/sm/index2.htm

（7） 興味深い点として、この「不況原因説」のヒントとなったのは、日本貿易振興機構（ジェトロ）の「経済不況が日本の文化的革新をもたらした」（二〇〇四年二月）というタイトルの報告書であったと告白している。（前掲、八二～八四頁）その内容は、日本は全世界の文化トレンドのリーダーとして浮上しているとしながら、「日本の大衆文化の再跳躍をGNP（国民総生産）になぞらえて「GNC」（Gross National Cool）と名付けた」というものである。この報告書の原題は、Japan Regains its Position as a Global Cultural and Trend Leaderで、世界の文化やトレンドのリーダーとしての地域を回復した」となっている。このGNCという命名は、元々はフランスのジャーナリスト、ダグラス・マックグレイ氏によるもので、いわば「ソフトパワー論」（Nye, 2004）のひとつの応用である。ところが、近年においては、このソフトパワー論が過剰に文化論的に解釈・援用される傾向があり、But will “Japan, Chic” transform its newfound cultural dominance into geopolitical clout?、つまり、日本がその文化的存在感を地政学的な影響力に転換するのか？ というそもそもの問いについては深く考えられていないのである。その点は、韓国側の韓流言説においても同様の問題点がみられるといえよう（Douglas McGray, 2002, pp. 44–54）。

（8） 韓国放送委員会『韓流持続のための放送産業競争力向上の方策研究』二〇〇五年、四頁、より再引用。

（9）盧武鉉政府のキャッチフレーズ。一九九三年に登場した金泳三大統領の政府が「文民政府」と自称したことから、その後の金大中政府は「国民の政府」、盧武鉉政府は「参与政府」といったように、新政府の基本理念を表す名称を用いるようになった。

（10）ウォン・ヨンジン「韓流放送の持続的交流のための政策支援方案——東アジア文化交流の観点から」韓国放送委員会『韓流持続のための放送産業競争力向上の方案研究』二〇〇五年、一一五頁（원용진、〈〝한류방송〟의 지속적 교류를 위한 정책지원방안：동아사이 문화교류 관점에서〉방송위원회、〝한류〟지속을 위한 방송산업 경쟁력 제고 방안 연구、2005년12월）。

参考・引用文献

岩渕功一『トランスナショナル・ジャパン——アジアをつなぐポピュラー文化』岩波書店、二〇〇一年

川本三郎（二〇〇二）「新・都市の感受性　韓国映画『友へ　チング』」『新・調査情報』ＴＢＳメディア総合研究所、二〇〇二年二／三月、No. 34、八四〜八七頁

林香里（二〇〇五）『「冬ソナ」にハマった私たち——純愛、涙、マスコミ…そして韓国』文春新書

ユ・サンチョル、アン・ヘリ、チョン・ヒョンモク、キム・ジュンスル、チョン・ガンヒョン著、蓮池薫訳（二〇〇五）『韓流熱風——映画・テレビドラマ・音楽　強さの秘密』朝日新聞社

ソウル映画集団編『新しい映画のために』学民社、一九八三年　서울영화집단편（ソウル映画集団）、새로운 영화를 위하여、학민사一九八三년

キム・ヨンドク（一九九五）『日本における韓流ドラマの編成実態と展望』韓国放送映像産業振興院　김영덕（キム・ヨンドク）（一九九五）일본 내 한류 드라마 편성실태와 전망、한국방송영상산업진흥원。

고정민、민동원（コ・ジョンミン、ミン・ドンウォン）、국내 음반산업의 주요 이슈와 대응방안、삼성경제연구소、二〇〇三

McGray, Douglas (2002). Japan's Gross National Cool, *Foreign Policy*, No. 130 (May-Jun., 2002), pp. 44-54
Nye, Jr. S. Joseph (2004). *Soft Power*; The Means to Success in World Politics, New York, Public Affairs.

韓国文化観光部 http://www.mct.go.kr/
韓国映画振興委員会 http://www.kofic.or.kr/
韓国放送委員会 http://www.kbc.or.kr/
韓国放送映像産業振興院 http://www.kbi.re.kr/
韓国文化コンテンツ振興院 http:/koreacontent.org
韓国観光公社 http://www.knto.or.kr/
http://www.kocca.or.kr/
http://samhwapd.co.kr/main.asp
CultureKorea.org　http://culturekorea.org/
韓国音楽産業協会 http://www.miak.or.kr/
国際文化産業交流財団 http://www.kofice.or.kr/（日本語ページ有）
日本貿易振興機構（ジェトロ）http://jetro.go.jp/
三星経済研究所 http:www.serijapan.org/

第6章　もう一つの韓流
——韓国映画のなかの「在日」像——

梁　仁實

1　二〇〇四年の日本、そして韓流

近年日本のアカデミックな場において、韓流ブーム（以下、韓流とする）をめぐっては様々なところで議論され、その研究成果も公開されつつあるが、研究対象は『冬のソナタ』に代表されるテレビドラマとそのファン層、文化産業論的視点が中心となっている。本論はこれらの研究を踏まえたうえで、このトランスナショナルな韓流というものが韓国内の、あるいは日韓を横断しながら制作される韓国映画、または日韓合作映画のなかの他者像、とりわけ、「在日」像にどのような影響を与えているのかについて論じようとするものである。[1]

韓流ブームという言葉を聞いたとき、誰でもすぐ思い浮かべるのは『冬のソナタ』や何人かの韓流スターたち、例えば、ペ・ヨンジュンやイ・ビョンホンなどの名前である。しかし、韓流以前から日本のなかで持続的に話題となっていたものは韓国ドラマではなく、映画であった。こうしたことは、例えば、韓国で大ヒットとなった『シュリ』（韓国では一九九八年封切）[2]が日本でも人気を呼び、その主人公であったハン・ソッキュらが日本のメディアに取り上げられたことからもうかがえる。『シュリ』は二〇〇

〇年一月に日本に輸入され、一四〇万人の観客動員を記録し、興行収入一八億五〇〇〇万円を記録した。しかし、そのあと、日本に輸入された映画は期待していたほどの興行成績は挙げられず、苦戦していた。日本のなかで再び韓国映画の人気が出てきたのは二〇〇四年、ドラマ『冬のソナタ』が人気を得、韓流という言葉が流行り出したときであった。この年に、日本の著名な映画雑誌『キネマ旬報』の「外国映画ベストテン」のなかには韓国映画がその半分を占めた。『オアシス』『殺人の追憶』『オールドボーイ』『ブラザーフッド』『春夏秋冬そして春』などがそれであるが、興行的に成功したとはいえないものが多く、作品そのものが評価されたものであった。『キネマ旬報ベストテン』の歴史で、この「外国映画ベストテン」に入った韓国映画は、二〇〇〇年の『ペパーミント・キャンディー』、二〇〇一年の『JSA』くらいであった。そのあと、二〇〇五年の一月に日本に輸入された韓国映画『私の彼女を紹介します』が興行収入二一億円を記録し、『シュリ』の記録を塗り替えた。二〇〇四年はドラマのみならず、映画においても注目すべき年であったのである(3)。

ところで、この二〇〇四年の映画ランキングにはもう一つ注目すべきものがあった。二〇〇四年度『キネマ旬報』の「日本映画ベストテン」のなかに「在日」、あるいは韓国を素材とした映画『血と骨』『ニワトリははだしだ』『チルソクの夏』の三本がそのなかに入っていたのである。文化映画ベストテンには、ドキュメンタリーの『海女のリャンさん』や『花はんめ』も入っていたので、これらを合わせると全部で五本の映画が「在日」をテーマにしていることになる。もちろん、こうした映画の状況は韓流の影響とは別に、日本の映画史のなかで「在日」を登場させてきた歴史があり、その延長線上で考えるべきものではあるが、一年に三本も、文化映画を含むと五本も「在日」を主人公とした、あるいは韓国を題材とした映画が制作されたことはかつてなかった。こうした二〇〇四年度の日本映画界の状況は、少なくとも日本の韓流を考えるとき、ドラマ以外にも、映画に関して分析する必要があることを示している。こうした動きは、二〇〇四年度の日本のテレビ界にもつながり、『東京湾景』（フジテレビ系列）、『海を渡ったバイオリン』（フジテレビ系列）といったドラマが「在日」を主人公にしている。また、二〇〇五年の一月には一九六〇年代の京都を背景とし、「在日」少女が登場する映画『パッチギ』が封切りされた。この一連の動きをみると、日本のなかの映画やドラマが韓流と「在日」表象をつなぎ、ある種の流行さえも作り出しているようにもみえる。

こうした動きについては、すでに岩渕功一やアン・ミンファが論じている。例えば、岩渕はドラマ『東京湾景』を事例に、韓流が「在日」と「出会ったとき」の可能性と限界について論じながら、「在日」内部の変化についても言及した（岩渕、二〇〇四）。また、アン・ミンファは日本の大衆文化が今まで興味を持たなかった「在日」という素材を、そのなかにもってきたことは韓流の肯定的側面であるといいつつも、これらのドラマが「日本のなかの『アジア』あるいは『在日』」を強調しているのに過ぎないと批判した。こういうドラマと異なり、彼女が高く評価しているものは映画『パッチギ』である。つまり、『パッチギ』はその背景を、京都や大阪という日本の「地方マイノリティ文化」を選択したことで「他者の立場からマイノリティをまなざすことができ」、「トランスナショナル、トランスアジア的なファンタジー」を作り出すことができたと述べる（アン・ミンファ、二〇〇六、二三〇頁）。この二つの議論は韓流が日本の大衆文化に与えた影響を中心に論じており、韓流そのものをトランスアジア的なものとして捉えていることにその特徴がある。本論はこうした議論を、韓国映画というものに置き換えて考えてみようとする試みである。韓流を消費する立場ではなく、韓国映画のなかから考え、そのなかの他者像、つまり「在日」像にどのような変化が現れているのかについて考えるものである。

それでは、韓流という言葉について考えてみよう。韓流について、韓国の社会学者であるチョ・ハン・ヘジョンは、「一九九〇年代末から中国をはじめとする台湾、香港、ベトナムなどの住民、とりわけ、青少年たちの間で流行り出しているポピュラー音楽、ドラマ、ファッション、観光、映画などの韓国の大衆文化を消費する傾向」（チョ・ハン・ヘジョン、二〇〇二、四頁）であると定義する。また、中国での韓流について聞き取り調査を行ったイ・ウンスクによると、この言葉は、一九九九年一一月一九日に『北京青年報』という中国の新聞が「東風も東漸するときがある」という記事のなかで初めて使った(4)（イ・ウンスク、二〇〇二、五一二頁）という。また、彼女は中国での韓流が一九九七年の六月から中国の中央テレビで放映された『愛が何だ』が視聴率一五パーセントを記録したことをはじめとして、ドラマやポピュラー音楽が人気を得た（イ・ウンスク、二〇〇二、五一六頁）と述べている。

こうしたアジアの国々で起きた韓流は、一九九〇年代まで韓国国内消費用のものとしてしか考えられなかった韓国の大衆文化について、一九九〇年代以降は海外でも消費され得るものとして想像することを可能にした。二〇〇四年度日本の映画界で「在日」や韓国といった「他者」が映画の主役となったということはすでに述べた。韓国映画のなかでも他者が目立つようになり、「外部」とのつながりを意識した映画が制作されるようになった。本章では韓国映画が韓流になる前、どのように「在日」を描いていたのかについて考察したあと、韓流というものが韓国内部、つまり韓国映画にどのような影響を与えたのかについて考えてみたい。具体的には韓国映画の観客が韓国内部に限定されていた時期の映画、主に反共映画となるが、このなかの「在日」像について考えた後、韓流以降、映画の観客が二つの国以上の観客を想像することになってからの映画は「在日」像にどのような変化をもたらしているのかについて考えてみたい。

2　韓流前夜――日本のなかの韓国映画

戦後日本において、韓国映画が初めて輸入されたのは一九六〇年代であった。その後、一九八〇年代に入って韓国ブームが起き、韓国映画は日本のなかでさらに多く紹介されるようになった。一九八〇年代の韓国ブームは、ソウルで開かれた一九八六年のアジア大会と一九八八年のソウルオリンピックがそのきっかけであった。一九八四年から一九九一年までの間、日本では二〇本の韓国映画が封切りされた。その前に、公開された韓国映画は一九六二年の『春香伝』（一九六一、シン・サンオク）であった（前川道博、一九九二、四八五頁）。この『春香伝』は戦後日本において最初に輸入された韓国映画であった。そのあと、一九六六年に『赤いマフラー』（一九六四、シン・サンオク）と『愛は国境を越えて』[5]（一九六五、キム・キドク）が公開された。また、一九七二年には岩波ホールにおいて、日本の韓国映画が上映されたが、興行には失敗した。一九八〇年、韓国文化院は池袋に事務室を移転し、定期的に韓国映画上映会を開催しはじめた。そして、一九八三年には西武デパートのなかの「スタジオ　二〇〇〇」が韓国映画上映会を開催しはじめ、日本国内でも徐々に韓国映画を上映しようとする動きが広がっていく。日本のテレビにも韓国映画が登場し、一九八二年にはTBSで『郭公も夜に鳴くのか』（一九八〇、ジョン・ジヌ）、一九八三年にNHKで『族譜』（一九七八、イム・コンテク）が上映された（前川、一九九二）。

こうした映画交流以外にも、早い時期から話題の映画が日韓両国で同時に制作されることは頻繁にあった。一九五八年一〇歳の「在日」少女が書いた日記『にあんちゃん』が日本で出版され、ベストセラーとなった。一九五九年には『にあんちゃん』というタイトルで今村昌平により映画化された。

この『にあんちゃん』は韓国においても一九五九年『雲は流れても』というタイトルでユ・ヒョンモクにより映画化される。その後も、イ・マンヒ監督の『晩秋』（一九六六）は日本では『約束』（一九七二、斉藤耕一）というタイトルで、韓国の少年が書いた日記『あの空にも悲しみが』は、日本では『ユンボギの日記』（一九六五、大島渚）、韓国では『あの空にも悲しみが』（一九六五、キム・スヨン）というタイトルでそれぞれ映画化された。少し後の時代になると、一九八四年には日本の生島治郎が韓国人女性と結婚し、その過程を綴った小説『片翼だけの天使』も、日韓両国で映画化された。しかし、これらの映画はのちの合作映画とは異なる形式のものであった。同じひとつの原作をそれぞれの国でそれぞれの観客を想定して作られたものである。つまり、これらの映画は、国と国とのトランスな関係、日韓両国の観客あるいはアジアの観客をターゲットとする合作映画とは異なる、ナショナルなものであった。

日本のなかで韓国映画に対する関心は一九八〇年代以降も続き、一九九〇年代後半からは数え切れないほどの映画が輸入されるようになる。この状況に関しては表6-1に示したとおりである。表6-1で示した資料からもう一つ重要なものは、韓国における日本映画の占める比率と、日本における韓国映画の占める比率が両方とも年々増加しているということである。日韓はもはや相互に重要なマーケットの一部となっているのである。日本では二〇〇四年に、前年度に比べて二倍に近い数の韓国映画を封切りしているが、これは日本での韓流スターたちが登場する映画と、ブロック・バスター映画といった話題作が多かったためである。例えば、韓流スターたちが主演した『誰にでも秘密がある』や『スキャンダル』、ブロック・バスター映画といわれた『シルミド』、『ブラザーフッド』が二〇〇四年に封切りされている。このブロック・バスター映画に関しては後述する。

この一九九〇年代末から二〇〇〇年代にかけて、日韓両国の映画交流でもう一つ特徴的な点は映画の

表6-1　2000年以降日韓の相互映画輸出入状況

	日本公開の外国映画		韓国公開の外国映画	
	総本数	韓国映画本数（比率）	総本数	日本映画本数（比率）
2000	362	14（ 3.9%）	277	25（ 9.0%）
2001	349	15（ 4.3%）	228	24（10.5%）
2002	347	12（ 3.5%）	192	13（ 6.8%）
2003	335	16（ 4.8%）	175	18（10.3%）
2004	339	34（10.0%）	194	28（14.4%）
2005	375	61（16.3%）	215	25（11.6%）
2006	404	54（13.4%）	237	35（14.8%）

出所：2000～2004年については，キネマ旬報映画総合研究所ホームページ http://www.kinejunsoken.com/report/korean_enquete/，2005年以降については，「日本公開の外国映画」は社団法人外国映画輸入配給協会ホームページ http://www.gaihai.jp/，「韓国公開の外国映画」は韓国映画振興委員会ホームページ http://www.kofic.or.kr/ の統計資料より，筆者作成。

リメークが活発に行われているということである。例えば、一九九九年の韓国映画『シュリ』は、二〇〇〇年日本のドラマ『二〇〇〇年の恋』にモチーフを提供している。また、二〇〇一年の韓国映画『ラスト・プレゼント』が二〇〇五年に日本で『ラスト・プレゼント』としてドラマ化、二〇〇一年日本のドラマ『Pure Soul――君が僕を忘れても』が二〇〇四年の韓国で『私の頭のなかの消しゴム』という映画となり、日本にさらに逆輸入され、二〇〇七年三月に日本テレビ系でドラマ化された。

韓国映画の場合リメークとともに、韓国映画の海外輸出の七割を日本が占めていることもあって、一九九〇年代末から韓国と日本との間を横断する企画が増加し、日韓合作映画が目立つようになった。何をもって合作と見るべきかに関しては別の議論を必要とするが、ここではまず、出演俳優、制作および企画、資本の投資、監督をはじめとするスタッフなどに二つ以上の国籍が存在するとき、合作映画と呼ぶことにする(6)。この合作映画はリスクシェアリングのメリットや、相互の技術力とスタッフの共同演出、俳優たちの共同出演、マーケットの拡大による収益の増大という点から注目されている。

この合作映画において重要な素材となっているのが「在

日」である。合作で話題となった映画だけを取り上げても、『家族シネマ』（一九九七、パク・チョルス）『GO』（二〇〇〇、行定勲）『KT』（二〇〇一、阪本順治）『RUN2U』（二〇〇三、カン・ジョンス）『夜を賭けて』（二〇〇三、金守珍）『力道山』（二〇〇四、ソン・ヘソン）などがある。これらの映画は日韓の両国で封切りされ、それぞれの国のメディアを飾る記事の素材にもなった。

以下では、こうした日韓合作映画のなかの「在日」像、とりわけ、韓流のあとの「在日」像について考えていくため、まずその前に、映画のなかの「在日」像について検討していきたい。そのため、日韓合作映画というトランスナショナルなものとは異なって、最もナショナルな反共映画のなかの「在日」像について分析していく。また、問題をより見えやすくするため、日韓合作映画とそれ以前の映画のなかで共通の素材として登場していた、「在日」のスポーツ英雄物語に焦点を当てる。これらの比較により、韓流が韓国映画のなかの「在日」像に影響を与えている／いないということが明確に見えてくるだろう。

3　分断、「在日」、反共映画

分断ブロック・バスター映画

では、反共映画のなかの「在日」像とはいかなるものであっただろうか。二年に一回開かれる「山形国際ドキュメンタリー映画祭二〇〇五」のなかで、韓国映像資料院院長・イ・ヒョインの特別講演が行なわれた。彼の講演は主に、この映画祭に出品された二つの韓国映画『望郷』、『あれがソウルの空だ』のなかで「在日」がどのように描かれたのかを語る内容のもので、テーマは「韓国映画に見られる在日同胞のイメージ」であった。彼は、韓国映画のなかに登場する「在日」像は「朝鮮戦争とイデオロギー的分断の悲劇や深い傷痕、その上につくり上げられた『集団的イデオロギーと偏見』から自由ではありえない描写」であった（イ・ヒョイン、二〇〇五、六二頁）と、分析した。彼が語っている映画は一九六〇年代のいくつかの反共映画であるが、そのあとの映画においてもこうした傾向は変わっていない。

この「集団的イデオロギーと偏見」は韓国のなかで「在日」のみならず、他者化された対象に与えられたまなざしであった。そして、従来の韓国映画のなかでその他者の位置にいたのは主に女性たちであった。しかし、「韓国人女性は表象の場において、その市場の価値、交換の価値を失って」（金素栄、二〇〇一、九八～九九頁）おり、その場にほかの他者たちが入ってきている。具体的にいうと、急激な変化を迎えた一九九〇年代後半からの韓国映画のなかで、他者の位置は非韓国人女性と「在日」、外国人労働者が占めているのである。一九九〇年代アジアを襲った金融経済危機から韓国も自由ではなかった。この経済危機――韓国ではIMF危機と呼ぶものであるが――が韓国に与えた変化のなかでもっとも大きかったのは韓国大衆文化の変化である[7]。とりわけ、映画やドラマなどの文化も商品になることができるとして政府からも称賛され、韓国国内のみならず、海外マーケットも念頭におくようになった。そのなかで映画のなかの登場人物も多国籍あるいは無国籍化[8]している。

こうした状況のなかで韓国映画はブロック・バスターを標榜するものが数多く制作されるようになり、膨大な制作費をまかなうため、隣国である中国や日本との合作も試みられるようになった。このブロック・バスター映画の流行は韓国映画に二つの変化をもたらしている。第一、今まで映画化が不可能であるとされていた歴史的未解決事件や実在人物を映画化することを可能にした。第二、過去に人気があった映画形式を新たに再編集し、今日に呼び返しているのである。例えば、戦争映画やスポーツ英雄の物語など時代や人物を再現するため、莫大な制作費がかかるこれらの映画に集中的に資本が集まり、その資本を回収するため、宣伝に力をいれるブロック・バスター映画が作りつづけられているのである。こうした現象は、従来、人気があった既存の映画形式をもってきて、「新たに」ジャンルを再編している。ここではこれを「ジャンル映画の再編」[9]と呼んでおこう。例えば、日本でも紹介された『シュリ』[10]は、韓国型ブロック・バスター映画と呼ばれた映画の一つである。この映画は依然として北朝鮮をテロ国家と規定しており、従来の反共アクション映画が北朝鮮を敵として規定していた時代と同様に、北朝鮮から来た人々はみな軍人やスパイである。しかし、これらのブロック・バスター映画は分断を素材としながら、ヒューマニズムとアクションとメロドラマ的要素を加え、娯楽物として作り上げられている。また、これらの映画はあとで詳細に述べる既存の反共映画とも異なる「分断ブロック・バスター」の形をとっているのが特徴である[11]。

そもそも韓国型ブロック・バスター映画は最初、ハリウッド映画のブロック・バスターとは異なるという意味で用いられた用語である。ハリウッド映画を超えるアクション、ハリウッド映画の均質的なアイデンティティ、つまり「我々はアメリカ人である」というフレーズに対抗することが韓国型ブロック・バスターの特徴であるともいわれた。しかしながら、韓国でブロック・バスター映画は制作されるたび、ハリウッド映画と比較され、ハリウッド映画を超えたかどうかが常に問われるようになった。韓国型ブロック・バスターは、ハリウッド映画との比較により、ようやくそのアイデンティティが明らかになる矛盾をはらんでいるのである。そして、ハリウッド映画にはない韓国型ブロック・バスターの特徴を強調するため、韓国映画は韓国の近現代史を素材として選んでいる。この状況は、分断を素材とするブロック・バスター映画やスポーツ英雄の物語を作り出し、そのなかで「在日」も再発見されている。

こうした傾向について韓国の映画雑誌『シネ21』は「近代史のブラックホールに落ちた韓国映画——現在、韓国映画界で実話映画制作ブームが起きている理由」というタイトルの特集（『シネ21』二〇〇四年六月号）を組んだ。『シネ21』は韓国映画のなかで「在日」英雄などの実存人物を描いた映画が数多く登場している理由の一つは、観客が「主権なき時代を生きた曖昧な二重アイデンティティの苦難、そしてその苦難を克服する人間の姿を見たがる」ためであり、この姿は現在、韓国映画の「自己イメージ」を探している過程と似ていると述べる。そして、もう一つの理由として、「その事件や人物が生きていた時代そのものが主人公となっている」ともいう。すなわち、多くの監督たちが実話を素材として選ぶ理由は、韓国現代史の「アイロニカルな状況、ドラマ性、映画のような事件」が映画化するに値すると判断しており、この答えこそが「韓国近代史のブラックホール」であると、分析されているのである。言い換えると、歴史的事件や実存人物を映画化するメリットは、韓国の現代史のなかでは、数多くの事件が未解決のままであり、そこに関わった人物たちの行動を論理的に説明することも不可能であるため、映画的な事件や人物をスクリーン上で想像するなかで、いくらでも架空の状況と人物を作ることができるということである。そして、同時代を生きてきた観客たちは、別々の場所、つまり映画館のなかで映画を観ながら、二時間近く同質感を感じ、ノスタルジアを感じる。既存の映画ジャンルから新たに再編されたこれらの映画ジャンルはすでに観客には馴染み深いものであり、「新たな」ジャンルとして現れた映画は新しい楽しみも与えているのである。

反共映画――もっともナショナルな映画

戦後作られた「在日」が登場する韓国映画のなかで、もっとも人気があったのは反共映画であった。反共映画は世界のどこの国の映画関連辞書にも登場しない韓国独特の映画ジャンルである。すなわち、反共映画とは冷戦状況と朝鮮半島の分断という歴史が生んだ文化的産物であるともいえるのである。韓国で最初の反共映画であると考えられているものは、一九四九年の『戦友』（ホン・ケミョン）であるが、一九四九年の『崩れた三・八線』（ユン・ボンチュン）など共産主義を批判する映画が一九五〇年代まで流行りだしていた時期でも、こうした映画を当時のメディアは「軍事映画」あるいは「傾向映画」と分類していた（韓国映像資料院編、二〇〇四、一〇一〜一〇二頁）。反共映画というジャンルはあとでつけられたジャンル名である。一九四九年韓国で封切りされた映画は二〇本であるが、そのなかで五本が反共映画であった（同前、一〇二頁）。そのあと、一九五〇年に起きた朝鮮戦争は以降の反共映画に一つの素材を提供するようになった[12]。戦争とヒューマニズム、家族ドラマ、メロドラマなどのジャンルが複合的に混ざりあった反共映画は、形式的に一つのジャンル映画と見るよりは、その素材と内容によって分類されるサブジャンル映画の範疇に属するものとして見なした方が適切であろう。つまり、反共映画という一つの言葉だけでは映画を分類することができず、戦争映画であり、反共映画でもあるという二つの定義が必要となるのである。この反共映画は、ハリウッドを真似たアクションとメロドラマ、戦争映画というジャンル複合的な現代の分断ブロック・バスター映画ときわめて似ている。反共は冷戦の時代、韓国で国民を統合する支配イデオロギーの一つであったが、少なくとも映像のなかでは今もその残影を落としているのである。

反共映画は一九六一年軍事クーデタを起こした朴大統領の時代、もっとも整備されていたが、それでも何を反共映画とみるかについてはまだ基準が確立していなかった。彼は反共第一主義を唱えていた。映画においては、反共映画を奨励するために、優秀映画に授与されていた外国映画の輸入権を反共映画部門に当てることもあったし、映画賞のなかには反共映画賞という部門も存在した[13]。一九五〇年代後半には反共映画と呼べるものは数少なかったが、反共映画奨励政策がある程度効果をおさめ、一九六〇年代には再び大量生産された。しかし、何を反共映画と呼ぶかという基準は依然として曖昧であった。例えば一九六五年に制作されたイ・マンヒ監督の『七人の女捕虜』は反共映画として制作されたが、反共法違反として問題となった。その理由は「北朝鮮の軍人たちをヒューマニズムに基づいて描いたため」

であった。

このような反共映画の曖昧さとは裏腹に、政府は反共映画奨励策を続けていたため、反共映画はその質と関係なく、量的増加をみせた。しかし、一九六八年には「反共映画は極端的にステレオタイプ化されてしまい、反共を名目とする幼稚なアクション映画が余りにも多く、観客が映画館から離れている」という見解が、韓国映画人協会が主催した反共映画ゼミナールで出された。観客は反共映画をみなくなり、反共映画奨励策も曖昧なものとなっていた。反共映画は政治的理由よりは商業的便宜によるものであったのである。当時は映画のなかの暴力に対する規制が厳しかったが、反共映画に関しては暴力表現に対する検閲は緩やかだった。映画制作者たちはアクション映画が観客に人気があることに着目し、反共映画や「満州もの」のようなものを作り出していた[14]。この時代は韓国映画の第一黄金期とも呼べる時代であり、「満州もの」は台湾をはじめとする東南アジアに輸出された。

ところで、一九六〇年代の反共映画に新しい素材を提供したのは日本に住んでいた「在日」たちの帰国事業であった。当時、韓国は北朝鮮が日本に提示した帰国事業について、二つの反応を見せていた。一つは政府の制度的対応であり、もう一つは民間団体や個人のデモであった。韓国政府は帰国事業を阻止するために日本と外交交渉を開いていたが、効果的な解決策は見出せなかった。日本国内では民団の青年たちが帰国事業で北朝鮮に帰る人たちが乗った電車が通る道を防ぐなどのデモを行ったが、これも効果的な解決策にはならなかった。一九六五年日韓条約が成立した後、韓国映画は反共映画という枠のなかで「在日」を主人公としながら、北朝鮮の体制がいかに反人間的なのかを暴露し、韓国の体制の優越性を示そうとした。反共映画と帰国事業という出来事はちょうどいい組み合わせだったのである。帰国事業が始まったのは、一九五九年の一二月のことであるが、韓国で帰国事業と関連してはじめて制作された映画は、韓国映像資料院のデータベースを見るかぎり、一九六三年の『黒い手袋』（キム・ソンミン）である。この映画は帰国事業をきっかけとし、北朝鮮のスパイたちが赤十字の会員として日本に潜入して活動していたところ、韓国からきた捜査員たちによりみな検挙されてしまうという話である。現在、韓国映像資料院にそのシナリオは残されているが、映像は残されていない。

この反共と帰国事業を扱った映画のなかで注目すべきものは、一九八四年に封切りされた『その夏の最後の日』（イ・ウォンセ）である。学生運動をしていた主人公の大学生が指名手配され、日本に密航してから総連の人に洗脳されたあげく、北朝鮮に行くことになるが、その実態を見てからは、脱出を試み、三八度線で自由か、さもなくば死をくれと叫ぶという内容である。帰国事業は一九五九年八月インドで開かれた北朝鮮と日本の間の赤十字会談で「在日朝鮮人帰国協定」が締結され、一九五九年一二月から帰国事業ははじまった。そのあと、韓国政府の強力な要求により、一九六八年から一九七一年までの三年間は中止されたが、一九七二年には再開された。一九七〇年代以降帰国事業で北朝鮮に帰る人数は少なかったが、それでも一九五九年から一九八四年まで九万三〇〇〇人が北朝鮮に「帰国」している。主に一九五九年から一九六一年までの三年間、全体「帰国者」の八〇パーセントにあたる七万五〇〇〇人が「帰国」している（ジン・ヒカン、二〇〇二、八二頁）。韓国映画においても『その夏の最後の日』を最後に、帰国事業を描く映画は登場しない。

「在日」が登場する反共映画は一九七〇年代以降もっとも活発に制作された。韓国映像資料院のデータベースをみると、「在日」を素材とする反共映画は一九六〇年代に五本、一九七〇年代に一七本、一九八〇年代には四本である。この結果はきわめて興味深い。なぜなら、韓国映画史のなかで一九七〇年代はもっとも映画産業が低迷していた時期であったからである。

朴大統領は一九六二年に映画法を制定し、二一社あった映画制作会社を四社に統合させた。その一方で、一九七〇年代、テレビの普及率の増加は観客を映画館からお茶の間に移動させた。映画史外の状況でも一九七一年の南北赤十字会談、一九七二年の七・四南北共同声明は、今まで「敵」として想像のなかに存在していた北朝鮮イメージを少々崩していた。一九七二年、韓国は北朝鮮に対する呼称を、「北傀」から「北韓」に変えた。少なくとも同じ朝鮮半島にいる国家として「北韓」を認めたため、映画のなかで「敵」として北朝鮮を描き出すことはできなくなったのでる。

こうした状況のなかで日本にある朝鮮総連は韓国の反共映画に新たな「敵」のイメージを提供した。前述したように、当時検閲が厳しかったアクション映画のなかで、反共映画に限っては銃や刀を持たせて作ることができた。映画関係者たちはアクション映画のなかの銃や刀を持つ「敵」の役割を朝鮮総連に担当させていたのである。「在日」が登場する反共映画は日本のなかの民団と総連の対決を描き、敵のイメージを作り出していた。映画のなかで、朝鮮半島の冷戦の構造は日本にそのまま移され、日本は言葉どおりイデオロギー対立の場となった。

その代表的なもので、フィルムも現存している映画『望郷』（一九六六、キム・スヨン）は帰国事業で「騙された」『在日』の人たちが「自由」を求め、北朝鮮を脱出し、韓国に行こうとするが、失敗する過程を描いている。このなかで彼らは船で韓国に行く方法を選んでいるが、結局船に残されたのは一人の子供のみである。こうした類型の映画に『悪夢』（一九六八、ユ・ヒョンモク）があるが、プロットとしては「騙されて」北朝鮮に行った「在日」の姉妹がそこを脱出しようとするが、結局は殺されるというものである。

帰国事業をテーマとする映画は一九七〇年代以降も制作されつづけた。例えば、『夜間飛行』（一九七三、カク・ジョンフン）では、日本で食堂を経営していた、ある「在日」の家族が「騙されて」北朝鮮に行くことになるが、行く過程で北朝鮮の実態を悟り、自分たちを連れて行こうとする北朝鮮関係者たちと戦い、ほかの家族たちも助けるという内容である。一九六〇年までの映画のなかで「在日」の人々は北朝鮮を脱出しようとしても失敗して殺される場合が多かったが、一九七〇年代以降の映画においては脱出に成功するか、はじめから北朝鮮には行かないという設定となった。

もう一つの映画『あれがソウルの空だ』（キム・スヨン、一九七〇）は一九七〇年の大阪万国博覧会を背景としたものである。民団とＥＸＰＯ万博在日韓国人講演会が映画に投資することで制作されたこの映画は、万博見物のために日本を訪問した老父が、東京で総連の迫害にあっている韓国系学校を助けるため、日本全国で募金運動をしていく話である。この映画も「帰国事業」を描いた映画と同様に民団と総連の対決をみせ、民団の優勢を描く反共映画の一つであった。

この映画とともに『朝総連』（パク・テウォン、一九七四）も日本でロケをした。『朝総連』は横浜の港に北朝鮮から万景峰《マンギョンボン》号が現れることで、総連が混乱に落ち、その混乱を克服するために、韓国の大統領を暗殺する刺客を送るという設定である。当時韓国の総連に対する認識をそのまま劇映画化したものであるが、総連に関しては同年同名のドキュメンタリーも作られた。

これらの反共映画はまだ韓国映画が外部を意識しなかった時代の「集団的イデオロギーと偏見」に満ちたものである。それでは韓国映画がトランスナショナルなものになったあと、合作になったあとはどのような表象を見せているのだろうか。

4　それぞれの「祖国」、ナショナルなもの

スポーツ英雄物語

「在日」が登場する韓国映画のなかで反共映画以上に注目に値するものはスポーツ英雄の物語である。(15)一九八〇年代を代表するマンガ家イ・ヒョンセが描いた野球マンガ『恐怖の外人球団』は空前のヒット

を記録したが、このマンガを原作とする映画『イ・ジャンホの外人球団』（イ・ジャンホ、一九八六）というものも大ヒット作であった。ハンディキャップを持っている選手たちを集め、無人島で訓練させ、プロ野球リーグに出場させる物語と、主人公オ・ヘソンにかかわる恋愛話が観客を映画館に向かわせた。[16]この映画のなかで、外人球団を作った監督のキャッチ・フレーズは「強いモノは美しい」であった。彼は日本で野球選手として生活していたが、差別と蔑視により自分の夢をあきらめ、韓国に戻ってきた後、外人球団を作ることになった。ここでソン監督の日本での出来事はすべて彼の義理の弟により、語られる。

こうした野球マンガと野球映画ブームの先駆けは「在日」スポーツ英雄としてもっとも韓国で知られる張本勲（韓国では張勲と呼ばれている）によるものであった。彼の人生は一九七九年に韓国ですでに映画化された。イ・サンオンが監督した『切り裂かれるごとくこの胸を』[17]のなかで張本はエンディング・シーンに直接出演しており、ポスターには笑顔の張本がクローズアップされていた。

映画は日本における「在日」の立場を語るため、張本が差別されていることを強調するエピソードを挿入している。彼が幼いとき、彼の母親は常にチマ・チョゴリを着ていた（実際にこれは彼が大人になってからも変わっていない）が、第二次世界大戦が終わった後の闇市で、彼の母親は食べ物を買うため並んでいた。しかし、彼らの順番になった瞬間、商人は「日本人も食べる物が足りないのに、あなたたちのような人たちにあげるものはない」という。それでも母親は食べ物を分けてくれと頼み続けるが、商人は「そのチマ・チョゴリを脱いでくれれば、食べ物を売ってやる」とからかう。やっとの思いで若干の食べ物を手に入れた母親は幼い張本を連れて家に帰ることにするが、帰りの途中で張本は母親にチマ・チョゴリなんか着なければいいいんじゃないかという。この願いについて。母親は怒り出し、「チマ・チョゴリは私たちの祖国なの。私たちは日本人の前で劣等感を持っては駄目よ。胸をはってしっかりといきなきゃ。わかる?」と彼を叱る。

このシークエンスは日本のテレビ番組でも紹介された。韓国でもプロ野球の初開幕式が開かれた一九八二年、日本のNHKの番組『NHK特集　ソウルの空に白球が飛んだ　韓国プロ野球開幕』でこのときの韓国の様子を伝えた。この番組は韓国プロ野球の創立に大きい影響を与えたといわれている張本について取材しながら、韓国で制作された張本に関する映画の一部分を紹介したのである。この番組では映画を紹介しながら、「三年前、韓国で張本選手の半生を描いた映画が作られています。そこには差別と偏見に満ちた日本のなかで民族の誇りを実現した英雄張本氏の姿が紹介されています」というナレーションを流した。

ここで彼の母親が闇市で買おうとしたものはホルモンであった。日本では牛の内臓を食べる習慣がなかったため、ほとんどの精肉店では捨てられていたホルモンは、経済的余裕がなくて食べ物を買えなかった「在日」の人々が食べ物として定着させたといわれている。張本の人生を描くこの映画でホルモンと彼の母親のチマ・チョゴリは「在日」の人々が「差別と偏見に満ちた日本のなかで民族の誇りを実現する」メタファーであった。前述したNHKの番組のナレーションでみられるこの映画の受け止め方は韓国におけるこの映画の評と通じるものがある。例えば次のような評（『週刊朝鮮』一九七九年一二月号、八一頁）をみてみよう。


彼の四〇年間の半生は一言で表現すると日本人の韓国人に対する蔑視と差別との闘いであり、それは今も変わっていない。この状況に彼が勝てる方法は何であろうか。それはまさにプロ野球の大物になりスターとして成功することであったが、彼はその難事を成し遂げた。

（日本語訳は筆者による）

張本は日本で生まれ、主に日本で活躍した「在日」二世のプロ野球選手であったが、日本でも韓国でも彼はあくまでも「韓国の英雄」として認識され、韓国を代表する「在日」としての役割を担った。日韓の間で「在日」をどのように認識しているのかを示す素材として張本は一九七〇年代と一九八〇年代の日韓の文化テクストの中心として登場した。日本のメディアのなかに登場する張本は常に母親との関係性のなかで語られており、韓国の文化テクストのなかでも母親は欠かせない存在であった。母親は母国という言葉でも示されるように、国を離れた人々には祖国を象徴するものである[18]。張本が登場する日本の放送番組のなかで韓国の映画が何の違和感もなく溶け込んでいるように見えた背景には韓国と日本の「在日」認識が交差していたためである[19]。

このように韓国を代表するスポーツ選手として日韓で解釈が一致する張本に比べて、より複雑な様相を見せるのは力道山の表象である。力道山は張本よりはるかに早い時期から日本のメディアを飾っていたが、韓国が彼に注目するようになったのは最近のことである。日韓のメディアのなかの力道山と張本の表象の差異に、日韓の歴史や過去と現在の複雑な関係が絡んでいる。

韓国人／朝鮮人／世界人の曖昧さ——力道山の日韓表象

映画『力道山』は日韓合作ものである。二〇〇五年東京国際映画祭のエンディングを飾った『力道山』（ソン・ヘソン、二〇〇四）[20]は日本でも一般公開された。韓国では監督をはじめとするスタッフが映画の興行失敗原因について、「日本語の台詞、日本風の家屋と街、力道山の勝利に万歳を叫ぶ日本人たち」が出るシーンが多い「日本的」映画であるためだと述べる。しかし、韓国で封切りされたあとも、封切館や配給社の問題で日本での封切りは二〇〇六年となった。

一方、力道山は韓国、北朝鮮、日本のなかで英雄とされている珍しい人物である。そもそもこの体制も考え方も異なるはずのこの三つの国でそれぞれの英雄として唱えられ、映像テクストが制作される例は世界でもまれであるかもしれない。映画『力道山』は日韓合作であり、北朝鮮も中国との合作で力道山を主人公とする映画『力道山の秘密』（バク・ジュンヒ、二〇〇五）を制作した。

張本が常に母親と一緒に登場し、「祖国志向ナショナリズム」の代弁者として表象されてきたとすれば、力道山は日本の英雄であり、徹底的に自分の出自を隠しながら生きてきたといわれている[21]。戦後日本の街頭テレビの前でもっとも人々が熱狂した番組は力道山の試合であった。日本のテレビ視聴率記録のなかで、一九六三年の『プロレス（WWA世界選手権・デストロイヤー対力道山）』の試合は日本のテレビ視聴率史上四位を記録している（日本テレビ、一九六三年五月二四日）[22]。力道山は日本のテレビと映画、出版物で人々の英雄として刻印された。日本では力道山に関する本が一五〇冊を超え、映像も試合中継まで合わせると数え切れない程度である。しかし、韓国で力道山に関する本は一〇冊程度であるが、その大半は映画『力道山』の封切りに合わせて、出版されたものである（『シネ21』二〇〇四年一二月一四日付）。

力道山はテレビが普及する前から映画のなかに姿を現し、英雄を演じた。彼が初主演をした日本映画は『力道山の鉄腕巨人』（並木鏡太郎、一九五四年）であった。力道山が小児麻痺の子供・保をもつ男に同情し、その子供のところに見舞いにいくことから映画は始まる。力道山はプロレスリングの試合をみせると、保と約束するが、保は興奮してその夜、夢をみる。夢のなかで力道山は放射能を浴び、怪力を持つようになり、次々と悪党に勝っていく。目覚めた保は力道山の試合に興奮している人々のなかにいた。そして、一九五四年の一二月に公開された『力道山の鉄腕巨人』は力道山がノンフィクションだけでなく、フィクションのなかでも英雄になれるということを立証した。力道山は印刷媒体と映像媒体により、戦後日本の「想像の共同体」に決定的な役割を果たしていたのである。

張本は現役時代、すでに韓国を代表する英雄となり、日本のメディアのなかでも「韓国の英雄」として描かれてきた。しかし、力道山は「日本の英雄」として、表象されていた。彼は韓国では長い間「忘れられた英雄」であった。張本は広い球場で、日韓の観客を前にして野球をし、母親とともに自分の「在日」としての苦労に涙を流し、映画のエンディングではホームランを打ちながら笑顔を見せる英雄であった。

映画『力道山』は二〇〇一年に日本との合作を推進した。『春の日は過ぎてゆく』を制作していたサイダスという会社の第二作目の日韓合作映画であった。しかし、総制作費一一〇億ウォンをかけたこの映画は韓国内観客動員数一五〇万人にすぎず、興行的には失敗に終わった。この制作費を回収しようとすると、少なくとも五〇〇万人の観客動員が必要であったが、その四分の一程度であったのである。合作ものではないが、『力道山』と同様に「在日」のスポーツ英雄・大山倍達《ますたつ》をモデルとした映画『風のファイター』（ヤン・ユンホ、二〇〇四）も二〇〇四年封切された。『力道山』は力道山のアイデンティティを世界人として規定し、「世界でもっとも悲しき英雄がくる」、「世界をすべて持っていても笑えなかった男」、「力道山、世界を飲み込む！」といった宣伝文句とともに公開された。この宣伝文句は、『力道山』の封切りの何カ月か前に封切りされた映画『風のファイター』と対をなす。『風のファイター』は「韓国人として生まれ、朝鮮人として生き、ファイターとして覚えられる名前……崔倍達《チェベダル》」、「挑戦は歴史となり、歴史は神話となる！」という宣伝文句とともに予告編が流れ、宣伝された。『風のファイター』が大山倍達ではない崔倍達という名前を強調しながら、韓国ナショナリズムの代弁者というアイデンティティを主人公に与えているとしたら、『力道山』は日韓の両国で英雄化されながらも、「世界人」という曖昧なアイデンティティを力道山に与えている。『力道山』は力道山を「世界人」とさせるため、元々のシナリオにあった韓国レスリングの英雄キム・イルと力道山との間にあったエピソードを映画のなかでは削除した。韓国人にキム・イルは独裁政治時代の鬱憤を晴らしてくれる存在であり、力道山はそのキム・イルの師匠として知られており、この二人の関係によってようやく力道山は韓国において英雄として刻印される。しかし、キム・イルとの関係で語られない力道山は韓国では日本の英雄に過ぎないのである。力道山は韓国のナショナルヒストーリーに回収できない「在日」英雄となってしまった。

虚構の「祖国」、それぞれの家

こうした映画『力道山』では彼が試合をする四角いリングを閉鎖的な空間として視覚的に描き出しているが、これは日韓合作映画『GO』(行定勲、二〇〇一)を思い出させる。『GO』は『力道山』と同じく日韓合作ものであり、韓国の映画制作会社スター・マックスが制作費の三〇パーセントを出し、韓国の俳優たちが助演として出演した。この映画のなかで主人公杉原は力道山と同様に、「俺は何人でもない。俺は俺だ」といいながら、民族学校をあきらめ、日本人高校へと転校した。映画のなかに杉原が父親からボクシングを習う場面がある。この部分で父親は杉原に両腕で円を描き、その円のなかにいれば一生安全に暮らせるという。ボクシングとは、その円の外にある相手から相手のものを奪ってくるものであり、その分、相手も自分の円のなかに入ってきて、大切なものを奪っていくかもしれない競技であるという。しかし、杉原はその円のなかに安住するのを拒否し、ボクシングを習い、民族学校や「在日」としてのアイデンティティを象徴する円から出て行く。

『力道山』の最初のシークェンスで、赤坂のクラブにおいて力道山が行う演説(?)は「力道山と戦いたかったら、チケットを買って、リングに来なさい」という台詞であった。彼は「リングで会いましょう」という言葉を残し、舞台から降りて、店の外へ行く。そして、車のなかで血を流しつつ、「何があったんだ、何だ」と納得していない状況について疑問を投げかける。『GO』で杉原は祖国と「在日」であることと「日本人」であることを象徴する円の外へ出て行こうと決心するが、『力道山』は最初から最後まで「世界人」にはなりえず、四角のリングにこだわり続ける。

韓国の映画評論家、ハ・スンウは映画『力道山』のなかで、力道山が「俺は日本も朝鮮も知らない……俺は世界人だ」と言う台詞が登場するシークエンスに注目する。映画のなかで、力道山は、友達と食事をしながら会話をしているが、ここで彼らが前にした食べ物はサンチュと網の上で煙を出している焼肉である。この食べ物や匂いについて、『力道山』の監督はより細かい注意を払う必要があった（ハ・スンウ、二〇〇五、一〇六〜一〇七）、とハ・スンウは分析している。ハ・スンウによると、この食べ物は民族的実体を示すことができるものであるにもかかわらず、監督が積極的に処理していない。このシークエンスは後述する日本での力道山の表象との関係においても深い関連がある。

しかし、問題は映画『GO』で杉原が「俺は俺だ」というときのコンテクストと、『力道山』が「日本も朝鮮も知らない」というときのコンテクストである。『GO』の杉原が自分のアイデンティティを明らかにするとき、相手は「日本人」の恋人であり、女性であった。『力道山』が自分のことを明らかに宣言するとき、相手は朝鮮人の友達である。力道山は映画のなかで、恋人であるアヤに対しても、自分の日本人秘書に対しても、彼は自分のことを「宣言」することはない。

ここでもう一度『切り裂かれるごとくこの胸を』を媒体にして『GO』と『力道山』のなかの「祖国」のあり方を見てみよう。先述したように、張本は常に差別される「在日」の苦難を再現しつつ、母親（＝祖国）と一緒に語られてきた。映画史研究家の四方田犬彦は、張本を描いた韓国映画『切り裂かれるごとくこの胸を』について、「過去の悲惨から現代の光栄へと至るステレオタイプの英雄譚。既存のそれもけっして単純化できぬ反日感情を利用し、日本人全体を簡単に類型化して件の感情の増幅にしか貢献しないフィルム、つまるところは常に主人公の内面を支配する母親の声を通して、その背後にある観念的な大韓民国と呼ばれる〈祖国〉への帰属を強いるフィルム」（四方田犬彦、二〇〇〇、三〇三頁）であると評価した。張本にとって母親である祖国は常に彼のバックについているものである。しかし、映画『GO』と『力道山』において、祖国というのは最初形を現していたものの、次第に姿を薄めていく対象である。『力道山』で、母親の死亡通知書をもらった力道山が雨のなかで泣く場面は恋人であるアヤの視点から見つめられるだけである。母親は不在となり、祖国はなくなった。

映画『GO』では、「祖国」は母親よりはむしろ杉原の親友・正一により代弁される。「民族学校ができて以来の秀才」である正一は、朝鮮籍から韓国籍に変えた杉原の父親や母親に代わって、映画のなかに登場する「祖国」である。しかし、正一は地下鉄駅で民族学校の制服であるチマ・チョゴリをきていた女子学生が「日本人」の高校生からからかわれる場面を目撃し、そこで彼女を守ろうとするが、ナイフに刺され、死んでしまう。チマ・チョゴリを着た彼女、つまり「祖国」を守ろうとしたことが死をもたらしたのである。正一が死んでから杉原にとって「祖国」の存在は薄いものとなる。

また、日本で作られた「力道山」関連映画と対照してみても、この「祖国」の薄さという二つのテクストの共通性は明らかである。例えば、一九五四年に映画制作を再開した日活が社運をかけて作った（朴一、一九九九、一三二頁）日本映画、『力道山物語　怒濤の男』（森永健次郎、一九五六）がある。この映画は力道山の証言に基づいて映画化され、彼自身が主演として出演している。このなかで力道山は、「一九二四年一一月、長崎県大村市の百田巳之吉の三男として生まれた百田光浩」となり、母親は喧嘩ばかりする少年時代の彼を日本語で叱る（同前、一三五頁）。この映画では、すでに力道山にとっての「祖国」は虚構にすぎなかった。力道山本人が出演する映画のなかに、日本人の母親が登場し、彼の出身地を長崎とする映画は、観客に虚構の力道山像を提供した。しかし、それから五〇年近く経った今作られた日韓合作映画においては、円の外へ行った杉原（『GO』）と、四角いリングから出ることができなかった力道山（『力道山』）にとって、「祖国」は意味すら持たなくなった。この二つのテクストは「在日」の再現に関しては様々な共通点をもつ。『力道山』が焼肉という力道山の「祖国」を表すものに「注意を払っていない」ことは前述したが、食べ物以外にも、力道山が実際に朝鮮語を使うとき、駆使していた彼の故郷の訛《なま》りも映画のなかでは完全に削除されている。つまり、監督は力道山が自分の出自を明らかにする要素は映画のなかですべて消しているのである。彼の故郷は今の北朝鮮の北側にある咸興《ハムフン》である。この削除は「日本と朝鮮（より詳しくは韓国）という漠然としたアイデンティティに実は北朝鮮の出身というややこしいアイデンティティが介入することを回避した結果」（ファンミヨジョ、二〇〇六、一一五頁）である。

日本と韓国という二つの国を横断し、トランスする日韓合作映画は「在日」像というところにおいて、それぞれナショナルな物語を提供する。こうした日韓合作映画に共通する限界はほかの映画でも見ることができる。例えば、「在日」作家・柳美里の小説『家族シネマ』を映画化したバク・チョルス監督の『家族シネマ』は、原作にはない「在日」たらしめるものを映画のなかに挿入させている。映画のなかで二〇年ぶりに映画を撮影するため、集まった「家族」はすでに相互に興味を持っていない「個人」たちの集まりにすぎない。しかし、この「家族」を前にして、父親は依然として家父長制的であり、「家族がいっしょに住んでいないのは不自然なこと」であると、「個人」たちを説得するが、主人公がそれを否定してしまい、父親の言葉は説得力を失う。映画を撮るために集まった家族たちはカメラを前にして別々のところを見つめ、通じない話をするだけである。この流れのなかに、バク・チョルス監督は、夫婦の喧嘩に韓国語の悪口をいれたり、父親が昔は家族のために韓国料理を作っていたことを母親の口を通して語らせる。ここで父親は「祖国」を代弁するのである。しかし、映画の家族はカメラを前にして集まった虚構のものにすぎず、カメラがなくなると、彼／彼女たちはそれぞれ自分の居場所に戻る。その居場所は家族あるいは父親が家族のために建てた家ではなく、それぞれの家なのである。「個人」

たちはカメラを前にして「家族」を演技しているだけである。

「在日」は日韓の歴史のなかできわめて政治的素材であるが、日韓合作映画は歴史や政治の重さを強調する代わりに、「個人の主体性」を強調する。これらの映画は日本と韓国を横断し、両国の観客をターゲットにしているにもかかわらず、国と国の境界を意識し、あるいはこの境界を越えることばかり意識した結果、説得性を得ることには失敗している。つまり、日韓合作映画は日韓関係史の歴史的産物である「在日」を映画の主人公として登場させながらも、その歴史や政治性からは目をそらし、スペクタクルや出演俳優にばかりこだわることで、制作費に莫大な予算を投入させざるをえなくなっているのである。例えば『力道山』でも、「在日」の歴史性・政治性よりもむしろ、主人公のソル・キョングが制作以前から体重を何十キロも増やしていたこと、日本語をほぼ完璧に駆使していること、そして実在したプロレスラーを演じるにあたり、スタントなしでレスリング試合をしなければならなかったこと、また、映画のなかで恋人アヤと再会し、散歩する神社の参道の両側にある桜は、花びら一枚一枚を紙で作って貼ってから撮影したことなどが話題となった。ソル・キョングは日本ではすでに『ペパーミント・キャンディー』や『オアシス』の主演男優として知られる俳優であり、彼を中心とする映画の撮影過程は日本でも報道されていた。これらのスペクタクル性と主人公のスター性を強調する合作映画は、その両国において、曖昧な人物像を作り出してしまっているのである。

韓国映画のなかでは一九六〇年代から「在日」を登場させてきており、その傾向は近年増加しつつある。詳しくみれば、反共映画や、スポーツ英雄の実話物語において、その例を探すことができる。そして、近年の分断ブロック・バスター映画は韓国の歴史と実在の人物を再現してきた。

韓国映画が外部を意識せず、映画を作っていたとき、そのなかの「在日」像は「集団的イデオロギーと偏見」に満ちた「敵」のイメージであった。しかし、二つ以上の国籍が映画制作に参加し、映画の企画段階からトランスナショナルなものとなっている合作映画のなかの「在日」像は、日韓両国の観客をターゲットとしているが、その試みは政治性や歴史性を回避することで逆効果を産み出している。つまり、映画のなかで「在日」の歴史性や政治性を語らない代わりに、スターやスペクタクルに依存しており、制作費の増加をもたらしているのである。

しかし、最後に指摘しておきたいことは、一九九〇年代後半以降、インターネット普及の拡大と独立映画運動、そして各地方自治体が開催している映画祭の増加という変数が韓国の映画産業に大きな影響を与えているということである。一九九九年の釜山国際映画祭に出品され、朝鮮籍の「在日」に対する韓国国内世論を喚起させた映画『入国禁止』（パク・ソンミ、一九九八）や『本名宣言』（ホン・ヒョンスク、一九九八）もこうした映画産業のコンテクストから出てきたものである。また、日本の朝鮮学校を対象に取材し、制作したドキュメンタリー『ハナのために』[23]（チョ・ウンリョン、二〇〇四）は全州市民映画祭で上映され、注目を浴びた。韓国のなかの独立映画運動や市民映画祭、そしてインターネット、主流メディアの「独立映画館」や視聴者が作る番組類、また市民放送はこうした非商業映画群の発表の機会を提供し、そこで「在日」を扱ったものも数多く発表されるようになった。

このように「在日」が登場する映画の量的増加と映画作品を取り巻く外部的状況、そして映画産業のなかにおきている様々な変化、また「在日」が登場する映像媒体の増加がこれからどのような表象を作り出していくかについてはこれからも、注意していく必要がある。

註

（1）日本で比較的早い時期に韓流についてまとめた毛利編（二〇〇四）は、日韓の研究者たちがそれぞれの立場で韓流を論じているが、大半が『冬のソナタ』とそのファン層、日韓合作ドラマについてのものであり、映画に関するものは見当たらない。

（2）『シュリ』の主人公であったハン・ソッキュは、一九九九年六月に『八月のクリスマス』ですでに日本で紹介されていた。この『八月のクリスマス』は二〇〇六年、山崎まさよし主演で、日本でもリメークされた。

（3）しかし、二〇〇六年度韓国映画振興委員会の決算報告書をみると、日本に輸出された韓国映画は二〇〇五年の六分の一のレベルまで減少し、全体的に海外に輸出された映画の総収益も二四五一万ドルを記録、前年度の三分の一程度であった。

（4）イ・ウンスクは、韓国の新聞『朝鮮日報』が二〇〇〇年二月に初めて「韓流」という言葉が使われたといっているが、のちにこれは修正されるべきであると述べる（イ・ウンスク、二〇〇二、五一二頁）

（5）韓国映画『愛は国境を越えて』は韓国では大ヒットしたわけではなかった。しかし、映画が日本人女性永松カズの自筆手記『この子らを見捨てられない』に基づいたものであることから、早い段階で日本にも輸入された。韓国語のタイトルは『この地にもあの星の光を』である。

（6）合作映画以外にも「韓流映画」「グローバル・プロジェクト」「汎アジア映画」「アジア映画」という言葉があるが、そのほとんどが中国や東南アジアとの関係で語られるものであり、日本と韓国の間を表すときは日韓合作映画という言葉がもっとも適切と考えられる。

（7）映画研究家の金素栄によると、経済の不況と映画産業の好況という二つの状況が「奇妙に同居している」一九九〇年代後半の韓国の状況はアメリカの一九三〇年代に似ている。アメリカの一九三〇年代は、一九二九年の株価暴落とともに始まり、一九四一年の真珠湾攻撃で終わる。ハリウッド映画の黄金期は、一九二七年の『ジャズシンガー』で始まり、一九四一年の『風とともに去りぬ』で終わりを告げた（金素栄　二〇〇一、九五〜九六頁）。

（8）ブロック・バスター（Block Buster）映画とは、大型爆弾を意味するブロック・バスターという言葉と映画が合わせて作られた合成語である。元々は数少ない映画に集中的に投資し、集中的に宣伝を行い、世界の主要都市に同時配給・公開することで短期間で利益を回収することを目的とするハリウッド映画の用語であった。しかし、近年韓国ではますます増加する制作費と大規模の観客動員に成功する映画が多くなっていることで、韓国型ブロック・バスター映画という言葉が登場した。

（9）ここで例示したジャンル以外にも一九九〇年代後半以降新しく再生産されたジャンルにメロドラマがある。古いジャンル映画であると認識されてきたにもかかわらず、韓国映画の第二黄金期にメロドラマがまた流行っていることは興味深い。例えば、日本でも公開された『接続』（一九九七）や『八月のクリスマス』（一九九七）、『約束』（一九九八）『美術館の隣の動物園』（一九九八）などはその例を示している。

（10）『シュリ』は当時としては巨額な純制作費二七億ウォンをかけることで、韓国映画史上最大の制作費をかけたといわれていたが、そのあと、次々とこの記録は更新された。この映画は一一〇億ウォンの利益を残すことで、韓国型ブロック・バスターの先頭となった。そもそも韓国型ブロック・バスター映画を最初に広告で使ったものは『ソウル・ガーディアンズ　退魔録』（バク・カンチュン、一九九八）で、その文句は「九八年八月、韓国型ブロック・バスターがくる」であった。しかし、二四億ウォンという制作費をかけたものの、興行成績は上がらなかったため、韓国型ブロック・バスター映画を語るときは『シュリ』からはじまる場合が多い。『シュリ』の後、映画の制作費は八〇億ウォンまで上がっており、『力道山』は制作費だけでも一一〇億ウォンをかけている。

（11）映画評論家のイ・ヒョインは、最近の分断や戦争を素材とする映画、とりわけ『シュリ』や『ＪＳＡ』について、「戦争もイデオロギーもやわらかい触感を持っており、メロドラマという砂糖でコーティングされたもの」が消費される時代の映画であると分析した（イ・ヒョイン　二〇〇三、二〇九頁）。

（12）朝鮮戦争が反共映画を数多く制作するようになった直接的な原因ではない。戦争以前からすでに反共映画は制作されていたのである。ちなみに、朝鮮戦争は韓国映画のみならず、欧米の映画にもいい素材を提供した。例えば、ハリウッドではアメリカの国防省の後援を得て、コロラド州に大規模のオープンセットを作り、韓国のデグを再現し、映画『One Minute to Zero』（1953, RKO）を制作した。また、フランスは戦争中の朝鮮半島で五カ月にわたる映画の撮影を行い、『Creva Coeur』（1953）を制作した（韓国映像資料院、二〇〇四、一〇二頁）。

（13）一九六二年広報部主催で制定された大鐘賞は様々な議論に巻き込まれつつも、韓国内では現在も権威をもつ映画賞の一つとして位置づけられている。この賞で最優秀作品賞、反共映画賞、健全映画賞（あとで優秀映画賞となる）を受賞したら、外国映画を輸入する権利が与えられた（パク・スンヒョン、二〇〇五、五六頁）。ちなみに、大鐘賞は一九八七年に韓国映画人協会が主催することになったが、まだ韓国映画振興公社から財政的支援を受けていたため、完全に民間主導のものになったとはいえなかった。一九九二年にサムソンの財政的支援で主催することになって、ようやく民間主導のものとなった。

（14）一九六〇年代の韓国映画でもう一つ観客の人気を集めたものに「満州もの」と呼ばれるものがあった。満州を背景に、抗日運動をする独立軍、満州で活躍する匪賊たち、アヘン商売、歌姫などが登場するメロドラマ風のものであった。当時の韓国映画では珍しく銃や刀も登場した。この「満州もの」は日本の日活無国籍映画のように、満州無国籍映画とも呼ばれた。金素栄はこの「満州もの」が輸出されていた一九六〇年代の韓国映画の状況と、現在「韓流」でアジアを横断している韓国映画の状況が極めて似ていることを指摘しつつ、今の韓国映画が「第一期黄金時代のある部分を拡大反復、拡大している」（金素栄、二〇〇一、一〇四頁）と述べている。

（15）韓国の文化テクストのなかで、スポーツ英雄やもしくは英雄的人物として「在日」を登場させるものは映画よりはマンガの方が知られている。今も韓国で大きい人気を博しているマンガのキャラクターはテクストのなかで何回も「在日」として登場していた。例えば、イ・サンムのマンガの主人公であるドッコ・タク（『韓国人』シリーズ）、イ・ヒョンセのマンガの主人公であるカチ（『下関のカチ』『遠い帝国』『南伐』）、ホ・ヨンマンのマンガの主人公であるイ・カント（『胴体離陸』）、コ・ヘンソクのマンガの主人公であるク・ヨンタン（『八九三』）などが取り上げられる。このなかで『韓国人』シリーズ以外は一九八〇年代以降登場したキャラクターである。『韓国人』シリーズは一九七五年から三年間、貸本屋用のマンガとして描かれたものであるが、一九八一年から月刊マンガ誌の『学生中央』に連載された。当時は三冊以上の雑誌に同タイトルでは連載できないという規定があったため、『玄海灘の彼方へ』『意地の韓国人』『光栄の韓国人』『大いなる韓国人』という異なるタイトルで連載された（ファン・ミンホ、一九九七、九九頁）。また、コ・ウヨンの『大野望』（一九七九）は大山倍達の生涯を描いたものであるが、そのなかで力道山と大山との出会いを描いているコマがある。

(16) 観客動員数は、四〇万人である。

(17) 韓国語のタイトルは『터질 듯한 이 가슴을』である。この映画は現在、韓国映像資料院にフィルムが保存されている。筆者はこの映画を子供のとき見た覚えはあるが、本章を書くにあたって重要なシーンについては、『NHK特集　ソウルの空に白球が飛んだ』（一九八二）に引用された部分を参照した。また、この映画は台詞がすべて韓国語であるが、本章で引用されている部分の日本語訳に関しては、同番組の字幕を参考にしている。また、タイトルについても、四方田（二〇〇〇）では『裂けんばかりのこの胸を』となっているが、同番組での翻訳に従って『切り裂かれるごとくこの胸を』としている。

(18) 張本が登場する韓国のマンガ『負けられない』では張本がバッティングする姿のバックにチマ・チョゴリを着た笑顔の母親が一緒に表紙を飾っている。『負けられない』はホ・ヨンマン作で一九九五年にセジュ文化社で五巻完結本が刊行された。

(19) 張本が登場する日本NHKのドキュメンタリー『巨人軍への道のり』（一九七六）にも彼の母親が登場し、朝鮮語でインタビューに応じる場面がある。

(20) 「在日」であることを隠さず生きていたことで韓国のなかでも知られている大山倍達（崔倍達）の人生を描いた映画『風のファイター』（ヤン・ユウモ、二〇〇四）も、『力道山』と同様に日本人女優平山あやがヒロインを演じたことや、日本のなかで撮影されたこと、あと日本でも封切りされたので、日本の観客には馴染みのあるものであった。この映画は、もともとパン・ハッキ原作のマンガ『風のファイター』を原作としている。マンガ『風のファイター』は一九八九年八月一一日から一九九三年七月二〇日まで日刊紙『スポーツ朝鮮』に掲載されたものである。

(21) 力道山は一九四〇年朝鮮半島から日本にきて、大相撲部屋に入るが、このときはまだ自分の本名と出身地を隠してはいなかった(李淳馹、一九九六、三五〜三六頁　外村、二〇〇四、一九七頁)。

(22) ちなみに、戦後日本のテレビ放送視聴率で第一位は『第一四回NHK紅白歌合戦』(一九六三年一二月三一日放送)で八一・四%、第二位は『第一八回オリンピック東京大会・女子バレー日本対ソ連』(一九六四年一〇月二三日放送、NHK)で八〇・三%、第三位は二〇〇二年サッカーワールドカップ『日本対ロシア』(二〇〇二年六月九日)で六六・一%であった(日本放送協会編、二〇〇三、五四四頁)。

(23) 『ハナのために』は、『FRONTIER』というタイトルで三年間日本の朝鮮学校を取材していたチョ・ウンリョン監督が二〇〇三年自宅で死亡したため、彼女の夫であったカメラ監督のキム・ミョンジュンが完成させたものである。

参考・引用文献

岩渕功一(二〇〇四)「韓流が『在日韓国人』と出会ったとき」毛利嘉孝編『日式韓流』せりか書房

イ・ヒョイン(二〇〇五)「韓国映画に見られる在日同胞のイメージ」山形国際ドキュメンタリー映画祭二〇〇五資料集『日本に生きるということ――境界からの視線』六一〜六二頁

太田修(二〇〇三)『日韓交渉――請求権問題の研究』クレイン

金素英(二〇〇一)「消えてゆく韓国人女性たち――グロバール資本主義体制下の韓国型ブロックバスター映画にみる無意識の視覚とジェンダー・ポリティクス」『ユリイカ』一一月号、九五〜一〇七頁

キネマ旬報映画総合研究所ホームページ:http://www.kinejunsoken.com/report/korean_enquete/

権赫泰(二〇〇七)「韓国の大衆文化に現れた日本人・日本――韓国の商業映画を中心に」濱下武志・崔章集編

『東アジアの中の日韓交流』慶應義塾大学出版会
社団法人外国映画輸入配給協会ホームページ http://www.gaihai.jp/
外村大（二〇〇四）『在日朝鮮人社会の歴史学的研究』緑蔭書房
日本放送協会編（二〇〇三）『二〇世紀放送史』日本放送出版協会
朴一（一九九九）『〈在日〉という生き方——差異と平等のジレンマ』講談社選書メチエ
毛利嘉孝編（二〇〇四）『日式韓流——「冬のソナタ」と日韓大衆文化の現在』せりか書房
四方田犬彦（二〇〇〇）『われらが〈他者〉なる韓国』平凡社ライブラリー
李淳馹（一九九六）『もう一人の力道山』小学館
마에까와 미찌히로（前川道博）（一九九二）「일본에서의 한국영화의 소개경위와 반응 그리고 평가」이중거편『한국영화의 이해《아리랑》에서《은마는 오지 않는다》까지』예니 四八四〜五一六頁
박승현（パク・スンヒョン）（二〇〇五）「대중매체의 정치적 기제화 한국영화와 건전성의 고양（1966-1979）」『언론과 사회』13(1)、四六〜七四頁
안민화（アン・ミンファ）（二〇〇六）「알려지지 않은 또 다른 한류붐」김소영편저『트랜스：아시아영상문화 텔레비전과 스크린을 통해 아시아를 횡단하기 그리고 넘어서기』현실문화연구 二〇三〜二〇七頁
이영일（イ・ヨンイル）（一九六九＝二〇〇四）『한국영화전사 개정증보판』도서출판 소도
——（二〇〇二）『이영일의 한국영화사강의록』도서출판 소도
이은숙（イ・ウンスク）（二〇〇二）「중국에서의〝한류〟열풍고찰」『제1회세계한국학대회논문 집』五一一〜五二六頁
이효인（イ・ヒョイン）（二〇〇三）『영화로 읽는 한국사회문화사』개마고원
조한혜정（チョウハン・ヘジョン）（二〇〇二）「동／서양정체성의 해체와 재구성」『한국문화인류학』35(1)
진희관（ジン・ヒカン）（二〇〇二）「재일동포의〝북송〟문제」『역사비평』八〇〜九五頁

호현찬（ホ・ヒョンチャン）（一九九九）『韓国映画一〇〇年』文学思想社（＝扈賢賛『わがシネマの旅　韓国映画を振りかえる』根本理恵訳（二〇〇一）、凱風社）
하승우（ハ・スンウ）（二〇〇五）「판타지 논리와 판타지의 횡단〈역도산〉、´열정적 애착´과 ´탈-애착´ 사이에서」『계간 영화언어』여름호
한국영상자료원（韓国映像資料院）編（二〇〇四）『한국영화자료총서 한국영화의 풍경 1945-1959』문학사상사
한국영화진흥위원회홈페이지 http://www.kofic.or.kr/ 韓国映画振興委員会
韓国映像資料院データベースサイト：http://www.koreafilm.or.kr/db/db_01.asp
황민호（ファ・ミンホ）（一九九七）『고바우에서 둘리까지 캐릭터로 읽는 한국만화사』도서출판 서조
황미요조（ファンミヨジョ）（二〇〇六）「아시아블록버스터의 출현과 트랜스 아시아 시네마 연구」『영화―연구7』一八五～二七二頁

David E. James ed（2002）*Im Kwon-Taek: the Making of a Korean National Cinema,* Wayne State University Press
Kim, kyonghyun（2004）*The Remasculinization of Korean Cinema,* Duke University Press
Turner, Graeme（1993）*Film as Social Practice,* Routdlege
そのほか、雑誌や新聞などからの引用は本文中に明記している。

＊なお、この原稿を完成した後、韓国映画のなかの「在日」像に関する研究が日本でも出版された。権赫泰の「韓国の大衆文化に現れた日本人・日本――韓国の商業映画を中心に」（濱下武志・崔章集編、二〇〇七）がそれである。この研究は韓国映画が日本人や日本という他者をどのように描き出してきたかというところに焦点を当て、そのなかの一部として「在日」像も分析している。しかし、本章は韓流というものが韓国映画のなかの「在日」像に影響

を与えているのか、あるいはいないのかということに焦点を当てたものであり、権赫泰の論考とは若干その趣旨を異にしていることを明らかにしておく。

コラム　各業界における韓流

活発化する日韓のアンダーグラウンドな音楽交流

毛利嘉孝

これを書いている二〇〇六年末には、韓流ブームの熱は収まりつつあるようにみえる。『冬のソナタ』を越えるヒットドラマは結局のところ現れなかったし、ペ・ヨンジュンの「次」のスターは生まれなかった。韓流スターが来日しても、以前のように大きく報道されることはなくなったようにみえる。韓流は終わったのか？

韓流が終わったのか、という問いに対しては、おそらく終わりつつある、と答えるべきだろう。依然として二匹目のドジョウを狙うテレビ局や制作会社はあとを断たないだろうが、『冬のソナタ』は奇跡的な成功であって、同じことは二度と起こらないのではないか。

しかし、韓流がなにも残さなかったのか、というとそれも誤りである。韓流以後、韓国ドラマに「ハマッた」女性たちは、いまでもレンタルビデオや衛星放送を通じて韓国のドラマを見続け、韓国文化に対する関心も維持している。一時期の熱狂こそ収まったものの、一定のところで落ち着いたというのが現状だろう。

韓流ブームの特徴は、それが、これまで文化消費という観点からは周縁化されていた中高年女性――これも曖昧なカテゴリーなのだが――を突然文化の中心に登場させたことだった。このことは、男性や若者を中心としていた主流のメディア文化を困惑させ、そのために必要以上の偏見を持たれていたようでもある。とりわけ『冬のソナタ』やペ・ヨンジュンのファンは、しばしばテレビや週刊誌からは格好のツッコミの対象となった。けれども、その一方でファンを公言する女性たちは、そうしたツッコミまでも相対化して、一種の「ネタ」として演じていたようにもみえる。いずれにしても、韓流は、ジャーナリズムだけではなく、主流のメディア研究でも見えにくかった中高年の女性の文化消費を垣間見せてくれた。このことだけでも私にも十分に興味深いものだった。

さて、現時点での文化状況を見渡すと、日韓の文化交流は新鮮さを失った代わりに日常生活の中にはっきりと浸透しているようだ。今私が興味があるのは、いわばアンダーグランド的な音楽のシーン、クラブカルチャーやファッションと結びついた若者たちの文化である。

おそらくは韓国と日本を結ぶ飛行機運賃が低価格化、さらにはインターネットによって簡単に情報やデータを交換できるようになったことに後押しされているのだろうが、テレビではあまり紹介されないクラブシーンの日韓のネットワークは韓流以降急速に強まりつつある。

特に「シブヤ系」と呼ばれる韓国江南地区のファッションゾーンの音楽は、その呼称のとおり、九〇年代の日本のシブヤ系音楽――フリッパーズ・ギターやピチカート・ファイヴ、小沢健二やテイトウワ――に影響を受けて、独自のサウンドを創りはじめている。パステルやフルクサスといったレーベルのミュージシャンである。ローラーコースターやクラジクワイ・プロジェクトといったグループがその中心である。

興味深いのは、こうした交流はもはや一方通行ではないことである。パステルレコードは、くるりを初めとする日本のミュージシャンの楽曲をリリースしているし、先に挙げたソウルのミュージシャンたちは、元祖シブヤ系とも呼ぶべき小西康陽（ピチカート・ファイブ）やテイトウワ、VERBAL（m-flo）などと積極的に仕事をし、一緒に音楽を作り出している。彼らは日本のFMラジオのチャートで紹介され、東京のクラブでライブやイベントを行っている。もはや彼らの音楽は「韓国」という属性抜きで紹介されているのである。

韓流は新しいフェイズに入りつつある。音楽は制作が個人ベースなので、テレビや映画に比べても変化が早いし、ハイブリッド化しやすい。こうした動向が、他のメディアでも一般化することを期待とともに見守りたい。

コラム　各業界における韓流

創り手は新たな課題を乗り越えられるか——「ポスト韓流」の番組制作

田中則広

かつて頻繁に使われた「近くて遠い国・韓国」という表現。この言い回しがどうにも好きになれなかった。なぜなら、両国の関係を見事に言い当てているために、多くの人は瞬時に「韓国→遠い国→嫌いな国」ととらえてしまうからである。しかもいたるところで繰り返し使われるため「宣伝効果」は絶大で、せっかく生まれた相互理解の芽を、いとも簡単に摘み取ってしまう。

ところが、いわゆる「韓流ブーム」に火がつくと、この表現は鳴りを潜めるようになった。同じ時期、およそ韓国とは縁のなかった番組制作者（ディレクター）たちから頻繁に質問を受けるようになった。内容も以前のような「韓国政治の現状はどうなっているのか」「大統領はインタビューで何と答えているのか」といったものから、「韓国の芸能界について知りたいんだけど」「この女優は何て言っているの？」という類のものに変化した。はじめのうちは韓国芸能界についての知識も乏しく、ディレクターたちからの突っ込んだ質問にお手上げとなり、こちらが韓国ドラマや俳優たちの魅力について「講義」を受けることも度々であった。

番組制作の現場では、「創り手が楽しんでこそ良い番組が生まれる」という話がよく出る。実際、韓流に魅せられたディレクターたちは、韓国芸能界に限らず、ドラマを通して知った韓国の料理や若者の文化などについても、取材を楽しみながら番組を創っているようである。こうしてNHKは、宮廷料理から現代の恋愛事情、それに流行の健康体操まで、韓国に関する様々な番組を伝えてきた。これらの番組が視聴者から好感を持って受け入れられる背景には、ディレクター同様、韓流に魅せられた視聴者たちの存在がある。

ところが、小泉前首相の靖国神社参拝問題や竹島（韓国名・独島）問題は、良い方向に向かっていた日韓関係を後戻りさせてしまった。真の日韓相互理解に歴史問題は避けて通ることができないという現実をあらためて突きつけられたのである。日本では「韓流ブーム」を契機に、隣の国に興味を持ち、知ろうとする機運が生まれたが、そこから一歩進んで両国の過去の関係を考えるという次元にまでは至らなかった結果である。

今や「韓流ブーム」以降の番組制作のあり方が問われている。ブームを追い風に、料理、音楽、旅、言葉などの味わいある番組が放送され、日韓の相互理解が進展しつつあるようにも見えるが、歴史認識についてはなお大きな溝がある。ここ数年、NHKでは歴史問題などをめぐって日韓の若者が討論した『BSディベート』「日韓の課題　いま語りたい」（二〇〇五年六月）、植民地支配下の朝鮮半島でハンセン病患者がどのように扱われたのかを伝えた『ETV特集』「海峡を越えた問いかけ――韓国ハンセン病患者の九〇年」（二〇〇五年四月）、そして近年、自国の近現代史の見直しを進める韓国政府が、一九六五年の日韓基本条約調印に至るまでの交渉に関する外交文書を積極的に公開するなかで、両国に積み残された課題を探った『クローズアップ現代』「埋まらなかった溝――日韓交渉の舞台裏」（二〇〇五年六月）など、歴史問題を主題とした見応えのある番組が放送されてきた。「近くて遠い国・韓国」という表現が再び登場しないためにも、過去の番組を検討しつつ、日韓の歴史について事実関係を丹念に追っていく姿勢が求められている。番組の創り手たちの責任は重い。

コラム　各業界における韓流

芸能プロダクションと韓流――違いすぎるマネジメントの概念

野村大輔

芸能プロダクションの立場で韓国との仕事を進めていく中で、ぶち当たる問題のひとつが「マネジメント」概念の違いである。ここで言うマネジメントとは芸能人のマネージャー、及びその所属事務所が行う仕事のこと。要は芸能人の才能、魅力を見抜き、その人の現在、将来にとって価値のある仕事を選んで獲得していく仕事だ。一見、簡単そうだが、実は大変難しい。例えば歌手志望の新人タレントがいたとする。でもこの新人には演技の才能があって、俳優の道に進ませたほうが良いとマネージャーが判断したとき、本人の希望ではない仕事をすることになる。意見がぶつかったときにどうするか。機能や価格で判断できないこんな問題をいかに乗り越えるか。ここで必要なのが「信頼関係」と「長期的ビジョン」である。「あの人を信じてみよう」と思われないと、才能を開花させるチャンスさえなくなってしまう。我々のような仕事をしていると、これがもっとも重要で大きなポイントの一つなのである。

そこで韓国はどうか？韓国も日本同様、芸能人が事務所に所属して芸能活動をする。違うのは「契約金」とそれに基づく「契約期間」が存在するということだ。

契約金によって芸能人は短期的な経済的安定が得られる。契約延長になればその都度まとまった収入も得られる。一見よさそうなシステムだが、事務所は大変である。

まず、多額の契約金を支払って芸能人と契約。赤字の状態からのスタートだ。契約期間内に黒字を出そうと、事務所は仕事を選ぶ際にまずギャランティを優先する。その芸能人の将来にとって「本当に重要か？」の判断の前に「いくらか？」が立ってしまう。

契約期間終了後は再契約、また「契約金」が出てくる。仕事が上手くいっていれば契約金は跳ね上がり、準備できなければ他社に移籍、逆に仕事が上手くいっていない場合もやはり移籍という結果になりがちだ。これでは「信頼関係」も「長期的ビジョン」も構築できるわけがない。芸能人にとっても事務所にとっても長期的には不幸なシステムではないだろうか？

韓流というブームにのって日本でも多くのファンと韓国芸能市場ができた。我々のような業界とも多くの接点が生まれた。だが、こんなに事務所を頻繁に移籍されると、同一の芸能人にコンタクトを取ろうにも、二、三年周期で「初めまして」から話をしなければならない状況である。もっとひどいときは連絡先から探す必要がある。逆に韓国側からコンタクトを受けるにせよ、以前にあったマネージャーではない人が「初めまして」と連絡してくる。問題はスタッフが変わると方向性も微妙にズレてくるということだ。「信頼関係」と「長期的ビジョン」というのは何も芸能人と事務所の関係においてのみ重要なわけではない。国内においても海外においてもすべてにおいて重要なポイントだと思う。この韓流を一時的なブームで終わらせてしまうか、長期的で安定したビジネスにできるかは「信頼関係」と「長期的ビジョン」構築できるシステムを生み出せるかどうかにかかっているのではないだろうか？

よくビジネスマンの考え方の違いを「韓国人は今日のことを考え、日本人は三年先を考える。」と例えられたりする。これを良いとか悪いとかということではなく、ここには明らかにギャップがあるということだ。このギャップをいかにして埋めていくか。これが安定したビジネスにするための鍵のひとつではないかと思っている。ただし、ここに述べたことは、あくまで一般論なので、すべてが同様ではないということもあらかじめご理解いただきたい。

コラム　各業界における韓流

朝日新聞と韓流——ブーム超える「国づくり」のパワー

波佐場　清

「韓流」という言葉が朝日新聞に初めて登場したのは二〇〇一年一二月一九日付だった。中国におけるK－ポップなどの人気を指摘し、『韓流』という言葉が出始めているらしい」としたものだった。

朝日新聞のデータベースで「韓流」を引くと、新聞掲載の記事件数はこの記事を皮切りに〇一年二件、〇二年七件、〇三年三件だったのが、〇四年二六四件、〇五年六一五件と急増。しかし、〇六年は二七七件で、ピークは越えた感じだが、「韓流」という用語はともかくも、実態としての韓流がこのまま終わっていくとは思えない。

昨年、NHKで『功名が辻』と『宮廷女官チャングムの誓い』をみていて思うことがあった。ともに一六世紀、女性に焦点を合わせた時代劇だが、中身は対照的だ。『功名』の山内一豊の妻、千代が内助の功に徹しているのに対し、チャングムは王宮、つまり外部世界で生きるキャリアウーマン。テーマの違いを差し引いてもドラマが発するメッセージの強烈さと言おうか、少なくともそのダイナミズムにおいてチャングムは圧倒的だ。

チャングムだけではない。昨年やはりNHK(BS)で放送された『クッキ』、『チェオクの剣』も元気がいい。共通しているのは、いずれも女性が主人公で、早くに父母と死別し、身分上のハンディに苦しみ、もがきながらそれをはね返していくという筋立てだ。

大衆文化は、その社会を映し出す。儒教伝統の強い韓国社会にあって女性はいつも男性の「添えもの」であってきたことを考えると、刮目すべき変化である。これこそが、韓流のエネルギーの根源となっているものなのである。

実際、この間、韓国では、男女雇用平等法や男性中心の「戸主制」廃止の決定といった枠組みの大きな組み換えがあった。九七年末の金融危機と、それに続く金大中政権の文化開放政策、

ＩＴ革命などが構造転換をもたらし、若くて優秀な頭脳が大衆文化の分野にどっと流れ込んだ。

　朝日新聞は当初、韓国における日本の大衆文化開放との関係で韓流をとらえていた。〇三年九月二〇日付社説は「(韓国が) 日本文化を受け入れたことが日韓の競争を促し、韓国文化は打撃を受けるどころか、かえって元気になったのではないか」としたのだった。〇四年春以降は、連日のように「韓流」が紙面に躍る。多かったのは実は、地方版の記事だ。「ヨン様写真展」「韓国映画祭」といった地方での催しが「文化交流」として好意的に報じられ、それがブームの浸透にもつながったといえるだろう。

　しかし新聞がどう書こうと、日本の社会がそれを求めていたのは間違いない。例えば日本の「トレンディドラマ」と称された一連の作品は、洗練されてはいたが、何かに欠ける。人間の魂を揺さぶると言うか、その存在の本質にかかわると言おうか――ともかく、心を引き付けるパワーが足りない。日本の韓流ブームとは、日本の作品にない、そんなものに引き寄せられた動きではなかったのか。韓流作品にあふれる不条理に対する激しい憤り、肉親や友人、師弟間の深い愛情、絆といったものだ。

　いま日韓両社会に大きな違いはなくなった。少子化など共通する問題も少なくない。社会が似てくると、作品にも差はなくなる。その分、相互に受け入れられやすくなるといえるが、半面、「異質さ」のもつ魅力もなくなる。最近の韓国作品には、そんな傾向もうかがえる。

　しかし今後、そこだけが加速していくとは思えない。決定的なのは韓国の場合、国づくりが未完、つまり分断国家であり、統一へのあこがれがエネルギーの源になっているということだ。実際、韓流の作品群には、映画『ＪＳＡ』や『ブラザーフッド』など、「分断」をテーマにしたものも多い。

　冷戦体制下で閉じこめられ、世紀の変わり目に解き放たれた韓国社会のエネルギーは、日本社会に閉塞状況が続く限り、今後も「ブーム」を超越して流れ込んでくるに違いない。

第7章　インターネットの中のツシマ
――ある「嫌韓」現象をめぐって――

村上和弘

1　韓流ブームがもたらしたもの

二〇〇三年の『冬のソナタ』NHK放映および翌年のペ・ヨンジュン来日を契機として日本社会に一大旋風を巻き起こした「韓流」ブーム。一時期の熱狂ぶりも最盛期を過ぎ、ようやく落ち着きを取り戻してきたように思える。だが、関心そのものが消滅したわけではない。「韓国」は私たちの日常生活にも深く浸透し、広く共有されるようになっている。「冬ソナ」「韓流」などはすでに日常語と化し、「ペ・ヨンジュン」や「ウォンビン」などの人名も、取り立てて説明を付け加えることなく、韓国スターの名として人々の間で通用するようになった。ちょっと大きなスーパーに行けば当たり前のようにキムチが漬物コーナーの一角に並んでおり、乾物の棚には韓国海苔が置いてある。「韓国」は、私たちの生活環境を構成する要素の一つとして、むしろ日常化・一般化したのである。

その一方で、反対に「韓国」への否定的イメージを強く主張する言説もまた流通し、一定の位置を占めるようになってきた。いわゆる「嫌韓」現象である。そのものずばりのタイトルをつけた『マンガ嫌韓流』『マンガ嫌韓流2』は合計で六五万部以上を売り上げ(1)、日本社会に一定の関心を有する層が存在していることを示している。そしてこれら「嫌韓」的な言説の生産および流通にあたっては、周知のようにインターネットが大きな役割を果たしている。

もちろん、「嫌韓」言説はインターネット上でのみ生産され、流通しているわけではない。また、「韓流」にせよ「嫌韓」にせよ、ある日突然、私たちの目の前に現れたわけでもない。しかし、これらの言説が商業出版などの形で登場してくるにあたっては、社会にそれらを許容する「雰囲気」が存在していることが前提となるだろう。そして、現在、この「雰囲気」を醸成しているものの一つが、ネット上で飛び交う言説やイメージであることに間違いはなさそうである。それでは、インターネットの普及と進展は、「嫌韓」現象の生成あるいは流行に、いったいどのような役割を果たしたのだろうか。

本章では、韓国内で公開されたインターネット音楽『韓國のつしま』[2]を題材に、この曲および関連資料が日本語サイト上に登場し、「嫌韓」的なコメントともに流通してゆく過程を追跡する。曲および歌詞という固定化したデータをトレーサー代わりに用いることで、ネット空間に存在する膨大な量の情報リソースのなかから「嫌韓」言説が発生し、流通する過程を追跡し考察しよう、というのが本章の意図である。

2　インターネット音楽『韓國のつしま』をめぐって

資料の概要

『韓國のつしま』は二〇〇一年五月に韓国のポータルサイトＤＡＵＭ[3]に登場し、その後、音楽サイトＭＩＬＬＩＭ[4]で公開された。韓国語版と日本語版があり、現在は作詞・製作者のチェ・ドングク（崔東国）が運営するサイト『ハンビット・コリア』[5]上からも入手できる。

表７－１　資料名およびリンク一覧

（資料１）	『韓國のつしま』歌詞（日本語）および MP3 ファイル 歌詞：http://www.hanbitkorea.com/arang_004.html MP3 ファイル：http://www.hanbitkorea.com/md/daemado_jp.mp3
（資料２）	「『対馬島（テマド）は韓国の土地』インターネットではすでに登場」（『週刊東亜』291号，韓国語） http://www.donga.com/docs.magazine/weekly_donga/news291/wd291kk050.html
（資料３）	「独島と対馬島の領有権問題連携戦略」（韓国語） http://www.hanbitkorea.com/html/daemado_001.html
（資料４）	「対馬島返還戦略」（韓国語） http://www.hanbitkorea.com/html/daemado_002.html

この曲を取り上げる理由は、まず第一に、ネット上に登場した時期が明確であり、次に、かなりデフォルメされた形ではあるが、韓国社会に存在する日本観を体現していると考えられる点、そして最後に、ネット上に登場し五年以上経つにもかかわらず、今なお「嫌韓」を語る際の論拠としてネット上に流通し続ける、古典的とも言える資料だからである。また、オリジナルの配布サイトが限定されているため、日本語圏で拡散してゆく過程を比較的たどりやすい、という点も挙げられる。

関係する資料は四つある（表７‒１参照）。まず『韓國のつしま』および歌詞がある（資料１）。次頁に日本語版および韓国語版の歌詞を掲げておこう(6)（表７‒２）。

次に、この曲が登場してから約一カ月半後、大手新聞社系の週刊誌『週刊東亜』「ピープル欄」にチェ・ドングクの紹介記事が掲載された。一ページの記事で、曲がインターネット上に登場した経緯および製作意図が簡単に紹介されており、ウェブサイト上でも公開されている(7)（資料２）。

さらに関連資料として、チェ・ドングク執筆によるテキスト「独島と対馬島の領有権問題連携戦略(8)」（資料３）と「対馬島返還戦略(9)」（資料４）が挙げられる。ともにチェ自身が運営するサイト『ハンビット・コリア』で見ることができる。この二つの内容は、必要に応

表７－２　『韓國のつしま』歌詞（資料１）

(日本語版)	(韓国語版)
韓國の つしま	대마도는 우리땅 (テマドヌン ウリタン)
作詞：崔 東 國	작 사 : 최 동 국
歌：アラン	노 래 : 아 랑
I.	
アーアー おれらの アリランと むくげの 歌が	아~ 아~ 우리의 아리랑과 무궁화꽃 노래가
いつも 鳴りひびく 所	항상 울려 퍼지는 곳
おれらの つしま	우리의 섬 대마도...
アー プサンの 夜景が きれいに みえる	아~ 부산의 야경이 아름답게 보이는
韓國の つしま	우리의 섬 대마도
コリョ(高麗)時代から チョソン(朝鮮)に いたるまで	고려시대부터 조선에 이르기까지
韓國の 恩を 受けている 所 つしま	조상 대대로 우리의 은혜를 입은 곳 대마도....
いつからか この つしまを mm-	우리의 땅 이곳은 언제부터 음~
やつらは 自分の 物に したのか	왜인들이 차지하여
	왜구들의 소굴이 되었는가..
恨の歴史 渦の 中で	한맺힌 역사의 소용돌이 속에서
いつから つしまと よばれ	언제부터 쓰시마란 이름으로 바뀌어
侵略者 日本の 手先に なたのか	침략자 일본의 앞잡이가 되었는가..
II.	(2절)
イスンマン 大統領が かえせと さけんだ	이승만 대통령이 반환하라 외쳤던
韓國の つしま	우리의 섬 대마도..
日本人たちの 物に なったのか	왜구들의 소굴이 되었는가...
日本人たちよ きけ	(반복) 침략자 일본은 들어라.
君たちの 雨の森 芳洲の	그대들의 스승 호오슈의
偉大なる 意味を 思い出して つしまを 返せ	위대한 뜻을 기억하며 대마도를 반환하라.
韓國の つしま！	우리의 섬. 대마도！
http:// hanbitkorea.com/html/arang_004.html	http://hanbitkorea.com/html/arang_003.html

じ、随時紹介する。

さて、ここで改めてこの曲の歌詞を見ておこう（表7-2参照）。日本で生まれ育った者からすると大変奇異な印象を受ける内容であるが、さらに奇妙なことには、日本語版まで存在するのである。この曲は、いったいどのような意図から製作され、また、韓国内ではどのように受け止められたのであろうか。この間の事情を語るテキストが資料2である。以下に全文訳を掲げる。

〝対馬島《テマド》は韓国の土地〟　インターネットではすでに浮上

「……／高麗時代から朝鮮に至るまで先祖代々我々の恩恵を受けた場所／恨（ハン）の歴史の渦の中でいつから対馬《ツシマ》という名前に変わり／……／対馬島を返還しろ」（二番省略）

日本の歴史教科書歪曲により反日感情が高潮した中、最近インターネットを通じ『対馬島は我々の土地』なる独特な歌が急速に広まっている。去る五月一八日、ポータルサイト『ダウム』の音楽カフェで初披露された後、アンダーグラウンド・ミュージックサイト、『ミルリム・ドットコム（www.millim.com）』にMP3ファイルで紹介され、ネチズンらの間で話題になったとのこと。去る九七年、KBS木浦《モッポ》歌謡祭で大賞を受賞した新人女性歌手『アラン』（芸名、二四歳）が歌ったこの歌は軽快なテクノ風。日本語バージョン（韓國のつしま）も作られた。

「日本の独島領有権主張に対し守勢一辺倒の現状を反転させるためには、積極的攻勢を繰広げるべきですよね」作詞者兼製作者のチェ・ドングク氏（四五歳、ハンビットコリア代表）は、「対馬島を独島並みの外交紛争地域にしようと歌を作った」と明かした。すなわち、韓国は事実上独島を占有しているので、日本の領有権主張は初めから無視し、代わりに対馬島が韓国の領土であると主張し、むしろ独島問題を薄めようとのこと。

彼は、対馬島が一九世紀後半に明治政府によって日本に編入される以前、高麗と朝鮮の支配下にあり、壬辰倭乱当時、豊臣秀吉すら対馬島を朝鮮領土として感じていたほどに韓国の「対馬島領有権」主張は淵源が深く、史料も豊富だと話す。

彼は『対馬島は我々の土地』を収録したCDを希望者に無料で配っている。

まず注目すべきは、この歌が「歴史教科書歪曲により反日感情が高潮した」なかで広まった、と述べている点である。この年（二〇〇一年）三月末には扶桑社の『新しい歴史教科書』（中学社会）が検定に合格し、韓国内では日本の右傾化傾向を象徴する出来事として受け止められ、様々な抗議活動が繰り広げられていた。このようななか、インターネット上に登場した『韓國のつしま』が「ネチズンらの間で話題になった」のは比較的たやすく了解できるだろう。しかし、「対馬島を独島並みの外交紛争地域にしようと」いう製作意図は、いったいどう解釈すればよいのだろうか。直ちには理解しがたい主張であり、一見、荒唐無稽な、いわゆる「トンデモ」的言説に感じられるが、記事の書き方に曲や製作者を揶揄するような調子は見られない。また掲載誌は大手新聞社系の週刊誌である。であれば、一定程度、このような主張を受容しうる素地が韓国社会に存在している、と考えることができそうである。この曲が日本語ネット圏で引き起こした反応を追跡する前に、もう少し製作者の意図について検討を加えておく必要があるようだ。

独島領有権問題と対馬島

作詞・製作者であるチェ・ドングクは資料3の結論部分で以下のように語っている。

日本が独島問題を提起するたびに「対馬島領有権」を主張せねばならない。これまでの日韓の歴史からも、我々は絶対に「攻勢的態度」をとらねばならない。そのために「対馬島領有権」問題を現在の独島と同じ外交的問題に作り上げる必要があるのだ。

つまり、日本が独島の領有権を主張してくるのなら、対抗して韓国は対馬島の領有権を主張すべきだ、というのが彼の主張の骨子である。しかし、このような主張を行うためには、対馬島と独島とが対置しうる存在でなければならない。面積も居住人口も、そして歴史的経緯も異なる両島を等価物と見なし、対置させうる論理とはいったいどのようなものなのだろうか。

実は、対馬島と独島とを対置させる発想にはすでに先例がある。『韓國のつしま』の韓国語版タイトルが『テマドヌン　ウリタン（対馬島は我々の土地）』であることからも分かるように、この曲は、やはり歴史教科書問題に端を発し反日感情が高まっていた一九八三年に流行した『ドクトヌン　ウリタン（独島は我々の土地）』を意識している。そこでは「ハワイはアメリカのもの、対馬島は日本のもの、独島は我々のもの」と歌われており[10]、対馬＝日本領土、独島＝韓国領土という対称関係が見て取れる。一方、「もしも独島が韓国領でないのならば、対馬は日本領でない」というのが、製作者であるチェ・ドングクの論理構成であり、両者は明らかに対偶命題をなしている。したがって、対馬島＝日本領土、独島＝韓国領土という前提を受け入れるかぎり、チェ・ドングクの論理は一定の説得力を持つことになる。そして梶村秀樹（一九七八、三二八頁）が指摘するように、韓国社会においては「独島は論議の余地もないほど明白な韓国固有の領土である」という認識が広く共有されているのである。

これでようやく製作意図がはっきりしてきた。図式化するならば、独島は日本との国境をなす「韓国の島」、一方、対馬島は韓国との国境をなす「日本の島」であり、両者は一対の相似形をなす。このような相似性を前提に、「カエサルのものはカエサルへ」と歌ったのが一九八三年の『ドクトヌン　ウリタン』であり、それを反転させて「目には目を、歯には歯を」と主張した曲が『テマドヌン　ウリタン』、すなわち『韓國のつしま』なのである。ここでの主張は、あくまで日本側への対抗手段である点に注意しよう。この点に関するかぎり、チェ・ドングクの主張は論争技法の一つとして捉えるべきであり、日本に対する道徳的優位性を主張する「反日小説」や荒唐無稽な論理を展開する「トンデモ」的主張とは、やや趣を異にしている。

しかし、面積や居住人口、そして歴史的経緯をすべて捨象して考えたにせよ、右の図式が成立するためには、両島の帰属がそれぞれ自明であることが前提になる。そしてこの点に関し、日韓両国で認識が大きく異なっているのは周知のとおりである。だが、チェ・ドングクはこの点について思いを巡らすことはなかったようだ。彼は「この歌が南北の国内そして日本にも広く普及し、大衆の中に対馬島に関する認識が新しく醸成されなければならない」（資料4、傍点引用者）と語っており、日本国内でも自らの主張が受け入れられうる、と考えていた節がある。では、彼の期待ははたしてかなえられたのだろうか。次節では、『韓國のつしま』が日本語ネット圏に登場した後の反応を追跡する。

3　日本語ネット圏での展開

本節では『韓国のつしま』が日本語圏でどのように流通していったのか、その展開を見ていこう。歌詞という固定化されたテキストが存在することを利用し、資料の収集には検索エンジンを用い、得られたデータを時系列順に並べ替え、時期を区分した[11]。また、整理にあたっては「リンク」の有無を重視した。リンクによって情報ソースおよび相互の参照関係が見て取れるからである。

1 名前:がいしゅつ？ 投稿日:01/10/13(土) 03:40 ID:JNP3gN92
対馬は韓国領と主張している電波な歌発見。歌詞↓
「韓国のつしま」

Ⅰアーアーおれらのアリランとむくげのがが
いつも鳴りひびく所
おれらのつしま
アープサンの夜景がきれいにみえる
韓国のつしま
コリョ(高麗)時代からチョソン(朝鮮)にいたるまで

韓国の恩を受けている所つしま
いつからかこのつしまをmm-
やつらは自分の物にしたのか

恨の歴史来ての中で
いつからつしまとよばれ
侵略者日本の手先になたのか

ⅡイスンマンI大統領がかえせとさけんだ
韓国のつしま

日本人たちの物になったのか
日本人たちよきけ
君たちの雨の森芳洲の
偉大なる意味を思い踊るしてつしまを返せ
韓国のつしま
http://www.netomo.com/cgi-bin/transkj.cgi?www.millim.com/musician/view lyric.htm?mid=8128&tid=ARANG
日本語版のmp3
www.millim.com/md.htm?sid=mad&tid=ARANG&mid=8128
ストリーミング
www.millim.com/stream/play.asx?sid=mas&mid=8128&tid=ARANG

図7-1　①『韓國のつしま』最初の紹介レス（2001年10月13日登場）

得られた資料から判断するかぎり、この曲の流通過程は、大きく三期に分けられる。すなわち曲と歌詞のみが流通する第一期、関連資料が翻訳・紹介され、曲よりも製作意図に注目が集まる第二期、そして媒体の拡散とともに、この曲の内容を「脅威」として受け止める層が出現する第三期である。

第一期　日本語圏への導入期（二〇〇一年一〇月〜）

第一期は『韓國のつしま』が見出され、日本語圏のユーザが情報探索に乗り出した時期である。最初に日本語ウェブサイトで紹介されたのは、①一〇月一三日、巨大掲示板群「2ちゃんねる」のニュース極東板「☆対馬は韓国領☆」[12]の一番、すなわちスレッドを立てた者による書き込みであるようだ。冒頭に「対馬は韓国領と主張している電波な歌発見。歌詞↓」と記した後、歌詞を全文掲載[13]し、歌詞および音楽ファイルへのリンク[14]を記述している。

その後、複数のスレッドをまたぎ、散発的に①とまったく同文の書き込み、いわゆるコピペレスが登場する。一〇月一六日、[15]一〇月二一日、[16]二〇〇二年五月一四日、[17]などである。

このようなコピペレス以外では、②二〇〇一年一一月一七日「酷いの一言」「これほど露骨な歌があろうとは」とのコメントつきで歌詞が掲載され、[18]同じスレッドに③一一月一八日「Google 韓国語でMP3を見つけたよ。」のコメントとともに日本語版および韓国語版MP3ファイルへのリンクが載る。[19]また、④一二月三日「次は対馬だ」とのタイトルで資料1と同文の歌詞を掲載している。[20]⑤二〇〇二年二月五日に掲載された歌詞[21]も資料1と同一であり、またMP3ファイルへのリンクは③と同一である。

この時期までの書き込みは歌詞およびMP3ファイルの紹介に限られており、記事が登場する頻度も低い。またコメントは「電波な歌」「酷い」など、短く感覚的な表現が多く、理解不能ゆえの漠然とした拒否を示していると思われる。リンクの参照先は複数のルートがあり、探索が開始された段階であることを示す。だが、④や⑤のように、既出の書き込みを参照したと思われる書き込みも登場しており、情報が徐々に蓄積されていることがうかがえる。

第二期　翻訳記事の登場と情報の拡散（二〇〇二年八月〜）

資料2〜資料4の翻訳記事が登場し、曲や歌詞よりも記事への注目が集まるようになる時期である。掲載サイトを基点として翻訳記事が広まってゆき、それに伴って嫌韓コメントも急増する。

翻訳記事へのリンクがはじめて登場するのは⑥八月一四日、「2ちゃんねる」の家電板「[redacted]韓国製品買うのをやめよう[redacted]」六六四番レス（図7-2）である。書き込み時刻は午前三時九分だが、その直後、同日三時二四分、コピペレスが現れ、[22]四時五分の自衛隊板「韓国が対馬侵略を計画」の一番も同じ

664 名前：目のつけ所が名無しさん□ 投稿日：02/08/14(水) 03:09
http://members.tripod.co.jp/koreawatcher/
new「韓國の つしま」
日本語版MP3ダウンロード(3.32MB)
『対馬島（テマド）は韓国領土』
独島と対馬島の領有権問題連係戦略1
独島と対馬島の領有権問題連係戦略2

図7－2　⑥翻訳記事へのリンクつき紹介レス（2002年8月14日登場）

14 名前：名無しさん@1周年[sage] 投稿日：02/08/14(水) 07:54
「対馬は韓国領土」韓国誌報道

日本語訳
『対馬島（テマド）は韓国領土』
http://members.tripod.co.jp/koreawatcher/docs/wd291kk050.htm
独島と対馬島の領有権問題連係戦略1
http://members.tripod.co.jp/koreawatcher/docs/daemado 001.htm
独島と対馬島の領有権問題連係戦略2
http://members.tripod.co.jp/koreawatcher/docs/daemado 002.htm

http://members.tripod.co.jp/koreawatcher/
「韓國の つしま」
日本語版MP3ダウンロード(3.32MB)

図7－3　⑦改良型の翻訳記事へのリンクつき紹介レス（2002年8月14日登場）

文面で立てられる。さらに改良型のコピペレス（図7－3）が、⑦七時五四分、外国語板「韓国語とロシア語ってどっちが簡単？」[23]一四番レスに初登場し、以降、八月一八日、八月三〇日[24]、九月一一日[25]、一〇月一〇日[26]、一二月一五日[27]、二〇〇三年二月二七日[28]に登場するなど、少しでも関係がありそうなスレッドには流れと関係なく書き込まれてゆく。

改良型コピペの文面は、「韓国誌報道」の見出しを付加し、項目順も変更して翻訳記事『対馬島（テマド）は韓国領土』への注目が集まるよう工夫されている。また、記事には個別にリンクが張られ、直接移動が可能になっている。

リンク先はいずれも日本語ウェブサイト『韓国のホームページを日本語で読む[29]』である。同サイトの特徴は、テキストの翻訳に留まらず、ページのレイアウトなどもできるだけ忠実に再現しようとする点にある。たとえば『対馬島（テマド）は韓国領土』のページ

関連記事:
「韓國の つしま」歌詞＆MP3ファイル
独島と対馬島の領有権問題連係戦略1
独島と対馬島の領有権問題連係戦略2
「対馬島は我々の領土」標石 独島博物館に設置

주간 동아 WEEKLY DONG-A

このXMLファイルにはスタイル情報が関連づけられていないようです。以下にドキュメントツリーを表示します。

donga.com
第291号/2001.7.5
過去号表示
週刊東亜を読んで
PR自由掲示板
企画連載
道が開かれる!
オーダーメードバカンス
ソウルの味の種
時事万華鏡
ソン・スグォンの味紀行
ヤン・ヨンフン 道に沿って
ホ・シミョン レジャー紀行
アフリカ紀行
ソン・スノ 政調準英語
甘く セックスファイル
好奇心天国
黒白 19で
ノ・ギョヒュン 世論見る
チェ・ヨンジュン 世の中に
ワンポイント財テク
ユ・テウ 針講座
英語が楽しい
ホ・シミョンの酒紀行
ヤン・ヨンフン 島と人々
財界ニューフロンティア
成人病ガイド
マガジン
女性東亜

피플

『対馬島は韓国領土』インターネットでは既に登場

『…/ 高麗時代から朝鮮に至るまで、先祖代々、我が国の恩恵を受けた所/ 恨の歴史の渦の中で、いつからツシマという名前に変わって/ … / 対馬島(テマド)を返還しろ』(2番省略)。

日本の歴史教科書歪曲で反日感情が高まった中で、最近インターネットを通じて『対馬島は我々の領土』という独特の歌が急速に広まっている。去る5月18日、ポータルサイト『ダウム』の音楽カフェで披露された後、アンダーグラウンド・ミュージックサイト密林(ミルリム)ドットコム(www.millim.com)にMP3ファイルで紹介され、ネチズンらの間で話題になったとのこと。去る97年、KBS木浦歌謡祭で大賞を受けた新人女性歌手『アラン』(芸名, 24)が歌ったこの歌は軽快なテクノ風。日本語バージョン(韓国のつしま)も作られた。

「日本の独島領有権の主張に守勢で一貫する現状況を反転するためには、積極的攻勢を繰広げるべきですよ。」作詞者 兼製作者の崔東国(チェ・ドングク)氏(45, Hanbit コリア代表)は「対馬島を独島水準の外交紛争地域にしようと歌を作った」と明らかにする。すなわち、韓国は事実上独島を占有したので、日本の領有権主張は初めから無視するが、代わりに対馬島が韓国領土であることを主張して、むしろ独島問題を希薄させようとのこと。

図7-4 『対馬島（テマド）は韓国領土』画面（『韓国のホームページを日本語で読む』より）

85 名前：**名無しさん@お腹いっぱい。** 投稿日：03/06/25(水) 20:59 ID:PtLyOMsl
「対馬島（テマド）は韓国領土」

http://members.tripod.co.jp/koreawatcher/docs/daemado 002.htm

対馬島を『ノービザ観光地』にする必要があります。
対馬島住民たちに対する『韓国語』教育が必要です。
対馬島住民たちが現実的に『コリア』に帰属することを願うようにするのです！

「韓國の つしま」 日本語版歌詞 作詞：崔 東 國　歌：アラン

I.アーアー おれらの アリランと むくげの 歌が いつも 鳴りひびく 所
おれらの つしま アー プサンの 夜景が きれいに みえる
韓國の つしま コリョ(高麗) 時代から チョソン(朝鮮)にいたるまで
韓國の 恩を 受けている 所 つしま いつからか この つしまを mm- やつらは 自分の 物にしたのか
恨の 歴史 渦7 中で いつから つしまと よばれ 侵略者 日本の 手先に なたのか

II.イスンマン 大統領が かえせと さけんだ 韓國の つしま
日本人たちの 物に なったのか 日本人たちよ きけ 君たちの 雨の森 芳洲の
偉大なる 意味を 思い出して つしまを 返せ 韓國の つしま

http://members.tripod.co.jp/koreawatcher/daemadojp.mp3

図７－５　資料４ａへの初言及レス（2003年６月25日登場）

を見てみよう[30]（図7-4）。これは資料2を翻訳したものだが、原サイトのレイアウトを忠実に再現しており、画面上部の広告や関連リンクがなければ、正規サイトをそのまま転載したと勘違いしてもおかしくない出来ばえである[31]。

この時期以降、『韓國のつしま』関連のリンク先は、同サイト一色になる。また二〇〇二年後半からは同サイトやサイト内ページへのリンクとともに韓国への否定的コメントを併記した書き込みが出現しだす。⑧二〇〇二年九月一日「韓国の信じられないような歴史捏造の数々」とのコメント[32]および同サイトへのリンク、⑨一二月七日「対馬が韓国の領土だと？　ふざけるのもいい加減にしろと言いたい[33]」のコメントおよび資料2aへのリンク、⑩八月二八日「対馬はわが領土!!!!　日本人は出て行け!!![34]」と同サイトへのリンク、翌二〇〇三年六月二五日[35]『対馬島は我々の領土』の作詞および製作者である崔東国（チェ・ドングク）および資料2aへのリンク、などである。また、揶揄するようなコメントをつけた「煽りレス」もしばしば目に付くようになる[36]。

これらのほとんどがトップページ、あるいはトップページ直下にある資料2aへのリンクを張る中で、注目すべきは⑪二〇〇三年六月二五日の東アジアnews+板「【韓国】韓国大統領、国防自立の必要を強調［6／23］」八五番レス（図7-5）だろう。資料4aへのリンクを示した最初の例[37]であると同時に、荒唐無稽ではあるが感情的反発を引き起こすであろう歌詞（資料1）と「ノービザ観光地化」「韓国語教育」など現実にありうる状況とを組み合わせて紹介した最初の例だろう。

第三期 「脅威」論の出現とブログへの拡散（二〇〇四年一一月〜）

二〇〇四年以降、主として『2ちゃんねる』内に留まっていた発言[38]が、他の掲示板や個人サイトへと広がってゆく。また韓国「脅威」論が登場する。

脅威論の発端は二〇〇四年一一月一九日、2ちゃんねるの「永住外国人地方参政権」スレッドに資料4へのリンクが書き込まれたことによる[39]。あるユーザーが興味を引かれ機械翻訳にかけたところ、「住民投票によって対馬を帰属させる」という内容が書かれており、スレッド内が大騒ぎになった。「反日サイト」「極右[40]」「工作員」などの語が飛び交うなか、やがて同スレッドに『対馬乗っ取り計画』と銘打ったリンクレスや経緯を示したまとめレス[41]が登場し、最終的に他のスレッドや掲示板[42]に転載されていった。

そしてこの時期以降、現実に韓国人観光客が多数来島している現状が徐々にネットやマスコミで取り上げられるようになる。その結果、『韓國のつしま』への言及は鳴りを潜め、代わって対馬における韓国人観光客の行動や対馬市が進める観光誘致政策への批判が、嫌韓的コメントを伴ってネット上に登場するようになり、このような状況が二〇〇六年現在も継続している。

4　インターネットは国境を越えるか

『テマドヌン　ウリタン』と『韓國のつしま』

ここまで『韓國のつしま』がインターネット上に登場し、日本語ネット圏に流入してからの展開をたどってきた。このなかで注目すべきは、第二期における翻訳サイト『韓国のホームページを日本語で読む』の存在であろう。同サイトは「剣道韓国起源説」の検証・批判のため開設され、その後、韓国語圏で流通する「日本文化韓国起源」論に関する事例のポータルサイト的役割を果たしていた。同サイトが資料1～資料4の翻訳を掲載したことで、それまで単に支離滅裂な「電波な歌」として理解されていた『韓國のつしま』は、日本への懲罰的意図をもった「反日トンデモ主張」として改めて捉えなおされることになった。実際、資料3や資料4には容易に理解しがたい事実認識や論理の飛躍が随所に見られ(43)、荒唐無稽な「トンデモ」的主張である、と判断されてもなんら不思議ではない。また、対馬領有権を主張しうる歴史的根拠にしても、ハ・ウボン（一九九六）やソン・スンチョル（一九九六）などの論考をかなり恣意的に改変して用いているようだ(44)。

だが、チェ・ドングクの主張がいかに荒唐無稽に感じられようと、その根底には第2節で述べた「対馬島＝日本領、竹島＝韓国領」という、韓国社会で広く受け入れられている認識があることは忘れるべきではない。それゆえに『テマドヌン　ウリタン（対馬島は我々の土地）』と韓国語で歌われた「目には目を、歯には歯を」という主張は、韓国社会で一定の感情的支持を得ることになった。しかし、両島に対する認識は、日韓両国でまったく異なる。そもそも、日本では、対馬と独島が対になるという発想すらきわめて稀薄であろう。それゆえに韓国社会での認識をそのまま日本語で歌った『韓國のつしま』は、日本語ネット圏に共感を呼ぶことなく、かえって感情的反発を招くだけの結果に終わったのである。

ここに、ネット空間が抱える問題の一つが見て取れるだろう。それは、情報がローカルな「境界」を越えて流通していく過程で、「自明の前提」として存在していたはずの認識が、しばしば欠落してしまう点である。

「ソース第一主義」がもたらしたもの

巨大掲示板群「2ちゃんねる」の、特にニュース系掲示板で重視される作法の一つに、ニュースソースの明記がある。事例は情報のソース（出典／情報源）とともに示される。ソースがウェブ上にある場合は、通常、参照情報としてサイト名あるいは記事名およびURLが記される。また、雑誌記事やテレビ番組などソースがウェブ上に存在しない場合は掲載誌名（番組名）、記事名、および掲載（放映）日などが記載される。情報の信頼性を確保するためには必要不可欠な作法であろう。だが、このような「ソース第一主義」は、ある事実や事件を、社会的文脈から切り離して恣意的に解釈する自由を与えることにもなる。その典型を、嫌韓サイト「★厳選！韓国情報★」(45)に見ることができる。このサイトに掲載されている記事は、ほとんどが韓国あるいは日本のマスメディアが報道した事実記事に基づいている。だが、それらの事実報道にキャッチコピーをつけ、フォントを変更するだけで、いともたやすく韓国への嫌悪感や反発を煽ることができてしまう。そしてネット空間に存在する膨大な情報リソースからは、このような「事実」を容易に取り出しうるのである。

従来、新聞などのマスメディアでは外信記事を報道する際、解説などのかたちで社会的文脈も伝えるよう努めてきた。マスメディアは、言語のみならず社会的文脈も「翻訳」し、解説する役割を担ってきたのである。だが、機械翻訳の精度向上や、特に韓国マスメディアにおいて顕著な、他／多言語による情報の発信は、その情報が共通の文化的背景を有し相互了解が可能な範囲を超えて流通するがゆえに、結果として、社会的文脈から切り離され、それゆえどのようにでも利用可能な、大量の「事実」を日本語ネット圏にもたらすことになった。(46) 嫌韓言説を生み育てる土壌は、皮肉にも、事実を重視し伝達しようとする日本側の「ソース第一主義」と韓国側の「日本語による情報発信」が結びつくことによってもたらされたのである。したがって、「事実」のみを重視する傾向が存在するかぎり、日本語ネット圏における「嫌韓言説」は、今後も勢力を保ち続けることだろう。

そして筆者が懸念するのは、島根県の「竹島の日」条例制定に対抗して韓国・馬山市が「対馬の日」を制定したように、日韓双方において、チェ・ドングクの言う「攻勢的態度」を、ネット空間のみならず他の領域でもとりつつあるように見える点である。(47) だが、このような態度は、一方では「妄言」、他方では「トンデモ」と、双方がみずからの所属する言語圏のなかで、閉じたまま、一方的に相手を非難するだけの不毛な結果に終わっているように見える。

鈴木謙介（二〇〇二、三五〜三九頁）はアメリカで九・一一テロが発生した折、それを茶化すコピペがアメリカYahoo!に張られ、大騒動になった例を挙げ、続けてこう述べている。インターネットとは端的に言って「つながるはずのなかった人たちとつながる」ことを可能にする。ただし、それが幸福なことかどうかは、実際にコミュニケーションを行う「人と人」で決まるのだ、と。筆者もこれに賛同する。「人と人」が出会い、互いの差異を認識しようと努める時、はじめて相手の文化的背景や社会的文脈への関心が生まれ、対話と相互理解の可能性が始まるのである。

註

（1）晋遊舎online「マンガ嫌韓流」トップページ、二〇〇六年八月二二日現在。http://www.shinyusha.co.

jp/~kenkanryu/

（2） 日本語版タイトル。韓国語版タイトルは『テマドヌン　ウリタン（対馬島は我々の土地）』。

（3） http://www.daum.net

（4） http://www.millim.com ダウンロードページは http://www.millim.com/mpage/index.htm?mcd=arang

（5） http://www.hanbitkorea.com

（6） 必要に応じ、随時ＭＰ３ファイルについても言及する。

（7） 『週刊東亜』二〇〇一年七月五日付、二九一号。ＵＲＬは http://www.donga.com/docs.magazine/weekly_donga/news291/wd291kk050.html

（8） http://www.hanbitkorea.com/html/daemado_001.html

（9） http://www.hanbitkorea.com/html/daemado_002.html

（10） 発表当時の歌詞。その後いくつものバージョンが登場し、現在主流のバージョンは「ハワイはアメリカのもの、対馬島は分からないが、独島は我々のもの」となっている。「〝独島メン〟達がいるから独島はさびしくない」（『デジタル京郷新聞』二〇〇五年三月二三日付、http://news.khan.co.kr/kh_news/khan_art_view.html?artid=200503231821491&code=990329 参照。

（11） 資料の流通過程の調査方法は、以下のとおりである。⑴資料およびＵＲＬの一部を用いて検索エンジンで検索し、⑵ヒットしたサイト／ページを閲覧して確認する。⑶キーワードを変えて同じ作業を繰り返す。⑷該当するサイト／ページを時系列順に並べる。⑸以上の手順を各資料について繰り返す。検索エンジンは Google および Yahoo! Japan を用い、調査時期は二〇〇六年六～八月にかけて断続的に行った。近年は検索ロボット対策がなされたサイトも増加しており、また、掲示板群「2ちゃんねる」の場合、スレッドの順位によっては検索で発見できない場合もある。

（12） http://tmp.2ch.net/asia/kako/1002/10029/1002912004.html　以下、2ちゃんねるのスレッドについては特に必要がない限りＵＲＬを省略し、板名、スレッド名およびレス番号を記す。

(13)　資料1の歌詞とは若干異なっている。
(14)　いずれも http://www.millim.com 内。歌詞へのリンクは機械翻訳サイト経由である。
(15)　2ちゃんねる、独身女性板「韓国人にレイプされた」七五九番レス。
(16)　2ちゃんねる、ニュース極東板「嫌韓スレッド乱立を憂う」二四番レス。
(17)　2ちゃんねる、ボクシング板「最近の金沢英雄、そして金沢ジム」二四番レス。
(18)　2ちゃんねる、ニュース極東板「韓国は対馬も自国の領土と思っているのか?」一九番レス。ソースは不明であり、リンクも張られていない。
(19)　二四番レス。リンク先はどちらも http://www.daum.net である。
(20)　2ちゃんねる、国際情勢板「竹島かえせよ」七五番レス。
(21)　2ちゃんねる、ニュース速報+板「日本海か東海か、日韓論争~半世紀ぶりの国際海図改定で」五〇一番レス。
(22)　2ちゃんねる、家電ソニー板「パクリ国家韓国がアイボもパクったぞ!」七〇番レス。
(23)　2ちゃんねる、プロレス板「レスラーのちんぽ目撃談」一九番レス。
(24)　2ちゃんねる、パソコン一般板「他社の不具合情報のガセネタを2chでバラまく者達2」三六六番レス。
(25)　2ちゃんねる、通販・買い物板「返品なんて、私の中では当たり前のこと」。
(26)　2ちゃんねる、パソコン板「$$$ サムスンB5ノートQ10発売 $$$」の二七四番レス。
(27)　2ちゃんねる、大規模MMO板「韓国がKOFオンラインをマジに作ってる!!」六二番レス。
(28)　2ちゃんねる、ニュース速報+板「【国際】韓国地下鉄火災、遺体や遺留品を「ごみ扱い」…残がい雨ざらし」一三四番レス。
(29)　現行URLは http://members.at.infoseek.co.jp/koreawatcher/ ただし二〇〇六年七月一六日付で公開を終了している。

(30)二〇〇六年五月二七日時点。ただし、元サイトのレイアウトは、その後一新されている。
(31)以後、同サイトの翻訳記事にはaをつけて示す。
(32)2ちゃんねる、デジタル放送板「隣の国のデジタル放送」六番レス。
(33)2ちゃんねる、海外旅行板「大韓民国スレッド12」一五八番レス。
(34)2ちゃんねる、国内旅行板「壱岐&対馬への旅」八〇番レス。
(35)2ちゃんねる、ハングル板「日本海（韓国名：東海）について Part 15」八三番レス。
(36)例えばニュース速報+板「【社会】韓国が竹島に郵便番号」には（資料2a）へのリンクレスが計三回登場し、それぞれに異なる煽り文句がついている。順に「対馬侵略の歌」、「次は対馬だゴラァ！」、「竹島は、事実上ウリの領土になったニダ 次は対馬ニダ」。
(37)資料4については、二〇〇一年一一月二三日、ニュース極東板「☆対馬は韓国領☆」一二七番・一二八番レスに機械翻訳結果が書き込まれたことがある。しかし、あまりにも訳文がひどく、スレッド外には広まらなかった。
(38)ネット空間の増大に加え、2ちゃんねるがより過去のログを保持していた、という理由もあるだろう。
(39)2ちゃんねる、東アジアニュース+板「【国内政治】永住外国人地方選挙権付与法案、自民党内に慎重論、公明党は反発［11／19］」一〇八番レス。
(40)一一月二〇日、一五八番レス。資料4への直接リンクおよび機械翻訳サイト経由のリンクを張っている。
(41)一一月二〇日、一七三番レス。
(42)例えば http://myjulia.btblog.jp/lk/kulSc01AA419E3830/1/
(43)例えば資料4の冒頭部分には、要約すると「近い将来の統一コリア誕生後も日米は影響力を振るおうとし、近接する日本が潜在敵国となる。奇襲攻撃に卓越する日本の再侵略は独島奇襲攻撃から始まる可能性が高い。それゆえ、外交戦略として今から対馬島を独島と同レベルの紛争地域にする戦略を立てねばならない」との記述がなされている。

(44) 例えば資料3の「明治政府によって対馬島は完全に日本政府に編入された」という記述は、ハ・ウボンの論考では「対馬藩の解体と外交権の回収および一元化」とのみ記されている。

(45) 「★厳選！韓国情報★」、http://blog.goo.ne.jp/pandiani/

(46) 「オーマイニュース」に代表される、韓国語ネット圏におけるニュースサイトの隆盛も見逃せないだろう。

(47) 第4節で触れた歴史学者ソン・スンチョルは、二〇〇六年、独島領有権に関する公開講座において「対馬島は韓国の領土という論理で日本に対抗することになる」「少なくとも対馬島の領有権を主張することは、日本側の要求が無理強いだという点を説得する論理になりうる」と主張するにいたった。一九九六年の学術的論考から一〇年を経ての、暗示的な変化である。http://www.chosunonline.com/article/20060609000043

参考・引用文献

遠藤薫ほか（二〇〇四）『インターネットと〈世論〉形成』東京電機大学出版局

呉連鎬（二〇〇五）『オーマイニュースの挑戦』太田出版

梶村秀樹（一九七八）「竹島＝独島と問題と日本国家」『梶村秀樹著作集　第一巻』三一五〜三五七頁

加野瀬未友（二〇〇五）『講演スライド「個人サイトを中心としたネットにおける情報流通モデル」』http://www.glocom.jp/ised/documents/E4_kanose.pdf　二〇〇六年八月二〇日

鈴木謙介（二〇〇二）『暴走するインターネット』イーストプレス

芹田健太郎（二〇〇二）『日本の領土』中央公論新社

田中明（二〇〇三）『韓国の民族意識と伝統』、岩波現代文庫

野平俊水（一九九六）『韓国・反日小説の書き方』亜紀書房

ばるぼら（二〇〇五）『教科書には載らないニッポンのインターネットの歴史教科書』翔泳社

東浩紀（二〇〇一）『動物化するポストモダン』講談社現代新書

玄大松（二〇〇六）『領土ナショナリズムの誕生』ミネルヴァ書房

손승철（ソン・スンチョル）（一九九六）「대마도 조・일（朝日）양속 관계」한일관계사연구회『독도와 대마도』지성의 샘 八七～一二二頁
하우봉（ハ・ウボン）（一九九六）「한국인의 대마도인식」한일관계사연구회『독도와 대마도』지성의 샘 一二三～一六二頁

第8章　ブームは何を残したか
——ナショナリズムの中の韓流——

木村　幹

1　韓流とナショナリズム

「日韓友情年」の皮肉

近年、日本では、「冬のソナタ」のブームに見られるように、韓国の映画、音楽、ドラマ等、韓国文化が広く受け入れられています。また、韓国においても、文化開放措置の進展により、韓国国民が日本の文化に直接触れる機会が大幅に増えています。私は、両国民の直接の交流を増進させることで、相互理解も深めることができると確信しています。「日韓友情年二〇〇五」を契機に、日韓両国民が互いについて知り、関心を深め、そして信頼関係を作りあげていくことができればと思います。

（日韓友情年二〇〇五、二〇〇五）

二〇〇三年六月。大統領就任後初めて来日した韓国、盧武鉉大統領と日本、小泉純一郎首相との会談は、友好的な雰囲気の下、行われた。会談では、日韓両国が「二〇〇二年サッカーワールドカップ共同開催の成功と『日韓国民交流年』を通じて醸成された日韓友好親善の気運を維持しながら、信頼と友情を絶え間なく深化させ、両国関係を一層高いレベルへと発展させ」るために努力することが約束された。そして、そのために、日韓国交正常化四十周年にあたる二〇〇五年を「ジャパン・コリア・フェスタ二〇〇五」とし、「両国間の文化、学術等諸分野における各種の事業を共同で開催し、日韓関係の次世代を担う若者をはじめとした国民各界各層間の相互理解と友情を増進する機会とする」ことが決定された（首相官邸、二〇〇三）。

「ジャパン・コリア・フェスタ二〇〇五」はその後、両国間の交渉により、「日韓友情年二〇〇五」と名を変えて開催されることとなり、一月二五日には東京で開幕式が、二七日にはソウルでオープニング記念行事が、それぞれ華々しく行われた。冒頭の町村外務大臣（当時）の言葉からもわかるように、この頃、日本では、二〇〇四年後半期に全盛を極めた、『冬のソナタ』とその主役である「ヨン様」ことペ・ヨンジュンのブームのさなかにあった。「韓流」ブームの只中において、日韓が「戦後最良の関係」にある、とまで言われた二〇〇四年。引き続く二〇〇五年は、「友情年」を祝うには、絶好の年であるかに見えた。

しかしながら、現実はそのような両国政府や関係者の期待を大きく裏切ることとなった。周知のようにこの年は、一月中旬の韓国政府による、一九五〇年代から六〇年代にかけての日韓国交正常化に至るまでの外交文書公開に始まり、島根県議会による「竹島の日」制定、さらには、教科書問題から小泉首相の靖国神社参拝問題へと続く、「友情年」とは程遠い、激しい日韓対立の年となったからである。

重要なことは、このような二〇〇五年における日韓両国のナショナリスティックな対立が、単に一部の政治家達の行動によってのみもたらされたものではなく、両国の社会における一定の基盤を有していた、ということであった。この年、韓国では、日本植民地期の日本統治への協力者を意味する「親日派」糾弾の声が強く挙がり、日本では、韓国を様々な形で批判する『マンガ嫌韓流』が四五万部以上も売れている。

「韓流」とナショナリズム

結局、「韓流」はナショナリズムの前に敗北したのであろうか。本章は、このような観点から、「韓流」と日韓両国のナショナリズムの関係について考察するものである。ナショナリズムが、人々をして自らをネイションの一員として位置づけさせ、ネイションの旗の下に何かしらの行動を人々に要求するイデオロギーである以上、各々のナショナリズムが自らのネイションに如何なる意味を持たせるかは、ナショナリズムにおいて重要な意味を持っている（木村、二〇〇一）。そして、そのようなネイションの意味づけ、すなわち、ナショナル・アイデンティティは、当然のことながら、各々のネイションの置かれた状況、とりわけ隣国との関係から大きな影響を受けることとなる。それでは、「韓流」現象は、日韓両国のナショナル・アイデンティティにどのような影響を残したのだろうか。

このような問題を考えるにあたり、本章では、「韓流」現象と、「韓流」現象に関わる日韓両国の言説を、二〇〇四年、つまり、日本において「韓流」現象が本格化する以前と以後に分けて議論する。「韓流」という言葉が、時に、「韓国大衆文化流行現象」を意味する中国語の略語である（イ・ミョンホ、二〇〇二、五頁）、と言われることがあることにも現れているように、当初、この韓流現象が顕著に見られた地域は、中国・台湾・一部東南アジア諸国においてであり、日本における「韓流」現象の本格化は、これらの地域よりずいぶん遅れて開始された。

植民地期の「歴史認識」における、韓国世論の対応にも典型的に現れているように、隣国である日本により植民地支配を受けたことは、韓国のナショナル・アイデンティティの大きな「傷痕」となっている（木村、二〇〇〇）。結論から言うならば、だからこそ「韓流」現象においても、それが韓国のナショナル・アイデンティティにおいて特殊な位置を占める「日本」という存在を含む現象か否かは、日本において重要であるのと同様に、韓国においても大きな重要性をもって現れることとなる。ゆえに本章では、「韓流」現象を、二〇〇三年以前における、「日本なき韓流」と二〇〇四年以後の「日本における韓流」の段階に分けて、それぞれの段階での日韓両国における言説や、それが両国のナショナリズムに与えた影響について分析することにする。

議論は次のように進行される。最初に、二〇〇三年以前の状況について考察する。この日本以外の地域を中心に展開された「韓流」を、日韓両国の人々はどのように議論したのであろうか。第二に、先に見た二〇〇三年以前の状況から、新たに「日本における韓流」が本格化したことは、日韓両国の議論にどのような変化をもたらしたかを分析する。最後に、その結果として、両国のナショナリズム、とりわけ、両国のナショナル・アイデンティティに、韓流が何を残したかを明らかにする。

また本章では、このような考察にあたり、日韓両国における二つの「公的空間」における議論に特に注目する。第一はマスメディアにおける議論であり、第二にインターネット上における議論である。この一見異なるレベルに属する議論を同時に扱うのは、今日の両国においては、かつては明確であった両者の区別が、次第に不明確になり、また交じり合う状況にあるからである。日本のネットワークにおける韓国をめぐる議論が、後に『マンガ嫌韓流』へと繋がることはよく知られているし（山野、二〇〇五）、インターネット独立新聞、「オーマイニュース」の成功は、もはや韓国においては両者の区別さえ急速に意味を喪失しつつあることを意味している（呉連鎬、二〇〇五）。

以上で、本論に入る準備は整った。早速、日本における韓流現象が始まる以前、つまり二〇〇三年以前の日韓両国の「韓流」をめぐる議論について見てみることとしよう。

2 「日本なき韓流」と韓国の世論

「特殊」と「普遍」

ある人々が、あるネイション発と理解されている特定の現象を、自らのナショナリズムとの関連で説明しようとするとしよう。この場合、その説明の戦略は大きく二つ考えられる（木村、二〇〇〇）。その一つは、この現象を、自らのネイションと、この現象が見られる地域に共通する、文化的、歴史的、社会的等の、何かしらの「特殊」で固有の要素の存在から論じるものである。現象が見られる地域には、自らのネイションとの共通する何かしらの固有の要素が存在し、この存在ゆえに同じ現象が広がっている、という説明である。

これに対してもう一つの戦略は、同じ現象を、単に現象が見られる地域のみに存在する何かしらの「特殊」な要素から説明するのではなく、より大きく、全世界、あるいは全人類に共通する、何かしらの「普遍」的な要素から説明することである。つまり、この現象の背後には、全人類が共通して有する何かしらが存在し、だからこそ、自らのネイションの範囲を超えて、人々に広く受け入れられているのだ、と説明するのである。

そして、この「特殊」性からの説明と、「普遍」性からの説明には、それぞれ長所と短所が存在する。前者においては、自らを含む特定の地域における文化的、経済的、その他の具体的な共通点を探すことは、多くの場合、それほど難しいことではない。しかしながら、この説明においては、その前提条件から必然的に、この現象は、この「特殊」性を共有する世界のごく一部にのみ限られることとなる。言い換えるなら、この説明においては、このネイション発の現象は、ある特定のネイションが、地域の「特殊」性をよりよく代表、あるいは表現したことの結果である、という以上の意味は持ちにくい。また、単に自らが「特殊」であるというだけでは、直ちにそのことに積極的な意味を付することは論理的にも困難である。例えばある韓国ドラマが、東アジアに共通する、儒教的価値をよりよく表現していたとしても、それだけでは、韓国のナショナル・アイデンティティを大きく刺激しない。なぜなら、所詮、儒教は中国起源のものにすぎない、という反論が可能だからである。だからこそ「普遍」性からの説明と比べれば、この議論がナショナル・プライドを大きく刺激することは難しい。

これに対して、あるネイション発と目される現象を、全人類が共有すべき「普遍」的価値の観点から説明する場合には、必然的に、この現象の価値は大きなものとなる。それは時に「世界に冠たる」現象であると理解され、この説明により、ナショナル・アイデンティティは大きく刺激される。しかしながら、このある特定の現象に対する、人類全体に共通する「普遍」性の観点からの説明は、二つの困難に直面することとなる。一つ目の困難は、説明の対象となっている文化現象の中に、本当にそのような「普遍」的価値を見出すことができるのか、ということである。このような説明においては、自らのネイション発の現象が、他のネイション発の現象には存在しない「普遍」的価値を有する、ということになり、説明はそれ自身、ある種の矛盾を孕むことを運命づけられる。

「普遍」性の観点からのある特定の文化現象に対する説明が直面する二つ目の困難は、この説明では、同様の現象が見られない地域に対する説明が、別途必要になる、ということである。説明の対象となっている現象が、何かしらの人類全体が共有する「普遍」性に依拠するものであるとするならば、定義上、この文化現象は、世界のどの地域においても起こるべきものである。だからこそ、現象が見られる地域が、世界の中で相対的に限られた地域であればあるほど、この説明は重い負担を負うこととなる。

このような問題は、例えば、一九八〇年代に全盛を極めた「日本型経営」についての議論を思い起こせばわかりやすいかもしれない。この「日本型経営」についての議論においては、一九七〇年代後半頃から、それが「イエ制度」等の日本固有の歴史的背景を持つことが強調される一方で、同時に一部では、東アジアに共通する儒教文化的特質を有すること等が指摘された（村上泰亮他、一九七九）。しかしながら、この議論はこの時点ではいまだ日本ナショナリズムを大きく刺激するには至らず、それが大きな注目を浴びたのは、一九八〇年代においてのことであった。言うまでもなく、この時期、いわゆる「バブル経済」を背景として、日本経済に対する世界的注目が存在し、この「日本型経営」こそが何かしらの「西洋的」な経営システムを凌駕する、「普遍的」な価値を有するものと考えられるようになったからであった。言い換えるなら、「日本型経営」論は、それが単なる東アジアのみに限定された「儒教文化圏」の現象に留まらず、経済的合理性という「普遍的」な価値を付与されることで、一九八〇年代の、強いナショナリズム色を持つ日本論を下支えすることになったのである。

「儒教文化」圏の共通性から

さて、このような観点から見た時、「韓流」に関わる議論はどう整理されるのだろうか。まず、韓国の側の議論について見てみることとしよう。既に述べたように「韓流」現象が、当初、顕著に見られたのは、日本においてではなく、中国、台湾、香港、シンガポール、ベトナム、といった国々においてであった。このような、当時「韓流」現象が見られた国々の中でも、韓国の人々の圧倒的な注目を集めたのは中国であった。例えば表8-1は韓国言論財団のデータベースにて、韓国の新聞、雑誌、テレビ等において、漢字で表記される「韓流」という用語が用いられた件数を中心に、同じ記事にハングルで表記された「日本」「中国」「台湾」「香港」「ベトナム」という語が用いられている記事の件数とともにまとめたものである（ハングルで表記される「ハルリュ（「韓流」の韓国語読み）」では、「寒流」などの同音異義語

表8-1　韓国メディアにおける「韓流」(その1)

	ハルリュ	韓　流	ヨン様	日　流	+日本	+中国	+香港	+台湾	+ベトナム
2000	260	29	0	0	11	26	8	5	3
2001	1245	521	0	3	180	431	110	127	91
2002	1267	357	0	0	126	270	50	48	40
2003	1106	240	0	3	81	160	40	38	24
2004	4087	181	883	12	307	282	65	94	61
2005	8559	803	1163	45	412	335	103	98	65
2006	5500	406	262	38	175	160	41	45	44
合　計	22024	2537	2308	101	1292	1664	417	455	328

出所：韓國言論財団データベース（http://www.kinds.or.kr）より筆者作成。2007年2月20日検索。
+は，例えば+日本は，「韓流」という語と「日本」という語がともに入っている記事の数を示す（以下同様）。

が多数含まれることに注意が必要である）。

少なくともこのデータベースによるならば「韓流」という言葉が、韓国のマスメディアにおいて初めて使用されたのは二〇〇〇年のことであり、少なくとも二〇〇三年までの間は、その圧倒的多数の記事は、中国と関わるものであったことがわかる。

このような当時の「韓流」現象のあり方は、当然のことながら、韓国におけるこの現象に対する説明にも影響を与えることとなる。例えば次の文章は、二〇〇一年六月四日、『ソウル経済新聞』に掲載された記事の一節である。


文化はある社会が有する力量の集合体である。人為的にはその流れを防ぐことはできず、同じく人為的にその流れを変えることもできない。水や空気の流れのように自然であり、その影響力はきわめて大きい。

歴史的に中国は文化の生産国であり、我々はその文化を受容し、日本に伝達する周辺国であった。しかし我々は今や、文化の生産国、中心国となり、その生産物を中国に輸出するようになったことに、大きな自負心を感じざるを得ない。

韓流熱風が吹き荒れている国は、漢字文化圏・箸文化圏であり、儒教文化に根を持つ情緒的好感帯を形成している。こ

表８－２　韓国メディアにおける「韓流」（その２）

	＋普　遍	＋自負心	＋人　類	＋儒　教
2000	0	2	0	0
2001	14	7	10	8
2002	9	7	14	4
2003	3	6	4	11
2004	9	8	7	2
2005	28	17	16	11
2006	13	11	4	3
合　計	76	58	55	39

出所：表８－１に同じ。2007年２月20日検索。
＋普遍は，「韓流」という語と「普遍」という語がともに入っている記事の数を示す（以下同様）。

れらの国は歴史的に類似した文化を有している。

　また、これらの諸国は、韓国と同じく、近代化の過程において、帝国主義からの侵奪、王朝の解体、イデオロギーによる国土分断、民族内部の戦乱等、類似した歴史的経験を有している。このような共通点のゆえに、韓流熱風はさらに力を増してゆくであろう。

　しかしながら、漠然たる期待感だけでは、韓流がアジアの主流文化の地位を獲得することは難しい。ここまでのところ、韓流は一部の年齢層に影響を与えているに過ぎないからだ。

（ソウル経済新聞、二〇〇二）


　明らかなことは、少なくともこの論者は、「韓流」現象を、韓国の文化商品が有する全人類的な普遍的価値からではなく、韓国と、当時「韓流」現象が顕著に見られた、中国、台湾、香港、シンガポール、ベトナムとの間の文化的、歴史的な共通性から説明しようとしていることであろう。この論者によれば、韓国は、中国、台湾、香港、シンガポール、ベトナム等と同じ「儒教文化」圏に属しており、また、一九世紀以降においては、帝国主義により辛酸を嘗《な》めた経験を共有している。だからこそ、韓国の文化商品は、これらの国において共感を呼び、容易に受け入れられることができたのだ、と言うのである。

当時の韓国のマスメディアにおいて、このような「韓流」現象に対する説明が一般的なものとなっていく過程については、表8-2からも確認することができる。この表は表8-1と同じく韓国言論財団のデータベースにおいて、「韓流」と「普遍」あるいは、「韓流」と「儒教」等が同時に含まれている記事の数を検索したものである。この表が示唆することは、次のようなことである。すなわち、二〇〇〇年から二〇〇一年、韓国において「韓流」現象が議論されるようになった当初においては、この現象について、その原因を韓国の文化商品が有する普遍的価値に求める議論と、儒教に代表される東アジアの文化的共通性に求める議論が、ほぼ同じ比重を持って存在していた。しかしながら、両者の議論は、二〇〇三年には、韓流の原因を、儒教に代表される、つまり東アジアの文化的共通性に求める議論が優勢になった。少なくともこの韓国言論財団のデータベースによる限り、この年、「韓流」現象を、「普遍」という言葉を交えて論じたマスメディアの記事はわずか三本しか存在しなかった。そしてその三本の中にも、「韓流」現象を、韓国の文化商品が有する何らかの「普遍」的価値と結びつけて論じたものは、全く存在しなかった。

日本に対する説明

とはいえ、このような説明は、それ自身問題を有しているようにも見える。なぜならば、「韓流」現象の原因を東アジア文化の共通性から議論するのであれば、同じ東アジア文化圏に属するはずの日本における「韓流」現象の不在が、別途説明されなければならないからである。この点について例えば、シン・ユンファンは、日本での韓国「大衆文化」商品の不振の原因を、シンガポールや香港と並べて次のように論じている。

それでは日本ではどうして韓流が稀薄、或いは、存在しないのであろうか。また、同じ中国文化圏であっても、香港やシンガポールでは、相対的に弱くしか見られないのはなぜであろうか。この質問から我々は二つ目の鍵を見出すことができる。それは韓流現象が起きるには、国民所得水準が韓国よりも相対的に低くなくてはならない、ということである。この所得水準は、韓流現象の動向と相当程度の相関関係を有しているように見える。

（シン・ユンファン、二〇〇二、二〇頁）

明らかなことは、少なくともこの論者が、「韓流」現象には一定の限界があることを、明確に意識しつつ論じていることである。つまり、この論者によれば、「韓流」現象は、「中国文化圏」に属する韓国から、同じ「中国文化圏」に属する国々への文化的輸出であると同時に、「所得水準」が高い国から、低い国への文化的輸出であると理解されている。だからこそ、韓国より「所得水準」が高い、日本、そしてシンガポールや香港への輸出は、中国やベトナムと比べて不振だというのである。この理解によれば、「所得水準」が依然として、日本、香港、シンガポールの二分の一以下にしかすぎない当時の韓国の文化商品輸出には自ら限界がある、ということにならざるを得ない。

当時の「韓流」に対するもう一つの考え方は、日本市場における不振を、日本市場固有の事情から説明するものである。例えば次の文章は、二〇〇二年五月、政府出資財団法人である対外経済政策研究院が「対外経済専門家プール討議資料」として作成した資料の一節である。

日本の音楽市場は、アメリカに次ぐ規模を有しており、アニメでは全世界の六五パーセント、ビデオゲームでは九〇パーセント等、全世界文化産業市場の一二パーセントを占めているが、排他的流通構造等により、他国からの文化商品の進出は容易ではない。それでも映画、音盤市場を中心に、漸次、

我が国の文化進出が拡大する趨勢になっている。（イ・ミョンホ、二〇〇二、一六頁）

しかしながらより重要なことは、実はこの当時における、日本における本格的な「韓流」現象の不在は、韓国においてはほとんど問題とならなかった、ということかもしれない。前出の文章からもわかるように、この段階での多くの韓国人は、「韓流」現象に対して過大な期待を有していなかったからである。一九九七年末、通貨危機を経験したばかりの韓国にとって、「韓流」現象は、以前には見られなかった海外における初めての本格的な文化商品輸出ブームであり、韓国人はこの状況に十分満足していたのである。そして同じことは、日本市場に対する評価についても言うことができる。彼らは、二〇〇三年以前の段階においても、韓国の日本市場に対する文化的商品の輸出は「漸次」「拡大する趨勢」であることを、むしろ好意的に眺めていた。

二〇〇四年以後の水準から見れば慎ましやかなものであったとはいえ、アニメに代表される「大衆文化大国」日本市場における、一定の成功は、韓国のメディアにおいて好意的に受け止められていた。日本の文化商品市場全体の規模は、他のアジア諸国のそれに比べてはるかに大きく、その結果、海外に本格的に進出を始めたばかりの韓国の文化産業にとって、すでに日本は巨大な搬出先となっていた。例えば、二〇〇一年段階における放送産業の輸出において、九・七パーセントの比重を占める日本は、二〇・二パーセントを占めた台湾と二〇・一パーセントを占めた中国に次ぐ第三の市場となっていた。

一九九〇年代以降の日本ナショナリズム

それでは、同じ頃、日本では「韓流」についてどのような議論が展開されていたのであろうか。日本のマスメディアにおいて「韓流」という語が使われ始めたのは、二〇〇一年一二月頃。奇しくも同じ月、

表8－3　日本メディアにおける「韓流」

	朝日新聞	読売新聞	毎日新聞	産経新聞	四紙計
2001	2	0	1	2	5
2002	6	0	2	4	12
2003	3	2	1	4	10
2004	254	184	160	144	742
2005	581	386	384	369	1720
2006	257	169	173	217	816
計	1103	741	721	740	3305

出所：新聞・雑誌記事横断検索：@ nifty データベースサービス（http://www.nifty.com/RXCN/）より筆者作成。2007年2月20日検索。

朝日新聞と毎日新聞、そして産経新聞が東アジアにおける「韓流」について初めての記事を組んでいる。しかしながら、表8－3に見られるように、「韓流」現象をめぐる大規模な議論には直ちには広がらず、日本のメディアはこれを積極的に取り上げようとはしなかった。

もっともそのことは、日本社会において「韓流」現象をめぐる議論が全く存在しなかった、ということではなかった。とりわけ、ここで重要なのは、後に大ベストセラーになる『マンガ嫌韓流』へと繋がる、ネットワークでの議論である。もちろん、ネットワークにおける議論を、マスメディアのそれと同列に扱ったり、ましてや、日本社会全体を代表するものと言ったりすることができないことは言うまでもない。しかしながら、二〇〇三年以前、つまり、全国紙をはじめとするマスメディアが本格的に「韓流」に対して議論を行う以前において、「2ちゃんねる」をはじめとする、各種日本語インターネット掲示板等においては、東アジアにおける「韓流」現象が取り上げられ、活発な議論が展開されていたことは、その後の我が国における「嫌韓論」的議論の嚆矢として、極めて大きな意味を有している。

それではどうしてネットワークにおいては、この時期日本メディアが注目しなかった「韓流」についての議論がたびたび見られるようになったのであろうか。背景には、大きく二つのことがあったと考えることができる。第一は、インターネット上における、多言語サイトの普及である。この時期は、ちょうど、朝鮮日報や東亜日報、さらには中央日報といった、韓国主要紙の日本語版ウェブサイトが整備され、また、ネイバーをはじめとする様々なポータルサイトにて日韓自動翻訳サービスが開始された時期に当たっていた。つまり、この時期インターネット上においては、これまでは韓国語を理解できる比較的少数の人のみが接することのできた、韓国国内における報道や議論を――翻訳ゆえの一定の限界はあるとはいえ――ごく普通の日本人が簡単に読むことのできる環境が生まれることとなったのである。周知のように、韓国における歴史問題をはじめとする様々な議論は、基本的に韓国社会に対して向けられた、自民族中心的な強いナショナリズム色を有するものであり、その議論のあり方は、初めてその議論に触れた一部の日本におけるネットワーカーに、衝撃を持って受け止められることとなった。

日本における「韓流」現象をめぐる当時のネットワーク上の議論を理解するためのもう一つの背景は、日本社会、そして、日本ナショナリズムにおける、中国や韓国といった、アジア諸国の存在感の増加であった。二〇〇三年以前の日本は、一九九〇年代以降の長期経済不況の中にあり、この中で様々な「新しいナショナリズム」をめぐる動きが見られるようになったことは、周知の事実である。

この時期は、日本ナショナリズムにおいては、一九八〇年代以前に存在した、戦後の経済的成功に支えられてきた日本人のナショナル・アイデンティティが、その経済的成功の終焉とともに書き換えられる時期に当たっていた。このような中における、中国、韓国といったアジア諸国の日本に対する競争者としての登場は、この生まれ変わりつつある日本人のナショナル・アイデンティティにも影響を与えざるを得なかった。

その点は、例えば一九九〇年代後半以降の、日本ナショナリズムにおける主要な論者の著作を見れば明らかになる。西尾幹二『国民の歴史』や小林よしのりの一連の著作に典型的に表れているように、一九九〇年代以降における日本ナショナリズムの特徴の一つは、中国、韓国をはじめとするアジア諸国との歴史論争を明確に意識して書かれていることである。このことの重要性を理解するには、次のことを想起すればわかりやすい。すなわち、日清戦争以前の中国が仮想敵に含まれていた比較的短い時期を別にすれば、日本ナショナリズムがその存在を強く意識し、自らの競争相手や潜在的な脅威、あるいは自らの見習うべきモデルとしてきたのは、西洋諸国に他ならなかった。その中で、中国や韓国を含むアジア諸国は、戦前のいわゆるアジア主義や、戦後のアジア連帯論に見られたように、むしろ日本により支援され助けられるべき存在と見なされてきた。

言い換えるなら、一九九〇年代以降の日本ナショナリズムの特徴は、おそらく日清戦争以来初めて、主要な競争相手や脅威をアジア諸国に求めたのである（木村、二〇〇六）。そこでは、中国、北朝鮮といった国々が主要な仮想敵として想定され、歴史論争等で中国に近い立場に立つ韓国もまた、これら諸国と一体のものとして考えられている。そして前述のインターネット上の多言語サイトを利用して得られた韓国からの情報は、そのナショナリスティックな内容と合わせて、このような彼らの意識を正当化する絶好の材料を提供することとなったのである。

「捏造国家」韓国という論理

一九九〇年代以降の日本のナショナリズムそのものについて議論することは、本章の主たる目的ではない。ともあれ重要なことは、このような状況下、ネットワークにおいて、韓国に対する一つの議論のパターンが定着していった、ということである。

例えば、二〇〇二年七月、あるネットワーカーは「2ちゃんねる」にて、自らが立てた「嘘つきは朝鮮の文化です！」と題するスレッドの冒頭で、次のように書いている。

韓国の一流新聞といわれる新聞でも、平気で捏造日本記事を書く。『湾岸戦争の時日本は派兵しなかったが、兵器の中電子機器はすべて日本製だ、日本の電子技術でアメリカは勝ったんだ。』などと論調を乗せる傲慢な日本人とのタイトルで韓国の新聞に載っていたが、日本ではそんな記事は何処を探しても見つからなかった！　完全に捏造だった！　韓国政府高官も嘘吐き。ジャーナリストも嘘吐き。学者も嘘吐き。嘘吐きは韓国華々しい文化である！

（2ちゃんねる、二〇〇二）

このような過激な議論の前提には、彼らに特有の韓国に対する論理が存在する。同じスレッドで、他の論者は次のように論じている。

とにかく何でも〝反日〟を唱えれば韓国では許されるんだよ。

（2ちゃんねる、二〇〇二）

結局、ここに存在する理解は、韓国は日本を過剰に意識しており、それを支える自らの価値観を正当化するためには、自らの都合の良いように情報を平気で「捏造」する国である、という認識である。そして、当然のことながら、「韓流」もこのような流れの中で議論されることとなる。例えば、「【謎】韓流熱風の詳しく教えて♪」と題するスレッドで、とあるネットワーカーは次のように書いている。

とりあえず、よくある台湾で韓国ブーム云々は俺が毎年遊びに行っててそんなのは陰《ママ》も形もないと確認しているから大嘘。

（2ちゃんねる、二〇〇一a）

これらの議論は、もちろんネットワークにおける議論のすべてではなく、このスレッドでも東アジアにおける「韓流」の存在そのものは否定できない、という議論も数多くなされている。しかしながら、本章において重要なことは、「日本における韓流」以前の当時のネットワーク上において、既に、韓国からの様々な情報を「捏造」であるという、後の『マンガ嫌韓流』に繋がる一定の韓国に関わる認識枠組みができていた、ということであろう。そして、このような韓国に関わる情報に対する不信は、韓国に対して好意的な報道を行う、日本のマスメディアにまで既に及んでいる。

あんたも知ってる通り、日本のマスゴミは基本的に「韓国マンセー‼」だからね。誇張報道、誇張報道。（2ちゃんねる、二〇〇一b）

しかしながら、このような状況の中、二〇〇四年、日本において爆発的に展開した「韓流」現象は、このような議論の性格を変えさせてゆくこととなる。次に、二〇〇四年以降の「日本における韓流」現象に対する、日韓両国の議論を見てみることにしよう。

3　「日本における韓流」と日韓ナショナリズム

韓国文化の普遍性

二〇〇三年四月、NHK-BS2で放送された『冬のソナタ』は、好評を理由に、二〇〇三年一二月、同じBS2で再放送された。しかしながら、この時点でのマスメディアの注目度はそれほど大きくはなく、ブームが本格化するのは、二〇〇四年四月、地上波NHK総合での放送が開始されてからのことで

表8-4　2004年の「ヨン様」現象

	朝日新聞		読売新聞		毎日新聞		産経新聞		KINDS	
	韓流	ヨン様	韓流	ヨン様	韓流	ヨン様	韓流	ヨン様	韓流	ヨン様
2004年1月	1	0	1	0	0	0	0	0	29	0
2月	0	0	2	0	0	0	0	0	34	0
3月	3	0	1	0	4	1	0	0	49	0
4月	2	6	1	1	2	2	1	5	36	5
5月	5	9	1	1	1	7	0	2	42	7
6月	7	7	2	8	7	10	6	4	46	39
7月	15	23	3	12	3	8	3	12	56	50
8月	24	9	10	15	9	17	7	19	46	41
9月	29	24	13	18	10	21	4	18	21	43
10月	38	23	22	19	27	14	20	13	47	62
11月	36	34	42	22	35	34	28	31	131	235
12月	94	69	86	53	62	50	75	59	141	457
合　計	254	204	184	149	160	164	144	163	678	939

出所：新聞・雑誌記事横断検索：@ nifty データベースサービス（http://www.nifty.com/RXCN/）および韓國言論財団データベース（KINDS, http://www.kinds.or.kr/）より筆者作成。2007年2月20日検索。

ある。二〇〇四年一一月には、「ヨン様」こと、ペ・ヨンジュンの来日に際して、三五〇〇人を超えるとも言われる群集が新東京国際空港につめかけ、「韓流」現象の大きさを改めて示すこととなった。

　このような「日本における韓流」現象は、韓国メディアでも、日本のそれとほぼ時を同じくして報じられた。表8-4からも明らかなように、韓国メディアの日本における「韓流」現象に対する注目は、二〇〇四年一一月のペ・ヨンジュン来日をめぐる騒動により、頂点に達している。例えば、韓国の代表的な月刊総合雑誌の一つである『月刊朝鮮』は、この騒動の直後の発売号にて、この現象について特集を組んでいる。そこには朝鮮日報の東京特派員による次のような興味深い記事が掲載されている。

　「日本で韓流熱風が凄いことになっている」という記事を書いて送っても、韓国からはたくさんの抗議の電子メールと電話が来ただけだった。会社の先輩からも「どうして詐欺同然の記事を書くのだ」という電話が来た程だ。朝鮮日報紙面でも、「韓流熱風」連載記事を五回に渡って掲載したが、「日本人がどれほど韓国人を見下しているかも知らずに、つまらないことを言うな」「話にもならないこと、まるで韓国が文化先進国になったかような錯覚を与えるような記事を書くな」というメールがやってきた。（中略）日本を少し知っているという韓国人に、韓流について納得させることは難しく、むしろ、「韓国人が韓流を信じない」ことを訝しがるのは日本人の方だ。

この五〇年間、「差別され蔑視される在日同朋」といった話ばかりを聞かされてきた韓国人にとっては、日本人が韓国文化を偏見なく受け入れているということを理解することは難しい。（崔洽、二〇〇四、二九二〜二九三頁）

この記事にも典型的に現れているように、日本における『冬のソナタ』の成功は、従来の韓国人が有する「韓国人に偏見を有する日本人」という理解と真っ向から対立するものであり、ゆえに韓国の世論に、単純な経済的成功以上の意味を持って受け止められた。ペ・ヨンジュンは、たちまち、「朝鮮通信使以来四〇〇年ぶり」に日本における韓国ブームを生み出した国民的英雄と見なされるようになり、韓国政府はペ・ヨンジュンへの勲章授与さえ検討することとなる。

それでは、このような日本における爆発的な「韓流」現象は、「韓流」現象に対する韓国人の考え方に、どのような影響を与えたのだろうか。明らかなことは、前掲表8-2から読み取れるように、この時期、韓国メディアが、再び、「韓流」現象を韓国の文化商品が有する何かしらの「普遍」的価値と結びつけて議論するようになっていったことである。例えば、映画評論家チョン・チャンイルは、韓国映画と日本映画の違いについて次のように語っている。

韓国映画はその素材が非常にユニークかつ刺激的であるにもかかわらず、国際的な普遍性を取り揃えている。一方、日本映画は個人的であり、韓国の観客とは波長が合わない面がある。

（朝鮮日報、二〇〇四）

また、『冬のソナタ』のユン・ソクホ監督は次のように語っている。

（『冬のソナタが』）他のアジア国家でも人気を博した理由としては三つの「非」、つまり、非暴力、非セックス、非政治的であったことがあるでしょう。初恋、郷愁、純粋さ、といったような普遍的な情緒を映像と美術、音楽といった全世界の共通語で表現したのが、成功の秘密であったのではないでしょうか。

（韓国日報、二〇〇四）

重要なことは、「日本における韓流」現象が、「日本を除く韓流現象」の段階では、依然、自らの文化商品の競争力に対して懐疑的であった韓国人をして、大きな自負心を持たせることとなった、ということであった。この点について、『ハンギョレ21』は次のような記事を載せている。

ワールドカップサッカーでの快進撃により生まれた「太極旗世代」を育てたのは「韓流」であった。「韓流熱風」は彼等の（民族的）自負心にアリバイを提供したからである。「伸び行く大韓民国」という叫びは、韓流に乗ってアジアに広がった。（中略）チャンさんは「植民史観に溺れて韓国が遅れていると思っている大人は見苦しい」、「私達はわが国が発展した状況で育ったからコンプレックスがない」という。

（シンユンドンオク、二〇〇五）

「日韓友情年」陰謀論

それでは同じ「日本における韓流」は、日本国内においてどのような議論を巻き起こしたのであろうか。周知のように、二〇〇四年に始まる本格的な「日本における韓流」現象は、日本のマスメディアにおいては、一般的に、きわめて好意的に受け止められた。例えば、朝日新聞は二〇〇五年元旦の社説にて、次のように報じている。

日本人の意識を変えた韓流ブーム。漫画やアニメ、ポップスなどアジアに広がる日本発信の新しい文化。そして、離れがたい日中経済のきずな。これらは明るい可能性を示している。目の先をインドなどにも広げれば、さらに道は広がる。
（朝日新聞、二〇〇五）

しかしながら、このような「韓流」現象をめぐる好意的な報道は、かねてより存在する、「親韓的な日本のマスコミ」に対する不信を有する、日本の一部ネットワーカーを逆に刺激することとなる。二〇〇四年一〇月、あるネットワーカーは次のように書いている。

いい加減、マスゴミの嘘にも飽きた。韓流？　韓国ブーム？　何ですかそれは？
（中略）
これでわかったろ。韓国ブームなんて所詮はマスゴミが垂れ流した嘘。
（2ちゃんねる、二〇〇四）

しかしながら、二〇〇四年末にさしかかり、「日本における韓流」現象が誰の目にも明らかなものになると、「韓流」現象そのものの存在を「嘘」として否定する議論は、次第に困難なものとなっていく。代わって主流となったのは、「韓流」現象は、政府やマスコミにより組織的に「捏造」されたブームである、とする主張であった。例えば、「韓流なんていらない」と題するブログの運営者は次のような自らの主張を展開している。

一昨年の冬ソナの一時的なブームや、昨年の日韓友情年という大手広告代理店主導の強引な仕掛けで韓国ブームを捏造・過剰演出し、世間的に盛り上がったように見せる事に成功したのは認めるが、結局は韓国および在日を含む韓国系企業や関連企業が多額の収入を得ただけで、韓流なんてのは単に「商的な策略」でしかねえんだよ。（韓流なんていらない、二〇〇六）

結局、ここにあるのは次のような理解であった。現在見られる「韓流」現象とは、経済的利益を求める一部企業と、二〇〇五年の日韓友情年を成功させようとする日本政府・一部財界・マスコミ、そして韓国政府や在日韓国・朝鮮人諸団体によって無理矢理「でっちあげられた」ブームだ、と言うのである。そこには、一九九〇年代以降における日本ナショナリズムの特徴である中国、韓国をはじめとするアジア諸国への過剰な意識と、このアジア諸国との関係の中で、自らの優越性を誇示したいという思い、そして、現今の日本社会は、これらアジア諸国と結託した、政財官、そしてマスコミによって食い物にされている、という「憤り」が存在する。

それならば、このような状況をどのように考えればよいのであろうか。最後にこの点について触れて、本章の筆をおくこととしよう。

4　「韓流」の中のナショナリズムのすれ違い

「ヨン様」ブームから二年以上を経た二〇〇七年。「日本における韓流」現象は着実に落ち着きを見せ、この現象に対する日韓両国マスメディアの関心も薄れつつあるかのように見える。明らかなことは、にもかかわらず、この去りつつある「韓流」が、日韓両国のナショナリズムに何かを残した、ということである。

韓国において明らかなのは、「韓流」現象が、結果として、韓国人が自らの文化や、文化商品にさらに大きな自信を持つ契機になったということである。とりわけ、これまで韓国人が、「文化大国」であると見なしてきた日本市場での成功は、並行して行われた日本の「大衆文化」開放後、日本からの文化商品輸入が振るわなかったことと併せて、韓国人のナショナル・プライドを大きく向上させることとなった。

注目すべきは、このような韓国人のナショナル・プライド向上が、今日結果として、韓国における日本そのものへの関心をむしろ減退させる方向へと導いているということであろう。すなわち、かつては韓国にとって、植民地支配を行い、また、アジアにおける唯一の先進国であった日本は、乗り越えるべき巨大な壁として理解されていた。しかしながら、「日本における韓流」現象は、少なくとも文化産業においては、韓国がもはや日本を過剰に意識する必要がなくなったものとして、韓国人の間に理解された。澤田克己がその著書で指摘するように、今日の韓国は冷戦崩壊とグローバル化、さらには韓国そのものの経済発展の結果として、日本への関心を次第に失いつつある（澤田克己、二〇〇六）。その中における、「日本における韓流」現象は、長期的には、韓国人をして自らは既に「日本」の何ものかを乗り越えたのだと考えさせるようになり、結果的に日本への関心を増大させるどころか、むしろ、減退させる効果をもたらした。韓国における「日本における韓流」以降の、「韓流」に関わる議論は、そのことを典型的に示している。

日本の状況は対照的であった。冷戦崩壊によるソ連脅威論の後退以後、日本ナショナリズムはその潜在的な仮想敵と競争相手を、中国を中心とする、一部の論者の言う東アジアの「反日トライアングル」、すなわち中国・韓国・北朝鮮の三カ国に求めるようになった。このようななか出現した「日本における韓流」現象は、わが国における韓国の存在感を結果として、より大きくさせる役割を果たすこととなった。すなわち、ネットワークに集う一部の人々は、当初、「韓流」現象を、韓国政府やメディアが誇張して報道するだけの、特に取り立てるに値しないものとして無視しようとした。しかしながら、「韓流」現象が本格化し、それが日本においても否定できない形で見られるようになると、同じ人々はこれを、韓国だけではなく、韓国の影響を受けた、わが国の政・財・官、マスコミに深く根ざす広範な「反日的」な勢力による、組織的な陰謀であると考えるようになった。だからこそ彼らは、この現象に対して、自ら声を挙げる必要があると考えた。『マンガ嫌韓流』をはじめとする動きは、このような彼らなりの「危機感」によって支えられている、と考えることができる。

興味深いのは、このような日本国内の動きが、この時点で韓国政府やメディアが、特に様々な「反日的」言説を強めたことの結果ではない、ということである。すなわち、韓国から流れる様々な「反日的」言説のあり方は、韓国が植民地から解放されて以後、一貫して見られるものであり、この時期に韓国の何かが急に大きく変わったわけではない。この意味で、日本における韓国を大きく意識した言説の登場は、韓国が「反日的」になったからではなく、韓国を意識するようになった日本人が、韓国において以前から存在する「反日的」言説を「再発見」したからである、と考えられるべきであろう。

皮肉なことは、こうして「韓流」現象が、日韓両国に互いに矛盾する影響を残し、退場しつつある、ということである。韓国が日本に対するコンプレックスから脱しつつあることは、必ずしも直ちに韓国における「反日的」な言説がなくなる、ということを意味しない。日本における新たなる言説は、むしろ、韓国における日本を意識した古い言説を刺激し、これを駆り立ててゆくことになるかもしれない。「韓流」を挟んですれ違う両者の将来は、決して順風満帆とはいかないように見える。

参考・引用文献

朝日新聞（二〇〇五）「二〇〇五年の始まり　アジアに夢を追い求め（社説）」二〇〇五年一月一日
@nifty（二〇〇六）「新聞・雑誌記事横断検索：@nifty データベースサービス」（www.nifty.com/RXCN）
呉連鎬、大畑龍次・大畑正姫訳（二〇〇五）『「オーマイニュース」の挑戦』太田出版
韓流なんていらない（二〇〇六）「ペ・ヨンジュン教科書掲載反対運動」（http://anti-korea.jugem.jp/）
木村幹（二〇〇〇）『朝鮮/韓国ナショナリズムと「小国」意識』ミネルヴァ書房
木村幹（二〇〇四）『朝鮮半島をどう見るか』集英社新書
木村幹（二〇〇六）「グローバル化の中の隣国関係」『東アジアへの視点』二〇〇六年一二月号
木村幹（二〇〇七）「日韓関係における『歴史の再発見』に関する一考察」『国際協力論集』第一五巻第一号、二〇〇七年七月
澤田克己（二〇〇六）『「脱日」する韓國』ユビキタ・スタジオ
首相官邸（二〇〇三）「日韓首脳共同声明――平和と繁栄の北東アジア時代に向けた日韓協力基盤の構築」（http://www.kantei.go.jp/jp/koizumispeech/2003/06/07seimei.html）
2ちゃんねる（二〇〇二）「嘘つきは朝鮮の文化です！」（http://academy.2ch.net/korea/kako/1026/10267/1026797027.html）

2ちゃんねる（二〇〇一ａ）「【謎】韓流熱風の詳しく教えて♪」

(http://teri.2ch.net/korea/kako/997/997414363.html)

2ちゃんねる（二〇〇一ｂ）「やっぱり、朝鮮人は世界中で嫌われているの？」

(http://teri.2ch.net/korea/kako/990/990537131.html)

2ちゃんねる（二〇〇四）「【世の中】韓流？捏造じゃん【嘘ばかり】」

(http://tmp4.2ch.net/test/read.cgi/asia/1096229561/)

日韓友情年二〇〇五（二〇〇五）「外務大臣のあいさつ」

(http://www.jkcf.or.jp/friendship2005/japanese/about/message.html)

村上泰亮・公文俊平・佐藤誠三郎（一九七九）『文明としてのイエ社会』中央公論社
古田博司（二〇〇五）『東アジア「反日」トライアングル』文春新書
山野車輪（二〇〇五）『マンガ嫌韓流』晋遊舎

서울경제（ソウルキョンジェ）（二〇〇二）「韓流의 세계화」二〇〇二年六月四日
신윤동욱（シンユンドンオク）（二〇〇五）「태극기 세대 가 몰려온다」『한겨레21』二〇〇五年三月二九日
신윤환（シン・ユンファン）（二〇〇二）「아시아의 한류현상：비교분석과 평과」『東亞研究』第四二輯
이면호（イ・ミョンホ）（二〇〇二）『韓流에 관하여』對外經濟政策研究院
朝鮮日報（チョソンイルボ）（二〇〇四）「[新조선통신사 일본속의 韓流]⑶韓流와日流는 흐르는가」二〇〇四年一一月一〇日
崔洽（チェ・フプ）（二〇〇四）「일본을 휘몰아치고 있는 한류 태풍」『月刊朝鮮』二〇〇四年一二月号
韓國日報（ハングクイルボ）（二〇〇四）「겨울연가 연출 윤석호 PD／〝제가 日중년여성에 소녀를 찾아줬대요〟」二〇〇四年一二月一日

巻末鼎談――あとがきにかえて

石田佐恵子
木村　幹
山中千恵

石田佐恵子　この本の企画は、日韓共同研究「他者表象研究会」から始まりました。二〇〇四年に、私と二〇年来の友人である丁振聲《チョジンソン》（韓国放送通信大学日本学科教授）さんとで、日本のポピュラー文化を題材にした映像教材が作れないかな、と話題にしたことがきっかけでした。だから、「韓流ブーム」とか、最初は中心ではなかった。

その企画を、韓国のマンガを研究している山中千恵さんに相談したところ、面白いね、ということになって、韓国における日本のポピュラー文化だけじゃなくて、その逆、日本における韓国ブームとか、相互的な視点も入れたいということになり、だんだんイメージができていきました。

でも、その後、韓国放送通信大学で「ポピュラー文化」を題材にする教材というのは、学生には人気があるかもしれないけど、いろいろな意味で時期尚早だという結論になった。私たちがよく使う「メディア文化」という言葉も韓国ではあまり使われないとか、「文化」の概念そのものとか「ポピュラー文化を研究する」というイメージも、いろいろ違っていた。そこで、もっと地道な研究交流をしようということになったわけです。丁振聲さんも、専門は日本経済史なのですが、二〇〇五年に東大に客員で来ていたので、ときどき関西に来て、会にも参加してくれることになりました。

山中さんが木村幹さんに声をかけてくれて、木村さんもメンバーに加わり、汎太平洋フォーラムの助成金を得ることができました（課題名『「韓流」と「日流」の相互浸透』代表 木村幹）。ということで、他者表象研究会は、二〇〇五年の一月から始まり、二〇〇六年二月まで、計一〇回の研究会を開きました。

山中千恵　汎太平洋フォーラムの星屋孝行さんにはたいへんお世話になりました。

石田　研究会報告は別に出されている（『汎太平洋フォーラム報告書　二〇〇五年度版』）ので詳細は省くとして、各回の報告は、必ずしも「韓流」に関係するものではなかった。本書『ポスト韓流のメディア社会学』の執筆者の中では、平田由紀江さんと山泰幸さんの報告が「韓流」に関係したものだったけれど、他の報告はあまり関係なかった。

それなのに、なぜ成果出版で「ポスト韓流」が中心テーマになったのかな？　私の記憶では、二〇〇四年の年末に『日式韓流』（せりか書房）が出版されて、研究会で大いに話題になったこと、それから、研究会のメンバーの大半が韓国を対象とする研究者や韓国人研究者だったため、いろんな場所で「韓流」について語ることが求められるようになって、直接的に韓流ブームの影響を受けていたから、ということだったと思う。私個人は韓国研究の専門家ではないからあまり関係なかったけれど、二〇〇五年夏の春川での韓日文化交流基金のフォーラムに呼ばれて、知的な意味での韓流ブームを経験したことも大きかった。

木村幹　そもそもポピュラー文化の研究をされている方は、これまでの「韓流」に関する議論にどういう不満を持たれていたんでしょうか。私達、地域研究の立場からすると、それがまずわかりにくいのですが。

石田　私個人の不満というか、ひっかかりは、ポピュラー文化に言及すること自体のお手軽感、ということにつきます。ポピュラー文化は、「語られる対象」としてぞんざいに扱われているところがある。お手軽なものだから気軽に論じていい、という感覚も根強いし、「大衆動員の道具」として啓蒙主義的に論ずる議論もあいかわらず多い。

山中　今のお二人の言葉に象徴されていることが、こういう本を作りたかった理由かなと思っています。

山中　ちょっと話は長くなりますが……、韓流ブームによって、日韓で共同研究するケースが増えましたよね。地域研究や人類学で、韓国や日本を対象としてきたわけではない人たち、（その中でも）メディア文化研究の人たちが、日韓共同で研究をするという潮流が現れてきたと思うんです。韓国と日本をめぐる言説が増えることで、得るものは多くなったのですが、気になることも出てきました。国は越えてるけど、学術領域の横断はあんまりないなあと。例えば、地域研究の人とメディア研究の人の対話っていうのはいっこうに行われる気配がなかった。

それを悲しく思っていたのは、全く個人的な立ち位置の問題なんです。私はまず地域研究をしようかな、と思ってこの世界に入ったんですけど、その中でポピュラー文化を扱うことを選んだ。研究領域としては、宙ぶらりんなところにいるんです。第2章を担当してくださった平田さんも、まず韓国のことに興味があって留学をして、（その結果）選んだテーマがポピュラー文化と観光、女性の消費活動というもの……今まで地域研究の中ではあんまり扱われていなかったジャンルだった、という方なんです。宙ぶらりん組。勝手にまとめてますが。

で、私も含めそういう人たちが何人かいて、話していると、横断的なメディア研究の言説に対しては、もうちょっと踏み込んで韓国や日本のことが語れないのかって思うし、地域研究の言説には、メディアそのものやオーディエンスについて、もうすこし言うべきことがある気がする、という話になるんです。もちろん、自分ができるかどうかは別なんですよ。

だから、韓流というテーマに対しても、地域研究とメディア研究が歩み寄れば、もっと面白いことになるんじゃないかと思ったわけです。少なくとも、自分はそういう研究が見てみたかった。なので私は、非常に個人的な好奇心から、ぜひそういうところに対話を作りたいと、野望というか妄想を抱いていたわけです（笑）。

石田　山中さん的には、私がメディア研究の人で、木村さんが地域研究の人で、この二人を呼んでくると、そういう対話になるかな、と思っていたわけですね（笑）。

山中　そうですね（笑）。私にとっては、どういう対話が成り立つかということと同時に、対立や溝のありかもさぐりたかった。どこに橋がかかる可能性があるのかを考えるうえでも、まず、やってみたいというのがありました。

石田　なるほど。いつだったか、研究会の時に丁振聲さんが、これからの日韓共同研究は英語圏の大学で出会った研究者たちが中心になるのでは、と言っていたことも印象的でした。つまり丁さんのように日本に留学経験があって日本語が話せる人、あるいは木村さんや山中さんみたいに韓国に留学経験があって韓国語が出来る人が中心になるんじゃなくて、アメリカやヨーロッパなどの留学先で出会って、共通の言語、例えば英語で共同研究するやり方が中心になっていくのでは、ということですね。毛利嘉孝さんの『日式韓流』（二〇〇四年）はどちらかというとそういう本だよね。英語での共同研究の回路は確かにあるとは思うんだけど、それはやっぱり視点がヨーロッパ・アメリカ中心主義的な回路を経ているというか。そのこと自体は重要なんだけど、それだけが中心化していくっていうのはどうなのか。文化研究において、日本語なり韓国語なりが共有されて、バイリンガルな状況から生まれてくる研究の可能性ということを、私自身は知りたかった。

木村　もちろん、英語や日本語、韓国語といった言語の違いも重要なのでしょうけれども、それより研究分野ごとにそもそもの問題関心が違っていて、人脈的な繋がりも薄い、ということが大きいように思います。だから、同じような問題をめぐっても、全く別の空間で、別の話がなされることになる。例えば、この本であれば、あるいは漫画と在日の話はその典型かもしれません。地域研究をやっている人の間では、それぞれ日韓の間の重要な要素である漫画と、在日に関わる問題が、これほど大きなブームにほとんど反映されないというのは、それ自身、大変興味深い問題だと考えられていると思います。

また、現場の人々もそれに由来する焦燥感みたいなものは強く持っているのだけれども、意外とこういう問題意識は、ポピュラー文化を研究している人には、共有されていないように見える。そういう問題関心を持っている地域研究の人間の立場から言えば、漫画や、この本に出てくるような「映画の中の在日」といった問題は、ポピュラー文化について何らかの知識を持っている人のほうが効率よく研究できるはず。だから、ポピュラー文化の研究者にも、我々が持っている問題関心について語ってほしい。

石田　マンガの問題は、山中論文（第4章）が詳しいわけですが、確かにマンガは韓流ブームには含まれえなかった。そこに韓流を輪郭づける興味深い問題があるようですね。韓流は日本以外のいろいろな場所で起こっているわけですが、日本以外の場所でもやはり「漫画の韓流ブーム」はあまり存在しないのかな？　フランスでは「マンファ（韓国マンガ）」の専門店があるとか……。

山中　専門の出版社じゃないですかね。ＳｅｅＢＤのことかな。日本マンガも扱ってますけどね。それをフランスでの韓流ブームといえるのかはわかりませんが、かなりの「マンファ」が出版されてますよ。ヨーロッパは著作権料が大きいので市場としてすごく重要なものだと韓国のマンガ産業の人々は見ていて、ＭＡＮＧＡではなく、ＭＡＮＨＷＡを定着させようとしています。マンガはやはり、韓国の業界の人たちにとって、日本イメージとの戦いの場になってるんじゃないでしょうか。とはいえ、（フランスの）マンガファンの人たちは、「日本の」という部分にこだわるか、全く区別をしないでとらえるかのどっちかみたいですね。日本のものこそがオリジナルで本質的な（？）マンガである……というような妙なこだわりは、マニアになればなるほど強くなるようです。だから、「韓流」を考えるということは、韓国という国とのみ結びつく問題ではなく、日韓とかアジアと西欧といった関係性をも課題としていくことになるのかなと思いますね。

石田　「インドネシアにおける韓流」（小池コラム）では、インドネシアから見ると日本も韓国も中国も区別つかないって指摘もあるけど、遠くから見れば東アジアは同じように見えるんだよね。日韓はお互いに「他者表象」をつくりあげ、差異を強調しあってるわけだけど、それが遠くから見れば同じように見える。そのこと自体が文化研究をめぐる面白いポイントだと思うんだけど……どこから誰がどういう視点で論じるかっていうことがね。

木村　もちろん、それはそうなのですが、僕はもう少し、「韓国」あるいは「日本」といった「名前」にこだわってもいいのかな、と思っています。というのは、日韓の間の問題の特徴の一つは、本当はその必要がないことでも、わざわざ「韓国」あるいは「日本」という言葉を冠して語られる、ということにあると思っているからです。そして、「韓流」はまさにその典型です。当初は「冬のソナタブーム」であったものが、「韓流」という言葉で語られることにより、いつのまにか「韓国ブーム」に変質する。しかも、その「韓国」という言葉が、国家としての「韓国」や民族としての「韓国人」の何かしらと直結しているかのように語られる。

考えてみれば、これはかなり変わった現象です。例えば、「華流」という言う時には、「華」イコール「中華人民共和国」では必ずしもない。しかし、「韓流」の場合は、「韓」イコール「大韓民国」であると見なされていて、そこから安易に、「日韓友好」等が語られることになる。先ほどのフランス人の話も、それがはたして、漫画そのものやフランスの特殊事情によるものなのか、それとも、彼らもまた「国籍にこだわる日韓関係」の影響を受けてしまっているのか。その面白さと異常さにもっと目を向けてもよいように思います。

山中　そうですね。どこまでが日韓の文脈をうけた話としてできるのか、どこからがそれを越えた話になっていくのか、というところが面白いなと思います。マンガの話ばかりでしつこいですが、フランスだけに限らず、いまや英語圏でもマンガは人気です。最近、英語圏の人たちが、日本マンガの文法にのっとって描いた、ＯＥＬ（英語圏産のマンガ）というのが登場しはじめました。それをめぐって、ファンたちの間で、それはマンガと認めてよいのか否かという論争が巻き起こったりしてます。グローバリゼーションによって無国籍的なメディアに、再度国籍性が与えられ、文化的な差異として消費されるんですよね。一概に、遠くなれば国籍性は失われるということでもない。

石田　それは地理的な距離感では測れないわけですよね。どことどこが繋がっているか、距離では計れない。インターネットもそうだしね。現代的なメディア文化の特徴ですよね。

木村　地理的距離感よりも、それぞれが、その地域においてどの程度、大きな存在感を持っているか、ということの方が大事かもしれません。その意味で僕には、「韓流」は、それまでは「オタク的な」、言い換えるなら、多くの人が知らないマイナーなものであったからこそ、一部の人の関心を惹きつけていたものが、メジャーになる境目で出てきた典型的な過度期のブームに見える。大きなブームになったけれども、ファンの人達の間には何かしら、それまで見たことのない新しい、そしてかつてはタブーであったかもしれないものに触れている、という独特の意識が存在し、その意識がブームをますます大きくしてゆく。

その意味では、「韓流」がもっと当たり前のものになっていけば、その興奮も醒めていくことになる。そうしてその時、興奮は醒め、ブームも終わるけど、同時に人は、韓国からのものについて「国籍」をつけて語ることはなくなるのではないかと思うのです。もっとも、「韓流」の場合、問題は、はたしてブームが、このマイナーからメジャーへの境界を越えて先に進むのか、それとも、もう一度マイナーに戻り、マイナーであることによって生きてゆくのか、いまだ不確定な状況にある。

石田　わざわざ「韓流」「韓国の」と強調している人は、ファン層とは違うような気がする。それは、産業側の、売り手側の論理――あるいは、歴史をいろいろな意味で強調したい人たちもそうかもしれない――とにかく、そういう外部の人たちであって、ポピュラー文化のファンは、とっくの昔にそういう国籍性からは逃れ去ってるんじゃないかって感じもしますね。

山中　ファンの人たち自身は、そうかもしれませんね。「韓流」の裏の現象として、韓国における日《イル》流《リュ》はもうない（日本ブームはおわった）という言説がありますが、韓国では、すでに「日本のポピュラー文化は日本のものだから良い」という時代が終わって、いろんなメディア商品が、「かわいい」とか「カッコイイ」とかそういう理由で消費されるようになっているだけなんですよね。そして、おもしろいのは、今、言説のレベルでもこうした状況を〈日本〉と結び付けて語る人が減ってきた、むしろ国籍と関係ないと言いたい人が増えていることです。韓流の語りとはむしろ逆ですよね。これを見ると、ポピュラー文化を楽しむこと自体と、語ることは必ずしも同じではないんだなあと実感します。

石田　ちょうどこの韓流ブームの時期は、テレビの多チャンネル化が展開していく時期と重なりますよね。今は、CSやケーブルなど、「韓流専門」と呼べるくらいたくさん韓国ドラマを放送しているチャンネルもあるし、韓流雑誌もあいかわらず平積みになっている。地上波テレビの中であまり韓国ドラマが目立たなくなった時期と、固定ファンが専門チャンネルに流れていく時期についても注意深く考えなければならない。地上波だけがテレビではないのに、韓流ブームの終わりを強調したい人は、そこばかりを見ているような。「韓流ブームの終焉／持続可能性」を論じること自体に、ある種の政治性がありますよね。文化＝政治っていうときの、政治性ね。

それから、学術シンポジウムなどで、韓国と日本を往復してると概念や前提の違いが気になることもあります。気になってはいるんだけど、なかなかどちらに統一というわけにもいかない。例えば、「ポピュラー文化」という概念と「大衆文化（mass culture）」という概念でも、日本ではわざわざカタカナ語を用いて区別して使うこともあるけれど、韓国では「大衆文化」は popular culture の訳語だという。やっぱり厳密に知的な交流をしていこうとするなら、そういう差異もどこかですり合わせをしていく必要がある。韓国と日本とのギャップが意識されることも多いけれども、ひょっとしたら学問領域間の違いや、知的なバックグラウンドの差異も大きいかもしれない。メディア研究と政治学でそれぞれ自明に使われがちな用語が違うように。

山中　韓国における「大衆文化」に関しては、歴史的な過程の中で意味内容が変わった、という感じがしますね。Mass Culture として批判されることもありますので。あと、「ナショナリズム」の使い方も、ずれていると感じることがあります。時には、日本の研究者が、韓国的な脈絡にそって用語を使っていたりして、混乱は根深いんじゃないでしょうか。

石田　うん、だからそういうすり合わせを「誰と」したいかって問題なんですよね、結局ね。二〇〇二年の日韓・韓日ワールドカップをめぐる共同研究の頃に、韓国のフェミニストたちから「なぜ日本の文化研究者たちは韓国の女性フェミニストと共同研究をしたがるのに、日本のフェミニストとは手を結ばないのか」という、たいへん鋭い問いかけをされたことがありました。異言語間・異文化間の意味のすりあわせはむしろしやすいのに、学問領域間や立場性の差異はそのままにしておいたほうが、お互い楽なこともあったりする（笑）。本書は、「他者表象を通して自己表象を再構築する」というのが裏テーマだと思うんですけど、「学問的な自己表象を再構築する」ということは、実はなかなか難しい。この本の良いところがあるとすれば、互いにどんなところを「ギャップ」として意識しているのか分かる、そういうことがあれば、それはすばらしいなと。

石田　ところで、当初の企画では、日韓・韓日のさまざまなポピュラー文化の領域を扱うということで、スポーツ、食文化、音楽も必要だよねって話をしていたんですが。……そういう章は残念ながら入りませんでした。

木村　結局、この方面の話をしてくださる方が見つからなかった、ということになりました。

山中　音楽も、比較的長いスパンで言及できるテーマだと思うので、ポスト韓流を考えるにあたって重要ですよね。「韓流」といってしまうと、ここ数年の出来事のみに注目してしまいがちですが。

木村　日本における韓国ブームは、ソウル五輪の時の第一次ブーム、そしてそれに続く九〇年代の第二次ブーム、そして今のブームと続いて来た。そして音楽は、第一次と第二次においては、まさに中心だった。しかし、第三次の場合には、ドラマの主題歌を除けば、音楽そのものが脚光を浴びることは少なかった。この問題は、それ自身、面白いと思いますよ。

石田　スポーツを扱う章がないのも残念ですね。日韓・韓日ワールドカップ前後の話は重要だとは思うんですが。

木村　ただし、ワールドカップの話は別に考えた方がよいかもしれません。なぜなら、ワールドカップ時の日韓間の状況は、仕掛けが大きかったわりには、それが実際にもたらした影響は小さかった。例えば、二〇〇四年の「韓流」では、日本から韓国に行く人は大きく増えました。でも、〇二年のワールドカップの時には、むしろ前年から減っています。つまり、ワールドカップは人を動かさなかった。サッカーそのものの人気は刺激したけれど、それが「日本の」あるいは「韓国の」何かしらへの興味は呼ばなかった。

山中 あえて韓国まで足を運んでサッカーを観なかったということでしょうか。

木村 というよりも、ワールドカップの熱気が「韓国」に対する熱気へと繋がらなかった。わずか数十試合のサッカーの試合を観に行く人の数は限られていますし、そもそもチケットの入手も簡単ではありませんでした。

石田 ワールドカップの時に、雑誌で〈韓国特集〉本みたいなのがたくさん出たでしょう？ そのこと自体が「それまでにはなかった」って言ってみんな驚いていましたけどね、韓国の友達とか。

山中 でもそれを言うと、たぶん一九八八年のオリンピックの時もいろんな現象があったんだと思うんですが……。

木村 チョー・ヨンピルの歌が売れて、韓国演歌が入ってきたり、関川夏央さんの『海峡を越えたホームラン』（一九八四年、八八年に文庫化）などが読まれた時代ですよね。韓国に関する新書や文庫本がたくさん出たのは、この時が初めてですよね。僕はこの時期に韓国にはじめて関心を持ったわけですが、そういった人間にとっては、ワールドカップ前後の状況は、それほど新鮮なものに思えなかった。もっともソウルオリンピックとワールドカップでは、その間に一四年もの年月があって、ブームの主体となった人々も違ったから、その意味では、僕の感覚は、少し麻痺しているのかもしれません。僕たち地域研究者は、研究をはじめてからずっと、本棚で「韓国」とか「朝鮮」って書いてある本ばかり探しているわけですけど、普通の人はそうじゃないでしょうからね。

石田 オリンピックの頃から徐々に「交流」が進みました、というとらえ方は一般的でしょうけれど、逆のベクトルとして、ワールドカップを契機にして「嫌韓の源流」となる反発や火種が生まれたって言う人もいますね。

木村 どうでしょうか。ワールドカップはそれだけでは、小さな火種でしかなかったかも知れません。

むしろ、そのわずか二年後に、「韓流」というより大きなブームが来たので、火種が大きく吹き上げられた、と考えた方がいいのかもしれません。これは本文でも書きましたけれども、ワールドカップの少し前あたりから、今の「嫌韓流」と似た議論は確かにある。でも、それが今のような「嫌韓流」シリーズが一〇〇万部近い売り上げを呼ぶブームになるには、やはり「韓流」そのものが大きく影響したと見た方がいいように思います。

もうひとつ、二〇〇二年の場合は、サッカーが基本的に男性が観るスポーツで、しかも、人を動かす仕掛けも古かった。その意味では、ソウル五輪の時のブームとワールドカップの時の状況はよく似ている。逆に言えば、その意味で、第三次の韓国ブームである「韓流」には、それなりに意味がある。

石田　それから、各地域のコラムでは「ベトナム」が扱えなかったのが残念でした。戦争との関係もあって、韓流にとってベトナムは大事なポイントだということは意識していたんですが、――タイもなかなかすごいらしいですけど――アジア諸国をまんべんなくというわけには、なかなかいかなかったですね。他にも案としては、アメリカ東海岸における韓流とか。

山中　ヨーロッパも面白そうですよね。現地で流行したというのとはちょっと違いますが。ドラマ『パリの恋人』の成功をうけてか、観光産業とのタイアップが進んでいますよね。現地の観光省庁なんかが支援したり協賛したり。でも、海外ロケをしたからといって、絶対その観光地の人気が出るというわけでもないでしょう。そもそも、ドラマの人気がいまいちだった、というのも多いわけで。

木村　そこは重要ですね。つまり、「上手くいかなかった話」というのも、違う意味で大きな重要性を持っていると思うんです。普通、「韓流」の話は、ブームになったところばかりを見ているわけですが、実際には、例えば韓国政府が仕掛けようとして失敗したところもたくさんある。成功したところしか見えないから、みんなそこをやるわけなんですけど、本当はいっぱい仕掛けてるんですよね。例えば東南アジアでも、ヒットしなかった国もある。

石田 文化産業を論じた黄論文（第5章）でも言及されていますが、韓流の仕掛けが、韓国の家電企業が海外進出していく時の手がかりになるとか、それはどの程度リアリティのある話なんですかね？韓国企業が進出していく準備段階として、まずドラマで人気を盛り上げて、という戦略ですけど。

木村 そういう部分もあるかもしれませんが、逆もあるかもしれません。つまり、韓国の知名度がある程度あって、イメージが良い国でないと、ブームを巻き起こすのは難しい。

石田 まず先に企業が進出していて、そのあと韓国ドラマが、という順番？

木村 そういう部分もある、と思います。韓国政府が仕掛ける場合には、どうしても商品が「韓国の」ものである、ということを強調しがちです。言い換えるなら、彼らは自分達の商品が、中国のものや日本のものと間違えられることを嫌う。というのも、こういった韓国政府の仕掛けはそもそも韓国のイメージアップのためにやっている、というところがありますが、この売り方では、そもそも「韓国」に対して良いイメージがないところではどうしようもない。例えば、ベトナムではこれが上手く回っている。

石田 でも、私がシンポで会ったベトナムの人は「韓流なんて韓国政府が金を払って作ったブームだ。論じる価値はない」、ということで依頼もできなかった（笑）。

山中 それは確かに、私もベトナムの人から似たような話をきいたことがありますね。韓国は最初ただでドラマのソフトをばらまいたから韓流が生まれた、というような。ベトナム戦争などをめぐる感情が渦巻くなかに、こういう言説が生まれる土台があるのかもしれません。ここらへんのことは、詳しく誰かに教えてほしいですね。

石田　そういう反発的な気持ちもあるってことですよね、やっぱり。

木村　「韓流」が反発を生むこともある、というのは、別に日本においてだけの現象ではありません。例えばベトナムでは、韓国人男性がベトナムに来て見合い相手を探すということがたいへん多くなり、問題になっている、という話もあったりします。最近の世論調査でも、ベトナムでの韓国への好感度は、他の東南アジア諸国と比べても、驚くほど低かったりします。

石田　韓流についての知的な反応について言うと、日本では中国の「抗韓流」ばかりが報道されがちですが、中国の研究者たちの熱心さもすごいですよね。中国のコラムを書いている南真理さんは、上海に留学しているんですが、現在もっとも盛り上がっている研究テーマは、中国と韓国のテレビドラマの比較研究だそうです。日本と中国とのテレビドラマの比較は、今ではもう人気がない（笑）。

山中　韓流こそ参考にすべき文化政策のモデルだ、ということなんでしょうかね。

石田　そういうことのようです。

山中　韓流というテーマは、日韓の文脈から離れるにせよ、こだわるにせよ、グローバル化と文化の問題として考えることは多々ある、ということですね。

山中　最後に共同研究＋論集という道のりを経た感想を話してみたいのですが。自己表象は再構築されたのでしょうか（笑）？　日本において、日本語で、ポスト韓流のメディア研究を考えていく意義というか、面白さということについてはどうでしょう？

木村　先ほども少し言語の話が出たけれども、やはり韓国や日韓に関わる問題を考えるうえで、日本で、あるいは日本語で書く、っていうのは、特殊なインパクトがあると思います。最近は学会報告等も英語でやることが多くなったけれども、時々、同じ内容を韓国語や日本語でやると、英語なら、簡単に受け入れられることに全く違う反応が返ってくるのに驚かされる。聞いている人の数と性格が違うからでしょう。

言い換えるなら、韓国語や日本語で語る際のポジションは、英語で語る時よりもはるかに、日韓の現実社会に密接している。だから、正直「疲れる」というところもないわけではないけど、面白いといえば面白い。そういう意味では、日本語だけの中に閉じこもるのも意味がないけど、現実社会から隔絶された、英語で行われる学問だけに特化した言説の中で満足しているのも楽しくない。

だから、日本語で書かれたこの本についても、そうやって、実際の議論の中でどんどん「使われ」ていけばいい。そのほうが緊張感があるし、刺激にもなる。何よりも、誰にも聞いてもらえない話や、読んでもらえない本なんて、つまらないですからね。

石田 私はメディア社会における「無知」や「無関心」の問題に関心があります。何に関心を持つべきで、何に対してはそうではないのか、という一般的な日常感覚の問題。その意味で、出発点は林香里さん（『「冬ソナ」にハマった私たち』）の問題関心に似ていたかもしれない。

私自身は、自分を特に何の専門家とも思っていないし、特に再構築されるような自己もないんだけど（笑）、韓国や朝鮮半島の専門家じゃないことは確実です。ときどき、「○○の問題は自分の専門じゃないから何も言えないし考えられない」という発言をする人がいるけど、そういう言い方はどうなのかな？　と思う。確かに、韓国や東アジアの問題は、専門家じゃない人は何か発言しにくいという風潮があると思うけれど、もっと一般的問題として多くの人が考えるべきことなのじゃないかと思います。

山中 一般的な問題になるべきだし、なっていくんでしょうね。私は、研究を始めるかなり前、九〇年代前半くらいから、毎年夏休みにプサン大学の日本語日本文学科の学生と日本から来た学生が、一緒に遊んだり話をしたりするような「キムパ（のりまき）の会」という交流会に関わっているんです。毎年新しい学生が入ってきて、もう一五年くらい続いています。

そこでは、交流会をするたび、日本側の参加者から、「日本語だけに頼ることへの反省」と、「韓国の歴史について無知なことへの反省」というテーマが浮上してくるんです。たぶん、木村先生がおっしゃっているような、言語を意識化したときの緊張感のあらわれでしょうか。その会では、それを自覚的にうけとめつつ、かつ、とらわれないで遊ぶことを目指してきました。

キムパの会を通して、自分がずーっと考えてきたような日々の課題みたいな問題は、韓流をへて、多くの人が感じるようなものになってきたかなあと思うんです。もう、みんな韓国のことを知ってしまったから、知らなかった自分をふりかえりつつ、そのうえでどうするのかが、これから多くの人に問われるだろうと思います。

山中　もうひとつ、最後の話題として。いつのまにか、「韓流」といえば女性、というイメージが定着した観がありませんか？　特に日本では強いのではないでしょうか。ブームの主体だけでなく、発言者に対しても、その傾向が生まれつつあるのかな、という気もします。この本も、比較的女性研究者の参加率が高いといえなくもない。韓国の、韓流に関する文化研究では、女性の、特にフェミニストの研究者が積極的に発言していることもあるかもしれません。過度に女性領域化して「見られる」という問題もあるでしょうし、実際そうなってしまう（ならないでしょうが）のも問題という気がします。この、韓流研究をめぐるジェンダー的な偏りについて、どのようにとらえていらっしゃいますか？

木村　原因が二つあるのかもしれませんね。つまり、第一に文化研究の特殊性、第二に日韓関係の特殊性です。文化研究の分野に、例えば僕が研究している政治学の分野と比べて女性が多いのは昔からのような気もしますが、日韓関係を研究している人の間で女性が増え始めたのは、最近のことのような気がします。例えば、昨年の一一月に現代韓国朝鮮学会の年次大会があったのですが、レセプションに参加した女性の方は、みんな私より若い研究者でした。第一次韓国ブームの頃には、ブームの担い手の大半は男性で、だから研究者も圧倒的に男性が多かった。でもブームの中心が女性になってきて、研究者も女性が多くなってくる。そういう意味では、研究者のジェンダー的偏りは、現在の日韓の状況においても、双方の関心がやはり偏っていることを示しているのかもしれない。

石田 私はもっと単純で、研究会に女性が多いと楽しいし居やすいです（笑）。一〇年ほど前は、メディア研究で紅一点、なんて状況もありましたけど、そういう研究組織のあり方とか、人脈とか、今は「ありえん！」って感じ（笑）。日韓関係を考えるときにどちらか一方だけの視点で考えることがだんだん難しくなってきたのと同じで、ジェンダー的に偏った言説空間はそれ自体特殊ですよね。だから、ある場面で偏りが観察されるのには、それなりの理由がある。大きな目で見れば、意図しなくても多様な人が参加して関心を持つような問題群、関心のありようはさまざまなだけに裾野の広いブームになった。まさしく韓流ブームはそういうものだったのだと思います。そして、その裏側には韓流というブームの果実に対する研究する主体としての「主役」の奪い合いというか、そういうこともあるのではないかな、とも思いますが……。

山中 「あとがき」というには、かなり長い鼎談になってしまいましたね。語ることは尽きない、とまとめておきたいと思います。最後に、ミネルヴァ書房の田引勝二さんには編集作業その他でたいへんお世話になりました。御礼申し上げます。

（二〇〇六年一二月、梅田にて）

韓国におけるポピュラー文化史年表

西暦	主要事件	メディア関連	映画	文学	テレビ	大衆音楽	マンガ・アニメ
一八八三		漢城旬報創刊。					
一八九四	甲午改革。						
一八九六		独立新聞創刊。					
一八九七	大韓帝国成立。						
一九〇三			映画の伝来。				
一九〇五	第二次日韓協約締結。						
一九〇六				李人稙『血の涙』。			
一九〇七	ハーグ密使事件。高宗退位。	新聞紙法発令。					
一九〇八	東洋拓殖会社設立。	『少年』創刊。		崔南善「海より少年に」。		崔南善「京釜鉄道の歌」(最初の唱歌)。	
一九〇九	安重根、伊藤博文暗殺。	大韓民報創刊。					イ・ドヒョン「挿画」(新聞マンガの嚆矢)。
一九一〇	韓国併合。	毎日申報創刊。	映画常設館が可能に。	李海朝『銀世界』。			
一九一一	百五人事件。						
一九一七				李光洙「無情」。			
一九一八				朱耀翰「プルノリ」。			
一九一九	三一独立運動。		金陶山『義理的仇討』(朝鮮最初	『創造』創刊。金東仁「弱き者			

			の映画）上映。	の悲しみ」。			
一九二〇	文化政治開始。	東亜日報、朝鮮日報、時事新報創刊。	朝鮮総督府活動写真班設置。	『開闢』創刊。			
一九二一			『月下の誓い』（ユン・ペクナム）。	廉想渉「標本室の青蛙」。			
一九二二			東亜文化協会設立。	『白鳥』創刊。		当時の流行歌「希望歌」「長恨夢歌」などを集めた『新流行唱歌』（イサンジュン著）。	
一九二三			『国境』（遠山満）。『春香伝』（早川孤船）。				キム・ドンソン「マンガを描く方法」『東明』（マンガ創作理論の嚆矢）。
一九二四			朝鮮キネマ株式会社設立。王必烈の『海の秘曲』完成、日本に輸出。	『朝鮮文壇』創刊。崔曙海「吐血」。			ノ・スヒョン「まぬけの骨折り損」『朝鮮日報』（四コママンガの嚆矢、実写映画化された最初のマンガ）。
一九二五			「純朝鮮映画の制作」を目的とする尹白南プロ	羅稲香「桑の葉」。朝鮮プロレタリア芸術連盟「カ			

一九二六		中外日報創刊。	ダクション設立、『沈清伝』上映。活動写真フィルム検閲規則。羅雲奎『アリラン』。イ・ピルウ『まぬけの骨折り損』（最初のマンガ原作喜劇映画）	ップ」結成。韓龍雲『ニムの沈黙』。		尹心悳「死の讃美」。	
一九二七	新幹会設立。	京城放送局（JODK）、ラジオ放送開始。	朝鮮映画芸術協会。	趙明熙「洛東江」。			
一九二八			『落花流水』。（イ・クヨン）	洪命熹「林巨正伝」連載開始。			
一九二九				林和「うちのお父さんと火鉢」。		映画主題歌「落花流水」で朝鮮独自の作品の最初のレコード化。	
一九三〇		総督府、放送審議会を組織。		李箱「一二月一二日」。			
一九三一	満州事変。	中外日報が中央日報に改題。				カン・ソクヨン「オドンナム」。	
一九三二			『主なき小船』（イ・キュファン）。	梁柱東「朝鮮の脈拍」。			
一九三三	日本、国際連盟脱退。	中央日報が朝鮮中央日報に改題。	初のトーキー映画『春香伝』（京城撮影所）。	李箕泳「故郷」。			『新東亜』チェ・ヨンスによるマンガ論及びアニ

一九三四			国産映画の枠として日本映画を輸入。朝鮮映画制作研究所設立。	朴泰遠「小説家仇甫の一日」。			メ紹介記事掲載。
一九三五				兪鎮午「金講師とT教授」。		李蘭影「木浦の涙」。	
一九三六			現存するフィルムで最古の劇映画『未夢』(ヤン・ジュナム)。	李孝石「そばの花咲くころ」。李泰俊「烏」。			
一九三七	日中戦争勃発		『旅路』(イ・キュファン)。	蔡萬植「濁流」連載開始。			
一九三八			『軍用列車』(ソ・クァンジェ)。『漢江』(パン・ハンジュン)			キム・ジョング『涙に濡れる豆満江』。	
一九三九	第二次世界大戦勃発。		朝鮮映画人協会発足。『漁火』(アン・チョルヨン)。	『文章』創刊。			
一九四〇		朝鮮日報、東亜日報廃刊。	朝鮮映画令。『授業料』(チェ・インキュ)。				
一九四一	太平洋戦争勃発。		『家なき天使』(チェ・インキュ)。『志願兵』(アン・ソクヨン)。	『国民文学』創刊。		白年雪「福地万里」。	

韓国におけるポピュラー文化史年表

一九四四				崔秉一『梨の木』。		「四大門を開け」、「ひびけ鈴よ」の流行。	
一九四五	太平洋戦争終結。朝鮮半島南北分断。	朝鮮日報、東亜日報復刊。	『解放ニュース』。朝鮮映画同盟結成。	崔載瑞「民族の結婚」。			金竜煥『洪吉童の冒険』（最初のマンガ単行本）。「ブロンディ」（米）『ソウルタイムズ』。
一九四六	南朝鮮労働党結成。	米軍政令八八号公布（新聞等発行許可制に）。京郷新聞創刊。	米軍政映画法令。高麗映画社の『自由万歳』。	金松「武器のない民族」。李泰俊「解族前後」。			韓国子供文化協会『週刊小学生』創刊。
一九四七	呂運亨暗殺。			金来成「混血児（原題・民族の責任）」。			キム・ヨンハン「マンガ小論」『白民』。
一九四八	大韓民国（第一共和国）、朝鮮民主主義人民共和国成立。	「言論取締指針」発表（左翼イデオロギー関連書籍制限などの出版統制）。	『希望の町』制作（米軍五〇二部隊による最初のカラー16ミリ文化映画）。			ナム・インス「去れよ、三八線」。	マンガ家同人会設立。
一九四九	金九暗殺。		『女性日記』制作（最初のカラー劇映画）。			玄仁「新羅の月夜」。	
一九五〇	朝鮮戦争勃発。	AFKN開局。	韓仏文化交流。釜山で韓国映画評論家協会発足。				
一九五一	サンフランシスコ講和条約。		映画『正義の進撃』（国防部制作）。				国防部『マンガ勝利』、陸軍『兵士マンガ』。

一九五二	李承晩ライン。釜山政治派動。李承晩大統領再選。		『悪夜』(シン・サンオク)完成。				キム・サンオク、ソ・ボクジェ「密林の王子」(本格的日本マンガの海賊版の嚆矢とされる)。
一九五三	朝鮮戦争休戦。		『最後の誘惑』(チョン・チャンファ)。				
一九五四		韓国日報創刊。	国産映画奨励作(映画の入場料免税措置)。	鄭飛石「自由夫人」。	キリスト教中央放送局(CBS)のソウル中央放送(HLKY)が最初の民間放送としての許可を得る。	ファン・ジョンジャ「ノレカラッチャチャチャ(歌声チャチャチャ)」。	「ブロンディ」(米)『韓国日報』再連載。
一九五五			映画月刊誌『国際映画』『映画世界』発刊。韓国最初の女性映画監督パク・ナンオクが『未亡人』でデビュー。	『現代文学』創刊。		イ・ヘヨン「断腸のミアリ峠」。KBSが『のど自慢』の公開録音開始。	大韓マンガ家協会、現代マンガ家協会結成。金星煥「コバウおじさん」『東亜日報』に連載開始。
一九五六	李承晩大統領三選。		韓国映画人団体連合会結成。『自由婦人』(ハン・ヒョンモ)。	朴鳳宇「休戦線」。	最初のテレビ放送局HLKZがソウルで開局(隔日二、三時間の放送を行		

一九五七	一九五八	一九五九	一九六〇
	進歩党事件。	保安法派動。	四月革命。第二共和国成立。
著作権法制定。公演物検閲細則。		京郷新聞廃刊。ラジオ釜山文化放送。	京郷新聞復刊。
国産映画の倫理基準規定。優秀国産映画選定制度新設。韓国映画文化協会発足。『嫁入りの日』（イ・ビョンイル）。	国産映画の制作奨励及び映画娯楽純化のための保障特恵措置。東洋最大規模のアンヤン撮影所。		映画倫理全国委員会（民間機関）発足。『女中』（キム・キヨン）
	孫昌渉「剰余人間」。	李範宣「誤発弾」。	崔仁勲「広場」。金洙暎「青い空を」。
う）。HLKZ『天国の門』放映（韓国初のドラマ）。AFKN、TV放送開始。		HLKZ、火災により放送を中断。	
尹一路「ギターブギ」。文化広報部が「国民皆唱」を展開。大韓歌手協会設立。			
ソウル総販設立（最初のマンガ本総販卸売）。		キム・サンホ「ライファイ」（SFマンガの嚆矢）。イ・ジョンジン「鉄人28号」。	

一九六一	五一六軍事クーデタ（軍政開始）。	民族日報廃刊。釜山文化放送から、韓国文化放送（MBC）に改称。	『春香伝』（初のカラー・シネマスコープ映画）。国立映画制作所設置法。映画会社統併合。『離れの客とお母さん』（シン・サンオク）		HLKZ廃局。国営のKBSテレビ開局（本格的なテレビ放送開始）。	韓明淑「黄色いシャツの男」。韓国芸能協会設立、大韓歌手協会もこの傘下団体となる。	韓国子供マンガ自律委員会結成。
一九六二	第一次経済開発五カ年計画開始。貨幣改革。	「出版社・印刷所の登録に関する法律」制定。韓国新聞発行人協会発足。	映画法。第一回大鐘賞授賞式。女性監督ホン・ウンウォンにより『女判事』。		KBSの初ドラマ『私も人間になるんだ』放映。放送倫理委員会発足、ドラマセンター開館。韓国放送作家協会発足。		
一九六三	民政移管。第三共和国成立。	「新聞・通信などの登録に関する法律」制定。ラジオ東亜放送（DBS開局）。	映画法第一次改正（映画会社は四社のみに）。『高麗葬』（キム・キヨン）。『薬局の娘たち』（ユ・ヒョンモク）。		「国営テレビジョン事業運営に関する臨時措置法（一九六二）」により一月より視聴料の徴収開始。		
一九六四	六三運動（日韓条約反対運動）。「人民革	『新東亜』創刊。	『シネポエム』同人会発足。『剰余人間』（ユ・ヒ	『文学春秋』創刊。	東洋放送DTV開局。韓国初の日日連続劇『雪	李美子「トンベクアガシ（椿娘）」。韓国音楽	「わんぱくデニス（米）」（KBSテレビ）（初め

	命党」事件。ベトナム派兵決定。		ヨンモク）。		が降るのに』（DTV）放映開始（ドラマ録画放送時代の幕開け）。	著作権協会設立。	てのTVアニメーション放送）。
一九六五	日韓基本条約。	芸術文化倫理委員会発足。中央日報創刊。ソウルFM放送局開局。	『七人の女捕虜』（イ・マンヒ）。『南と北』（キム・キドク）。	南廷賢「糞地」。			
一九六六	第二次経済開発五カ年計画開始。		映画法第二次改正（映画会社の登録条件緩和）。スクリーンクォーター制。『晩秋』（イ・マンヒ）。	『創作と批評』創刊。	DTV、TBCTVに改称。『ラッキー劇場』（TBC）放映開始（伝統史劇ドラマ化の嚆矢）。韓国民間放送協会発足。		韓国貸本浄化協会結成。
一九六七	東ベルリン事件。	『リバティニュース』制作中止。	映画審議委員会発足。『李朝残影』（シン・サンオク）。	申東曄「殻は去れ」。		裵湖「帰る三角地」。政府の歌謡浄化運動で、この年だけで二三四曲が放送禁止曲に指定される。	シン・ドンホン監督「ホンギルトン（洪吉童）」（劇場用長編アニメーション映画の嚆矢）。
一九六八	ソウル市電撤去。国民教育憲章宣布。	「サンデーソウル」創刊。	『デウォングン』（シン・サンオク）（一九六〇		『ソウルよ、アンニョン』（TBC）	『ポップス・コリアナ』創刊（韓国初の本格	文化広報部内に韓国子供マンガ倫理委員会設置。

			年代唯一の同時録音映画）。			ポップスジャーナル）。音盤法施行（それまで約五〇社あったレコード会社が一〇社余に縮小。同時にレコードの事前審議始まる）。	(社)韓国子供マンガ家協会結成。TBCテレビ「妖怪人間ベム（日）」。
一九六九	大統領三選改憲。	国立現代美術館開館。「日刊スポーツ」創刊。	ハリウッド劇場開館。『レンの恋歌』（キム・キヨン）。	『月刊文学』創刊。	MBCテレビ開局（同局のTVドラマが放送倫理委員会の倫理規定に抵触した件数はこの年だけで二一九件にのぼる）。	ツインフォーリオ「白いハンカチ」。	
一九七〇	京釜高速道路開通。		映画法第三次改正。韓国映画振興組合設立。『あれがソウルの空だ』（キム・スヨン）。映画の供給過剰。	金芝河「五賊」。	『アッシ（若奥様）』（TBC）。	TVドラマ主題歌「アシ」が李美子の歌で人気に。第一回東京国際歌謡祭で鄭薫姫「霧の街」がワールド・ベスト10に入賞。	韓国子供マンガ倫理委員会、韓国図書雑誌倫理委員会に統合。
一九七一	維新クーデタ。第四共和国成立。第三次経	「国家保衛に関する特別措置法」（言論活動	映画用生フィルムについて関税割引。	李清俊『噂の壁』。		楊姫銀「朝露」。アド・フォー「海辺へゆこう」	

	済開発五カ年計画。	制限）。韓国FM放送開局・ヒッピー族の放送出演禁止。				ナ・フナ「行かないで」。	
一九七二	南北共同声明。	「軍事機密保護法」制定。	『盆鉢』（ハ・キルジョン）。	『文学思想』創刊。	『旅路』（KBS）。		「日刊スポーツ」紙面に成人マンガ（青年マンガ）登場。高羽榮「林巨正」。不良マンガ取締り実施（ソウル市警）。
一九七三	金大中拉致事件。		映画法第四次改正（映画会社設立、許可制に）。映画振興公社の設立。	崔仁浩『他人の部屋』。申庚林『農舞』。	KBSが放送公社に（国営放送から公営放送に）。	放送法改正（放送倫理委員会再編成により、非倫理プログラムへの制裁、歌謡浄化、放送用語審議などが行われる）。	
一九七四	ソウル地下鉄一号線開通。	大統領緊急措置第九号（維新憲法に対する議論の禁止）。MBC京郷新聞社統合。	『星たちの故郷』（イ・ジャンホ）。			宋昌植「鯨狩り」。申重鉉「美人」。映画『星たちの故郷』のOSTがベストセラーに。	朴水東「コインドル（支石墓）」、『サンデーソウル』に連載開始。
一九七五			『星たちの故郷』興行記録樹立（韓国映画史上		『葦（カルデ）』（MBC）が退廃プログラム一掃	文化広報部「公演物及び歌謡浄化対策」発表。	韓国子供マンガ家協会、韓国マンガ家協会に改

			最大の四六万人）。		政策により打ち切り。	大麻事件（金秋子、申重鉉などが拘束、活動禁止に）。「朝露」をはじめとする金敏基のほとんどの曲が禁止曲に。チョー・ヨンピルの「釜山港へ帰れ」大ヒット。	称
一九七六	尹譜善ら、民主救国宣言。	韓国美術五千年展が日本（京都・東京）で開かれる。	香港や東南アジアとの映画合作ブーム。	朴景利『土地』。李清俊『あなたがたの天国』。			
一九七七		世宗文化会館開館。	『高校ガキ』（ソク・レミョン）の興行成功、以降高校映画ブームに。	趙世熙『こびとが打ち上げた小さなボール』。	放送倫理委員会がドラマ基準制定。『なぜそうなの』（MBC週末連続ドラマを新設）。『青い糸、赤い糸』（TBC）。	第一回MBC大学歌謡祭。第一回ソウル国際歌謡祭。サヌリムデビュー。	キム・チョンギ監督の劇場用アニメ「ロボットテッコンV宇宙作戦」公開。
一九七八			『星たちの故郷（続）』。	朴婉緒「空港であった人」。	『渡し場三代』（KBS）（初の大河ドラマ）。		
一九七九	朴正熙暗殺。粛軍クーデタ。	釜山にカラオケ上陸。	映画『族譜』（梶山季之原作、イ	李炳注『智異山』。	朴景利の小説『土地』のドラ		海賊版「キャンディ・キャンデ

			ム・クォンテク）。		マ化（KBS）。		イ」（イルシン社）。
一九八〇	光州事件。第五共和国成立。	言論基本法制定（言論規制、出版統制強化）。	『風吹いていい日』（イ・ジャンホ）。	金準泰「ああ、光州よ！われらの十字架よ！」。	KBS1によるカラー試験放送開始（カラーテレビ時代の幕開け）。TBC放送終了（KBSに吸収）『田園日記』（MBC）放映開始（〜二〇〇二年一二月）。	チョー・ヨンピル、ファーストアルバム『窓の外の女』。	マンガ浄化法案発表（韓国図書雑誌倫理委員会）。月刊『根の深い木』でマンガ公募展実施。
一九八一	ソウルオリンピック開催決定。	韓国放送広告公社（KOBAKO）設立（放送広告の独占的管理機関）。	『闇の子供たち』（イ・ジャンホ）。	黄晳映『闇の子供たち』。		音盤に関する法律制定（レコード制作業者や販売業者の登録及び輸入の許可を規定）。	
一九八二	第一次歴史教科書問題。	ソウル大学と韓国電子技術研究所を結ぶネットワーク開始（韓国におけるインターネットのはじまり）。	『晩秋』（キム・スヨン）。	崔仁浩「ディープ・ブルーナイト」。		李龍「忘れられた季節」。	マンガ専門月刊誌『宝島』（育英財団）創刊。
一九八三	中曾根首相訪韓（日本総理として初）。	「韓国古代文化展―新羅千年の美」が東京で開	『赤道の花』（ペ・チャンホ）。		KBS『離散家族探します』開始。	「釜山港へ帰れ」日本で流行。	李賢世「恐怖の外人球団」。金水正「ちびっこ

	大韓航空機撃墜事件。	催。					恐竜ドゥリ」。
一九八四	全斗煥大統領訪日。	NHKのスピルオーバー問題化。首都圏でアナログセルラーサービス開始。	韓国映画アカデミー設立。韓国映画福祉財団設立。『鯨狩り』(ペ・チャンホ)。	パク・ノヘ『労働の夜明け』。	『愛と真実』(MBC)。	『韓国日報』と月刊誌『音楽東亜』紙上でいわゆる「ポンチャック論争」起こる。李仙姫「Jへ」。チョン・スラ「ああ、大韓民国」。	
一九八五	韓民党野党第一党に。		映画法第五次改正(映画会社と独立映画、許可制に)。第一次韓米映画協商。『ディープ・ブルー・ナイト』(ペ・チャンホ)。				
一九八六	ソウルアジア大会開催。		『イ・ジャンホの外人球団』(イ・ジャンホ)(マンガ『恐怖の外人球団』の映画化)。	梁貴子「遠美洞」。ド・ジョンファン「花葵のあなた」。			日刊スポーツによる第一回マンガ現象公募展開始。
一九八七	盧泰愚民主化宣言。第六共和国成立。盧	言論基本法廃止。出版自由化。万国著作権条約加	映画シナリオの事前審議撤廃。『こんにちは、神	李文烈「われらの歪んだ英雄」。ソ・ジョンユン	MBCが中秋特集で韓国初のTVミュージカル	「ノチャヤサ(歌を探す人々)」活動開始(民衆歌	李元馥「遠い国近い国」。MBC放送「走れホ

	泰愚大統領当選。	盟。国民日報創刊。公演禁止曲解禁。	様』（ペ・チャンホ）。映画法第六次改正（映画会社が許可制から登録制になり、映画検閲は審議に変更。外国人や外国法人の国内映画業への進出が可能に）。	「ひとり立ち」。	ドラマ『おこぼれに預かります』を放映。	謡の大衆化）。	ドリ」（最初の国産テレビアニメ）。金星煥「コバウおじさん」連載一万回突破。「ちびっこ恐竜ドゥリ」テレビアニメ化。
一九八八	ソウル五輪開催。	ハンギョレ新聞創刊。世界日報創刊。移動電話サービス開始。	第二次韓米映画協商（広告及び映画配給、映画制作に対する外国人投資の範囲拡大）。20世紀FOX及びUIPが韓国支社設立。『チルスとマンス』（パク・クァンス）。	金南柱『祖国は一つだ』。		コリアナ「手に手をとって」。	週刊少年マンガ雑誌『IQジャンプ』創刊。純情マンガ専門月刊誌『ルネサンス』創刊。呉世浩、『モーニング』誌（日）と連載契約。
一九八九	海外渡航自由化。		UIP直配映画『レインマン』公開。『ダルマが東に行った訳は？』（ペ・ヨンキュン）。				刊行物倫理委員会設立。「ドラゴンボール」『IQジャンプ』別冊付録に。
一九九〇	韓ソ国交樹立。		第一回独立映画	キム・ヨンヒョ	放送法及び施行	チョン・テチュ	学校保健法制定。

			祭開幕。『将軍の息子』（イム・クォンテク）。	ン『深い川は遠く流れる』。	令の改正。	ン非合法アルバム『ああ、大韓民国』。	公州専門大学にマンガ芸術科設立。手塚治虫『ブッダ』（全八巻）。
一九九一	慰安婦問題。		旧韓国フィルム保管所が韓国映像資料院に改編。『銀馬将軍は来ない』（チャン・キルス）。	孔枝泳『そして彼らの美しい始まり』。	SBSテレビ開局。『愛が何だって』（MBC）。		少年週刊マンガ雑誌『少年チャンプ』創刊。
一九九二	韓中国交樹立。金泳三大統領当選。		『結婚物語』で映画専門監督制導入。『ホワイト・バッジ』が東京国際映画祭で最優秀作品・監督賞。	申京淑『オルガンのある場所』。馬光洙『楽しいサラ』。	『嫉妬』（MBC）。トレンディードラマ時代の幕開け。『娘と息子』（MBC）。	ソテジワアイドゥル『僕は知っています』（ファーストアルバム）。	マンガ家協会、「不法マンガ追放キャンペーン」実施。文教体育部「大韓民国マンガ文化大賞」制定。
一九九三			ディズニーソウル支社設立。『風の丘を越えて』観客動員数一〇〇万人突破。	孔枝泳『犀の如く一人で行け』。		ナミソム・ロックフェスティバル開催。キム・ゴンモ「いいわけ」。	図書館法改正。不法複製マンガ根絶運動（マンガ家協会）。黄美那「ユニ」『モーニング』（日）に連載。
一九九四	日本大衆文化の段階的解禁方針決定。	商用インターネット・サービスプロバイダ（I	『風の丘を越えて』日本公開（戦後・韓国史上初	孔枝泳『さば』。		パク・ミギョン「理由っぽくない理由」ソテジ	政府、マンガ産業振興の年に選定。

		SP）登場。	日本上映作品、輸出額は三〇万ドル）。第一回ソウル短編映画祭開幕。『太白山脈』（イム・クォンテク）。			ワアイドゥル、「渤海を夢見て」のビデオクリップを鉄原の朝鮮労働党舎趾で撮影。	
一九九五	一人あたりGDP一万ドル突破。	ケーブルテレビ放送開始。第一回光州ヴィエンナーレ開幕。韓国芸術総合学校開校。	映画法が映画振興法となる。MBCが映画産業進出。日米韓合作映画『プライベート・レッスン』。『灼熱の午後』（イ・ミンヨン）。	ユン・テニョン「昔の映画を見に行った」。	『砂時計』（SBS）。『若者のひなた』（KBS2）。	キム・ゴンモ『間違った出会い』。SMエンターテインメント設立。	ソウル国際マンガアニメーションフェスティバル（SICAF）開幕。ケーブルテレビにアニメーション専門チャンネル開局。
一九九六	OECD加盟。サッカーワールドカップ日韓共同開催決定。	KBS、衛星試験放送開始。ケーブルテレビのインターネット接続サービス開始。	映画事前検閲に違憲判決。第一回釜山国際映画祭開幕（大手企業の映画産業進出）。『豚が井戸に落ちた日』（ホン・サンス）。『祝祭』（イム・クォンテク）。	ウン・ヒキョン「鳥のプレゼント」。	シットコム『男三人、女三人』（MBC）。	シン・スンフン「僕より少し高いところに君はいるだけ」。「音盤とビデオに関する法律」から事前審議がなくなる。日本で李博士が紹介される（ポンチャックが短期間ブームに）。	韓国マンガ学会発足。

一九九七	通貨危機。金大中大統領当選。	ベルヌ条約加盟	文化映画の義務上映廃止。ドンスンシネマテック開館（韓国最初の芸術映画専用上映館）。『グリーンフィッシュ』（イ・チャンドン）。		『星に願いを』（MBC）。	イ・サンウン『LEE-TZSCHCE』。	李賢世「天国の神話」。青少年保護法施行（事前マンガ審議制度から事後制度へ）。文化体育部によるマンガ産業育成法案発表。
一九九八	日本大衆文化第一次開放。	PC房（ピーシーバン：インターネットカフェ）拡大。			視聴者参加型番組放映義務化。	在日コリアン田仙月、戦後初めて韓国国内の公の場で日本語で歌う。	国産アニメの一定割合の放映義務化。韓国マンガ学会、韓国マンガアニメーション学会に改称。プチョンマンガ情報センター設立。
一九九九	日本大衆文化第二次開放。	総合放送法（広告を除く放送番組が事後審議に）。文化産業振興基本法制定。文化産業発展五カ年計画。ADSLサービス開始。	『シュリ』（カン・ジェギュ）	申京淑『離れの部屋』。	『青春の罠』（MBC）リメイク版放映。	公演法、全面改正。	ソウルアニメーションセンター設立。
二〇〇〇	日本大衆文化	統合放送法（ケ		黄晳映『古い庭	『イブのすべて	SMエンターテ	「獣兵衛忍風帖」

	第三次開放。南北首脳会談。	ーブルテレビ活性化)。高速インターネット普及率世界第一位。文化産業ビジョン21発表。「オーマイニュース」創刊。		園』。	(MBC)』『アジュンマ(おばさん)』(MBC)。『秋の童話』(KBS)。MBCがHDTV用ドラマ『愛してるって言ったことある?』放映。	インメント(韓国)とAVEX(日本)、相互ライセンス契約締結。	(韓国国内公開一号日本アニメーション)。
二〇〇一	第二次歴史教科書問題。仁川空港開港。	文化コンテンツ産業発展推進計画発表。コンテンツコリアビジョン21発表。韓国映画アカデミーとアニメーション芸術アカデミーの統合移転。	芸術映画専用館ネットワーク(アートプラスネットワーク)運動。	クィヨニ『あいつ、カッコよかった』(ネット連載小説)。	『明成皇后』(KBS2)。		「となりのトトロ」(日)公開。尹仁完・梁慶一「新暗行御史」『サンデーGX』(日、小学館)にて連載開始。韓国マンガ博物館開館(プチョン市)。
二〇〇二	サッカー日韓ワールドカップ共同開催。盧武鉉大統領当選。	文化産業振興基本法改正。プレイステーション2、本体及びソフト公式販売開始。	日韓合作映画『KT』『2009ロストメモリーズ』(韓国上映)。	孔枝泳「復活頃」。クォン・ジイェ「うなぎのスープ」。	長寿ドラマ『田園日記』(MBC)放映終了。『冬のソナタ』(KBS)。日韓合作ドラマ『フレンズ』(MBC/TBS)、『ソナギ—雨上	BoAのアルバム『Listen to My Heart』が日本のオリコン一位に。	読者マンガ大賞創設。パク・ソヒ「宮」、純情マンガ雑誌『ウインク』に連載開始。

二〇〇三			『六つの視線―もし、あなたなら』（人権委員会）。	金仁淑「海と蝶」。	がりの殺意』（MBC／フジテレビ）放映。『冬のソナタ』日本放映（NHK BS-2）。『大長今』（MBC）。		アングレーム国際コミックフェスティバル（仏）韓国展出展。
二〇〇四	日本大衆文化第四次開放。盧武鉉大統領弾劾訴追案可決。	音盤及びビデオに関する法律の改正（映像著作権者の権利保護）。創意韓国―二一世紀新文化ビジョン発表。	『力道山』（ソン・ヘソン）。『風のファイター』（ヤン・ユンホ）。	朴婉緒『その男の家』。	日韓合作ドラマ『STAR'S EHCO―あなたに会いたくて』（MBC／フジテレビ）放映。『冬のソナタ』（NHK総合）日本放映。『パリの恋人』（SBS）。『チャングムの誓い（大長今）』（NHK BS-2）日本放映開始。	Tei「愛は…香りを残して」。東方神起デビューアルバム『HUG』。	李有庭「CRAZY LOVE」『ヤングマガジン』（日、講談社）。柚弦「箱姫パンドラ」『ガンガンWING』（日、スクウェアエニックス）。林達永・朴晟佑「黒神」『ヤングガンガン』（日、スクウェアエニックス）。パク・セジョン「Birthday Boy」、日本の第八回（平成一六年度）文化庁メディア芸術祭アニメーション部門の優

二〇〇五	島根県議会、「竹島条例」可決。第三次歴史教科書問題。	パジュ出版文化産業団地造成。	『王の男』（イ・ジュンイク）。	孔枝泳・辻仁成『愛のあとに来るもの』。	『チャングムの誓い（大長今）』（NHK総合）日本放映。	シン・スンフン日本デビューシングル「I believe」（映画『猟奇的な彼女』の主題歌）発売。チョー・ヨンピルが平壌でコンサートを行う。	秀賞受賞。
二〇〇六	小泉首相、終戦記念日に靖国神社参拝。	放送映像共同制作施設設立。	『グエムル 漢江の怪物』（ボン・ジュンホ）。	孔枝泳『私たちの幸せだった時間』。	『宮』テレビドラマ化（MBC）。韓国ドラマ制作社協会結成。『恋愛時代』（SBS）。	ピ（Rain）、アメリカの時事週刊誌『Time』誌で二〇〇六年の「最も影響力のある百人」に選ばれる。大韓歌手協会再設立（四五年ぶり）。	

＊この年表は、山中千恵・梁仁實・平田由紀江・木村幹が合同で作成し、山中がとりまとめを行った。

参考文献・ウェブサイト

三枝寿勝「韓国文学を味わう」http://www.han-lab.gr.jp/~cham/ajiwau/contents.html（最終確認二〇〇七年九月三日）
彭元順（一九九一）『韓国のマスメディア』電通
和田春樹・石坂浩一編（二〇〇二）『岩波小事典　現代韓国・朝鮮』岩波書店
キム・ドンホ編（二〇〇五）『韓国映画政策史』ナナム出版（韓国語）

キム・スンヒョン、ハンジンマン（二〇〇一）『韓国社会とテレビドラマ』ハンウル（韓国語）
プチョンマンガ情報センター（二〇〇五）『三八度線ブルースから聖雄李舜臣まで』現実文化研究（韓国語）
ソン・サンイク（一九九六）『韓国マンガ通史』プレスピル（韓国語）
ソン・サンイク（一九九八）『韓国マンガ通史（下）』シゴン社（韓国語）
シン・ヒョンジュン他（二〇〇五）『韓国ポップの考古学一九六〇』ハンギルアート（韓国語）
シン・ヒョンジュン他（二〇〇五）『韓国ポップの考古学一九七〇』ハンギルアート（韓国語）
イ・ヨンミ（二〇〇六）『韓国大衆歌謡史』ミンソクウォン（韓国語）
ジョン・スンイル、ジョンハンソン（二〇〇〇）『韓国TV四十年の足跡』ハンウル（韓国語）
KBS放送博物館ウェブサイト http://museum.kbs.co.kr/main/index.php
韓国マンガ家協会ウェブサイト http://www.cartoon.or.kr/index.php
韓国マンガ博物館『雑誌でみる韓国マンガ五十年展』韓国マンガ博物館（韓国語）
韓国映像資料院編（二〇〇三）『韓国映画の風景　一九四五〜一九五九』文学思想社（韓国語）
韓国映像資料院編（二〇〇四）『韓国映画史勉強　一九六〇〜一九七九』イチェ（韓国語）
韓国映像資料院編（二〇〇五）『韓国映画史勉強　一九八〇〜一九九七』イチェ（韓国語）

叢書・現代社会のフロンティア⑩
ポスト韓流のメディア社会学

2007年10月30日　初版第1刷発行　〈検印省略〉

定価はカバーに
表示しています

編著者　石田佐恵子
　　　　木村　幹
　　　　山中千恵

発行者　杉田啓三

印刷者　江戸宏介

発行所　株式会社　ミネルヴァ書房

607-8494 京都市山科区日ノ岡堤谷町1
電話 (075)581-5191(代表)
振替口座 01020-0-8076番

共同印刷工業・新生製本

ISBN978-4-623-04868-7
Printed in Japan

《編著者紹介》

石田佐恵子（いした・さえこ）

1962年　栃木県生まれ。
1988年　筑波大学大学院社会学研究科博士課程修了。博士（社会学）。
現　在　大阪市立大学大学院文学研究科准教授。
主　著　『有名性という文化装置』勁草書房，1998年。
『有名人と権力――現代文化における名声』（翻訳）勁草書房，2002年。
『クイズ文化の社会学』（共編）世界思想社，2003年。

木村　幹（きむら・かん）

1966年　大阪府生まれ。
1992年　京都大学大学院法学研究科修士課程修了。博士（法学）。
現　在　神戸大学大学院国際協力研究科教授。
主　著　『朝鮮／韓国ナショナリズムと小国意識――朝貢国から国民国家へ』ミネルヴァ書房，2000年。
『韓国における「権威主義的」体制の成立――李承晩政権の崩壊まで』ミネルヴァ書房，2003年。
『高宗・閔妃』ミネルヴァ書房（近刊）。

山中千恵（やまなか・ちえ）

1972年　兵庫県生まれ。
2004年　大阪大学大学院人間科学研究科博士後期課程修了。博士（人間科学）。
現　在　仁愛大学人間学部講師。
主　著　『越える文化，交錯する境界――トランス・アジアを翔るメディア文化』（共著）山川出版社，2004年。
『「はだしのゲン」がいた風景――マンガ・戦争・記憶』（共著）梓出版社，2006年。
“Reading Manga: Global and Local Perceptions”（共著）Leipzig University Press, 2006.

執筆者紹介（所属，執筆分担，＊は編者）

＊石《いし》田《た》佐《さ》恵《え》子《こ》（大阪市立大学大学院文学研究科准教授（社会学，現代文化研究），第１章）

平《ひら》田《た》由《ゆ》紀《き》江《え》（獨協大学国際教養学部講師（社会学，文化研究），第２章）

山《やま》　泰《よし》幸《ゆき》（関西学院大学社会学部准教授（民俗学），第３章）

＊山《やま》中《なか》千《ち》恵《え》（仁愛大学人間学部講師（社会学，韓国現代文化研究），第４章）

黄《ふぁん》　盛《そん》　彬《びん》（立教大学社会学部准教授（社会学，メディア研究），第５章）

梁《やん》　仁《いん》　實《しる》（大阪市立大学都市文化研究センター研究員（社会学，メディア研究），第６章）

村《むら》上《かみ》和《かず》弘《ひろ》（愛媛大学国際交流センター講師（人類学，民俗学），第７章）

＊木《き》村《むら》　幹《かん》（神戸大学大学院国際協力研究科教授（比較政治学），第８章）

金《きむ》　賢《ひょん》　美《み》（延世大学校副教授（社会学），コラム）

酒《さか》井《い》　亨《とおる》（フリージャーナリスト，コラム）

南《みなみ》　真《ま》理《り》（大阪市立大学大学院後期博士課程（中国文学），コラム）

土《と》佐《さ》昌《まさ》樹《き》（国士舘大学21世紀アジア学部教授（人類学），コラム）

小《こ》池《いけ》　誠《まこと》（桃山学院大学文学部教授（東南アジア地域研究），コラム）

新《あら》井《い》一《かず》寛《ひろ》（大阪市立大学都市文化研究センター研究員（イスラーム地域研究，映像人類学），コラム）

毛《もう》利《り》嘉《よし》孝《たか》（東京藝術大学音楽学部准教授（社会学，文化研究），コラム）

田《た》中《なか》則《のり》広《ひろ》（NHK 放送文化研究所メディア研究部専任研究員，コラム）

野《の》村《むら》大《だい》輔《すけ》（株式会社ホリプロ国際部，コラム）

波《は》佐《さ》場《ば》清《きよし》（立命館大学コリア研究センター特別研究員，朝日新聞元ソウル支局長・元編集委員，コラム）

人名索引

あ 行

秋元康　129
アパデュライ，アルジュン　97
阿部美穂子　64
アラン　185
アン・ジェウック　121
アン・ミンファ　139
イ・ウンスク　140
イ・ドヒョン　92
イ・ヒョイン　144
イ・ヒョンセ　152
イ・ビョンホン　137
イ・マンヒ　142, 148
生島治郎　142
池田淑子　7
石田英敬　11
今村昌平　141
岩渕功一　57, 139
VERBAL（ヴァーバル）　173
ウォンビン　65, 67, 68, 85, 181
梅田博之　59
H・O・T（エイチオーティー）　80, 121
大山倍達（崔倍達）　157
小倉紀蔵　55, 56
尾崎豊　63
小沢健二　173
小野文惠　129
小渕恵三　131

か 行

梶村秀樹　187
香取慎吾　111
カン・ジェギュ　63
菅野朋子　41
キム・イル　157, 158
キム・ゴンモ　41
キム・サンミ　63
キム・スイ　35
金聲翰（キム・ソンハン）　71
金大中　95, 128, 130, 131, 178
キム・ボクス　36
キム・ユジン　63
クライトン，マイケル　132
クラジクヮイ・プロジェクト　173
CLON（クローン）　80, 121
黒田福美　38-40, 42, 43, 45
ゴアJr.，アルバート・アーノルド　132
小泉純一郎　174, 203, 204
小西康陽　173
小林よしのり　217
孔枝泳（コン・ジヨン）　47

さ 行

サイード，E・W　6, 13
坂本九　10
佐藤俊行　129
澤田克巳　225
司馬遼太郎　71, 72
清水幾太郎　103
神野美伽　63
神話（シンファ）　80
シン・ユンファン　212
鈴木謙介　197
SMAP　110
関川夏央　38-40, 71, 73
ソテジワアイドゥル　41

鮮于煇（ソヌ・フィ） 71
ソル・キョング 162
ソン・ガンホ 63
ソン・スンチョル 195

た　行

田中明 71
チェ・ドングク（崔東国） 182, 183, 185-188, 193, 195, 197
崔倍達 →大山倍達
張勲 →張本勲
チョ・ソンモ 63
チョ・ハン・ヘジョン 139
千寛宇（チョン・ゴアヌ） 71
鄭大均（チョン・テギュン） 37, 38, 60, 61, 71, 93
チョン・チャンイル 221
辻仁成 47
テイトウワ 173
戸田郁子 62

な・は行

西尾幹二 217
盧武鉉（ノ・ムヒョン） 130, 131, 203
ハ・ウボン 195
ハ・スンウ 159
ハートレイ，ジョン 101
ハーリド，アフマド 86
朴順愛（パク・スンエ） 96
パク・ソヒ 91
パク・チョルス 161
朴正煕 148, 150
パク・ヨンハ 85
蓮池薫 125
バトラー，ジュディス 86
早川洋行 103
林香里 19
張本勲（張勲） 153-157, 159, 160
ハン・ソッキュ 137
ピーターソン，V・S 49
ビートたけし 110, 127, 132
ピチカート・ファイヴ 173
深田恭子 65
藤本巧 62
フリッパーズ・ギター 173
ペ・ヨンジュン 4, 9, 13, 14, 15, 36, 44, 66-68, 85, 137, 172, 181, 204, 220, 221
BoA 121, 122, 124
星野知子 129
ホン・ミョンボ 64

ま　行

町村信孝 204
黛まどか 64
水田宗子 20
宮村優子 39
村田順子 43, 44
毛利嘉孝 20, 57
モラン，E 2

や　行

山下東子 98
山中進 62
ユ・ヒョンモク 142
柳美里（ゆう・みり） 161
ユン・ソクホ 119, 222
ユン・ソナ 65
四方田犬彦 159
ヨン様 →ペ・ヨンジュン

ら・わ行

リー・ドンフ 96
力道山 155-161
リュウ・ヒジュン 65
ローラーコースター 173
渡辺吉鎔 71
渡邉真弓 41

事項索引

あ 行

『愛が何だ』 80, 140
『愛のあとにくるもの』 47
『愛は国境を越えて』 141
『赤いマフラー』 141
『秋の童話』 68, 78, 82, 84, 85
『悪夢』 151
アジア通貨危機 75, 76, 95, 126, 128, 131, 145, 214
『新しい歴史教科書』 186
アニメーション（アニメ） 10, 79, 101, 102, 128, 214
『あの空にも悲しみが』 142
『海女のリャンさん』 138
『あれがソウルの空だ』 144, 152
『イヴのすべて』 82, 84
異言語認識 70-73
『イ・ジャンホの外人球団』 153
イスラーム 84, 86, 87
異性愛 7, 38, 42, 45-47, 86
イデオロギー 38, 152, 205
異文化体験記 38, 39, 42
異文化理解の性愛化 35, 45-49, 64
インターネット 4, 11, 18, 21, 44, 64, 81, 85, 87, 89, 98, 102, 103, 115, 124, 126, 163, 173, 182, 183, 186, 188, 194-197, 206, 215-217, 219, 226
倭色（ウェセク） 93
『海を渡ったバイオリン』 139
映画 8-10, 12, 43, 89, 111-116, 124, 126, 128, 137-153, 155-163, 179, 221
　反共—— 112, 144, 145, 147-152
　ブロック・バスター—— 111, 114, 115, 142, 145, 146, 162
映画法 112, 150
NHK（日本放送協会） 2, 3, 8, 10, 12, 41, 55-58, 71, 73, 118, 127, 129, 130, 154, 174, 175, 178, 181, 219
MP3 123, 185, 190
『オアシス』 138, 162
『王の男』 114
「オーマイニュース」 206
『オール・イン　運命の愛』 84
『オールドボーイ』 112, 138
『おしん』 132

か 行

海外渡航自由化 94
海賊版 83, 92, 94, 115
『風のファイター』 157
『家族シネマ』 144, 161
『片翼だけの天使』 142
語り 1, 12, 14-16, 18-21, 34, 41, 42, 131
『郭公も夜に鳴くのか』 141
家父長制 46, 87
観光 3, 20, 34, 37, 41, 109, 127, 128, 140
韓国社会の大衆文化認識 94, 95
韓国・朝鮮語（「ハングル」も参照） 56, 57, 69-73, 161, 195, 216
韓国脅威論 194
韓国大衆文化 33, 36, 37, 41, 42, 63, 75, 76, 89, 100, 110, 140, 145, 178, 205, 211-214
　——消費 34-37, 41, 42, 44, 49, 140
『韓国のおばちゃんはえらい！』 41
『韓國のつしま』 182-190, 193-195
韓国ブーム 38, 41, 60, 141

韓流
——現象（——ブーム） 1, 4, 6, 9-11, 13-16, 18-22, 34, 43, 55-57, 73, 75-77, 81, 84, 100, 109, 110, 116, 124, 130, 131, 137, 172, 174, 175, 177, 179, 181, 204-206, 209-216, 219-221, 223-227
——国策説 110, 111, 127, 131, 132
——の定義 4, 33, 34, 89, 139, 140, 205
——の発祥（出現） 75, 78, 80, 178, 210, 214
『韓流熱風』 125
キーセン観光 34, 37-39, 47
帰国事業 149-152
『キャンディ・キャンディ』 10
『宮廷女官チャングムの誓い（大長今）』 78-80, 82, 120, 178
『恐怖の外人球団』 152
『切り裂かれるごとくこの胸を』 153, 159
『グエムル 漢江の怪物』 114
『崩れた３・８線』 147
『クッキ』 178
『雲は流れても』 142
『黒い手袋』 149
グローバル化 2, 21, 57, 81, 95, 99, 109, 225
『宮』（グン） 90, 91
訓民正音 →ハングル
『KT』 144
K－POP 36, 68, 83, 89, 121, 122, 124, 178
『結婚の条件』 46
嫌韓（現象，言説） 6, 111, 182, 183, 197, 215
言説 6, 10, 16, 21, 90, 91, 94, 95, 99, 102, 110, 131, 132, 182, 226, 227
——空間 2, 18, 22
『GO』 144, 158-160
国民国家 2, 22
『国民の歴史』 217

さ 行

在日 137-141, 143-147, 149-155, 157-163, 221, 224
『殺人の追憶』 112, 138
『JSA』 129, 138, 179
ジェンダー 7, 20, 47, 48, 86
自己（自己表象／私たち） 7-10, 12, 13, 16, 19-22, 65, 93, 99, 147
『至上の恋——愛は海を越えて』 46
『七人の女捕虜』 148
『嫉妬』 41
シブヤ系 173
ジャパニメーション 10
ジャパン・コリア・フェスタ2005 →日韓友情年2005
従軍慰安婦問題 47
儒教（儒家文化） 81, 178, 208-212
『シュリ』 63, 111, 129, 137, 138, 143, 146
『春夏秋冬そして春』 138
『春香伝』 141
醤油魚醤文化圏 83
女性（大衆文化消費者としての） 14, 15, 19, 20, 34-37, 40-45, 47, 49, 69, 78, 86, 87, 121, 172
『シルミド』 142
シンポジウム 1, 3, 11, 12, 18, 21, 100
『好きになってはいけない国』 41
『スキャンダル』 112, 142
スクリーン・クォーター（制） 112, 116
スポーツ 7
——英雄 145, 152, 153, 155, 157
『戦友』 147
ソウルオリンピック 61, 94, 141
『ソウルの練習問題』 38, 39, 41, 71
『ソウルマイハート』 38-40, 45
『族譜』 141
『ソナギ——雨上がりの殺意』 46
『その夏の最後の日』 150

た 行

竹島の日　197, 204
竹島（独島）問題　174, 187, 195
多言語サイト　216, 217
他者（他者表象／彼ら）　1, 2, 6-16, 18-22, 58, 65, 66, 73, 96, 102, 104, 105, 139, 145
他者表象の入れ子構造　2, 16, 21, 22, 65
多チャンネル化　109, 118-120
『誰にでも秘密がある』　142
『チェオクの剣』　178
『血と骨』　138
『チャングム（の誓い）』
→『宮廷女官チャングムの誓い（大長今）』
朝鮮総連（在日本朝鮮人総聯合会）　151
『朝総連』　152
『チルソクの夏』　138
対馬の日　197
テレビ　1-3, 9, 11, 13, 16, 18, 20, 21, 60, 78, 85, 86, 115, 120, 139, 150, 154, 156
テレビドラマ　1, 3, 8-12, 16, 19, 35-37, 45, 46, 57, 66-69, 79-82, 84-86, 89, 96, 116-121, 124, 126, 128, 137, 139, 140, 143, 172, 174, 178, 208
『天国の階段』　84
『東京湾景』　139
『遠い空，近い海』　47
独島　→竹島
『ドラゴンボール』　94
トランスナショナル　9, 10, 57, 132, 137, 139, 144, 152, 161, 163

な 行

ナショナリズム　6, 44, 49, 91, 93, 105, 132, 156, 157, 205-207, 209, 216, 217, 224-226
文化――　2, 6, 10, 105, 132
ナショナル・アイデンティティ　205, 206, 208, 216
ナショナル・プライド　208, 225
南北分断　60, 63, 114, 146, 147, 179
『にあんちゃん』　141, 142
『2000年の恋』　143
日流（にちりゅう／イリュ）　109, 132
2ちゃんねる　44, 189, 190, 194, 196, 215, 217
日韓合作（映画，ドラマ）　45-47, 65, 84, 137, 143, 155, 156, 161-163
日韓交流（日韓友好）　1, 45, 60, 101, 120, 204
日韓国民交流年　204
『日韓ソウルの友情』　71
日韓友情年2005（ジャパン・コリア・フェスタ2005）　203, 204, 224
日韓ワールドカップ共催　46, 64, 120, 203
日本大衆文化　93, 94, 96, 100, 101, 139, 225
――開放　94, 120, 131, 178, 179, 225
――消費　101, 102, 104, 105
――輸入禁止　92
『入国禁止』　163
ニュース番組　11-16
『ニワトリははだしだ』　138
ネイション　205, 207, 208
ネット　→インターネット

は 行

『パッチギ』　139
『ハナのために』　163
『花はんめ』　138
『花より男子』　84
『パリでの出来事』　84
『春の日は過ぎてゆく』　157
『春のワルツ』　119
ハングル（訓民正音）　56, 57, 59, 60, 62, 65, 69-73, 209
――講座　55-58, 60-63, 65, 66, 68-73
『晩秋』　142
反日　13, 159, 186, 187, 195, 218, 226, 227

ビザなし渡航　41, 194
『Pure Soul――君が僕を忘れても』　143
冬ソナ（〜現象，〜ブーム）　1-4, 6, 9, 19-21, 37, 42, 43, 87, 129, 219, 224, 225
『冬のソナタ』　1-4, 9, 11, 19-21, 33, 35, 36, 55-57, 66-70, 73, 75, 76, 78, 84-87, 116-121, 126-129, 137138, 172, 181, 204, 219, 221, 222
『ブラザーフッド』　138, 142, 179
『フルハウス』　78
『フレンズ』　46, 65, 67, 68, 84
文化交流　1, 22, 86, 87, 101, 173, 179
文化産業振興五ヵ年計画　130
文化侵略　110
文化政策　76, 128-130
文化帝国主義　94
『ペパーミント・キャンディー』　138, 162
『望郷』　144, 151
放送映像コンテンツ政策支援　119
放送法　119
ポスト韓流　23
『ホテリアー』　82, 84
ポピュラー文化の越境性（越境するポピュラー文化）　9-11, 21, 22, 57, 91, 97, 105, 120, 132
『本名宣言』　163

ま　行

まなざし　6-8, 13, 21, 34, 35, 37, 39, 77
『マラソン』　112, 115
マンガ　10, 79, 90-105, 152, 153
『マンガ嫌韓流』　4, 44, 181, 205, 206, 215, 219, 226
満州もの　149
マンファ（MANHWA）　91-93, 95-99, 102, 104, 105
民主化　93-95, 114, 120
民団（在日本大韓民国民団）　151
メタ言説の越境　102
メディア言説　6, 16, 18-21, 104, 121
――空間　9, 10, 18
メディア・コングロマリット　97, 120
メディアコンテンツ産業　109
『もう一度キス』　46
物語　7, 10-12

や・ら・わ行

『夜間飛行』　151
『約束』　142
靖国神社参拝問題　174, 204
『ユンボギの日記』　142
『夜を賭けて』　144
「ヨン様」騒動（〜現象）　14, 15, 75, 220
『ラスト・プレゼント』　143
RUN2U』　144
『力道山』　144, 155-162
『力道山の鉄腕巨人』　156
『力道山の秘密』　156
『力道山物語　怒濤の男』　160
『流星花園』　84
歴史教科書問題　186, 187, 204
歴史認識　175, 205
歴史問題　175, 216
ワイドショー　11, 13, 16, 18
『私の頭のなかの消しゴム』　112, 143
『私の彼女を紹介します』　138

「韓流」関係図書（出版年順）

小倉紀蔵・小針進編（2007）『韓流ハンドブック』新書館

（2007）『会いたくて韓流スター〈1〉 ヒョンビン』TOKIMEKIパブリッシング／角川グループパブリッシング〔発売〕

康熙奉（2007）『夢見る韓流——冬ソナとペ・ヨンジュンに魅せられて』右文書院

秋山きよみ（2007）『ピリ辛・韓流おかず』世界文化社

村松賢（2007）『博士王仁の実像——韓流の古代史』白帝社

金城模（2007）新藤祐樹訳『マンガ嫌日流』晋遊舎

韓流ぴあ編（2007）『韓流入門——問題と解説　全207問』ぴあ

Padox 編（2007）『チャングム・フォーエバー——韓流スターが語るドラマの魅力』河出書房新社

上田祥子（2007）『韓流美肌力』オレンジページ

韓流アソシエイツ編（2007）『韓流次世代スター読本 ケイ・プラス Vol. 6』ポプラ社

『チョ・インソンの秘密』研究会（2006）『チョ・インソンの秘密』サニー出版

多根清史（2006）『嫌韓 vs 反日のキーワード』三才ブックス

桜井誠（2006）『反日妄言半島炎上編——嫌韓流 実践ハンドブック２』晋遊舎

ヤン・ビョンソル（2006）トラッシュ訳『嫌日流』有学書林

国際交流基金日本研究・知的交流部アジア・大洋州課編（2006）『韓流とニッポン・フィール——交流時代の課題と可能性（日韓セミナー2005報告書２）』国際交流基金

尹光鳳・李東碩・権俸基・羅星仁編（2006）『草の根の日韓21世紀共同体——文化・経済・環境からのアプローチ』溪水社

咸翰姫・許仁順・蓮池薫（2006）『冬ソナと蝶ファンタジー』光文社

麻生香太郎（2006）『ジャパニーズ・エンタテインメント・リポート』ダイヤモンド社

北岡俊明・ディベート大学（2006）『嫌韓流ディベート——反日国家・韓国に反駁する』総合法令出版

八幡薫（2006）『韓流道』宝島社

太田修ほか（2006）『「マンガ嫌韓流」のここがデタラメ』コモンズ
成美子（2006）『パラムソリ――韓風にのって』晩聲社
城西国際大学ジェンダー女性学研究所（2006）『ジェンダーで読む“韓流”文化の現在』現代書館
桜井誠（2006）『嫌韓流――反日妄言撃退マニュアル：実践ハンドブック』晋遊舎
黒門（2006）『黒門の韓流占い――韓国伝統の占術がついに初上陸！』東邦出版
高柳美知子・岩本正光（2006）『「冬のソナタ」から見えてくるもの――韓流の韓国を訪ねて』かもがわ出版
韓流アソシエイツ編（2006）『韓流次世代スター読本 ケイ・プラス Vol.5』ポプラ社
――編（2006）『韓流次世代スター読本 ケイ・プラス Vol.4』ポプラ社
韓国パブリッシング（2006）『ペ・ヨンジュン 韓流プリンスの光と影』シーエイチシー／コアラブックス〔発売〕
韓均子・舘野晳（2006）『現代韓国社会を知るためのハンドブック』明石書店
伊藤亜人（2006）『韓国夢幻――文化人類学者が見た七〇年代の情景』新宿書房
ユ・サンチョル，チョン・ヒョンモク，チョン・ガンヒョン，アン・ヘリ，キム・ジュンスル，蓮池薫（2006）『韓流熱風――映画・テレビドラマ・音楽強さの秘密』朝日新聞社
サイビズ（2006）『パソコンとネットの韓流ガイド Vol. 2』主婦の友社
コ・ジェハク・裵淵弘（2006）『テレビを消せ！――ドラマ全盛時代の韓国で今なにが起きているか』ポプラ社
キム・ヘスク（2006）『今だから話せる「冬のソナタ」――韓国ドラマの母が語る韓流スターの素顔』ワニブックス
イ・ヘウォン，大江ともか訳（2006）『ミス・コリアの韓流ダイエット』KK ベストセラーズ
SCREEN 特別編（2006）『韓流アクター名言集 ザ・ボイス〈2〉』近代映画社
Marinche（2006）『冬ソナ最終章――その後のふたり』右文書院
（2006）『マンガ嫌韓流――公式ガイドブック』晋遊舎
（2006）『野菜たっぷり韓流おかず』日本放送出版協会
閔丙哲（2005）『100のクイズで楽しく知る日本と韓国文化の違い――日韓対照』BCM Media,Inc

林鎬根（2005）『韓流の源』光人社
林香里（2005）『「冬ソナ」にハマった私たち——純愛，涙，マスコミ…そして韓国』文藝春秋
林えり子（2005）『冬のソナタに恋した人へ——お願い！これだけは知っておいて』グラフ社
李世午（2005）『韓流 DAYS2003－2006』双葉社
楊希彬・ヨンヨンファミリー編（2005）『韓流ドラマ館〈3〉クォン・サンウ特別版「悲しき恋歌」「天国の階段」』青春出版社
柳和廷監修（2005）『女をあげる！　韓流「顔占い」』ゴマブックス
柳雪香・ヨンヨンファミリー編（2005）『韓流ドラマ館〈2〉『美しき日々』のすべて』青春出版社
朴珍希・村山保子（2005）『韓流スターといますぐ話せる韓国語』三修社
服部民夫・金文朝（2005）『韓国社会と日本社会の変容——市民・市民運動・環境』慶應義塾大学出版会
日韓学生のフォーラム（2005）『日韓・市民の時代をどうつくるか——韓流と「慰安婦」・歴史問題，未来への対話』女性のためのアジア平和国民基金
土佐昌樹，青柳寛，ブライアン・モーラン（2005）『越境するポピュラー文化と“想像のアジア”』めこん
土井美穂（2005）『韓流カップルになりました！』三修社
田中秀臣（2005）『最後の「冬ソナ」論』太田出版
村田順子（2005）『解体・韓国エンタメ完全攻略』技術評論社
上野敏彦（2005）『辛基秀と朝鮮通信使の時代——韓流の原点を求めて』明石書店
小林竜雄（2005）『韓流，純愛，初恋病。——喪失感を抱いて生きること』中央公論新社
小倉紀蔵（2005）『韓流インパクト——ルックコリアと日本の主体化』講談社
女性のためのアジア平和国民基金（2005）『東京・新宿発　日韓協力の新しい街づくり——住民・生活次元の日韓対話』東京 女性のためのアジア平和国民基金
山野車輪（2005）『マンガ嫌韓流』晋遊舎
山元一（2005）『今，憲法裁判所が熱い⁉　欧流と韓流と「日流」と？——山元一教授講演録』自由人権協会

高月靖・韓ドラ鑑賞会協力編（2005）『韓流ドラマ，ツッコミまくり』バジリコ
康熙奉（2005）『LOVE――愛は冬のソナタに導かれて』TOKIMEKIパブリッシング
呉善花（2005）『「反日・親北」韓国の暴走――「韓流ブーム」ではわからない』小学館
金承福・前田智子（2005）『韓流ドラマで始める愛の韓国語』主婦の友社
韓流隊（2005）『気分は「韓ドラ」ヒロイン！――韓流みたいに恋したい!!』竹書房
韓流スターに近づきたい！編（2005）『スターに逢えるかもしれないショップガイド――韓流スター御用達！』竹書房
韓流アソシエイツ編（2005）『韓流次世代スター読本 ケイ・プラス Vol.3』ポプラ社
――編（2005）『韓流次世代スター読本 ケイ・プラス Vol.2』ポプラ社
――編（2005）『韓流次世代スター読本 ケイ・プラス』ポプラ社
韓国秘伝料理研究会（2005）『韓流スターも歓喜する秘伝の韓国家庭料理』ベストブック
韓国パブリッシング（2005）『“韓流”四天王＋クォンサンウ最新読本』シーエイチシー／コアラブックス〔発売〕
――（2005）『“韓流”トップスターベスト10』セントラルSOG／コアラブックス〔発売〕
――（2005）『ペヨンジュン 韓流プリンスの物語』セントラルSOG／コアラブックス〔発売〕
――編（2005）『“韓流”四天王最新読本』セントラルSOG／コアラブックス〔発売〕
ワン・スヨン（2005）『知りたかった！韓流の秘密』海竜社
ユン・ソクホ，ビョン・ヒジェ（2005）『冬のソナタは終わらない。』廣済堂出版
ユ・ヘジュン，チェ・スンユク，ユ・ヘジョン（2005）『冬のソナタ 初恋のメロディ』TOKIMEKIパブリッシング
マツヤマ・ジュンコ（2005）『The ペ・ヨンジュン論』英治出版
ホ・ヨンマン，キョ・ヌキム訳（2005）『マンガ韓流大金持ち 儲けの法則』ソフトバンククリエイティブ

ハヤンスダル，藤田優里子・久保直子訳（2005）『韓流スターが通うお気に入りお店ガイド』白夜書房
パク・ヒョンスク，安彩子（2005）『ジョンア姉さんの冬のソナタ』マガジンランド
ちょん・ひょんしる（2005）『暮らしのなかの日韓交差点』草風館
チョン・ダヨン（2005）『韓流モムチャン・ダイエット――9週間エクササイズ』芸文社
たがみようこ（2005）『ヨンとヨーコの韓流ラブ』メディアファクトリー
ソウル・パブリッシャー編（2005）『“韓流”ポスト四天王＋α 最新読本』セントラルSOG／コアラブックス〔発売〕
サイビズ（2005）『パソコンとネットの韓流ガイド』主婦の友社
コリア・ムービー・サークル，韓国パブリッシング編（2005）『“韓流”トップスターベスト10［増補普及版］』シーエイチシー／コアラブックス〔発売〕
コリア・ムービー・サークル（2005）『“韓流”スター＆ドラマQ&A情報〈2005年版〉』セントラルSOG／コアラブックス〔発売〕
コリア・マインドフォーカス会（2005）『“韓流”スター性格・相性占い』シーエイチシー／コアラブックス〔発売〕
クォン・ヘヒョ（2005）『冬のソナタ「キム次長」クォン・ヘヒョと学ぶハングルスタートブック』ダイヤモンド社
オ・スヨン，田代親世（2005）『冬のソナタ 新しい物語』トキメキ パブリッシング
イ・ドハン，キム・ジェウォン編（2005）『韓流スターと話すDVD韓国語会話入門』ソフトバンクパブリッシング
YUN（2005）『韓国ドラマの素――冬ソナ風味』ソフトバンククリエイティブ
SCREEN編（2005）『韓流（はんりゅう）アクター名言集 THE VOICE』近代映画社
CHISON（2005）『韓流美肌レシピ――ヘルシーな韓国家庭料理』ソニー・マガジンズ
BEANS姉妹編（2005）『韓流 漢方ダイエット』武田出版／星雲社〔発売〕
「冬のソナタ」モバイル公式サイト（2005）『ファンが綴った冬のソナタ――ケータイから生まれたアナザー・ストーリー』水曜社

(2005)『韓流 STARS VIEW』イースト・プレス
(2005)『インパクション〈149〉特集・もうひとつの“韓流”』インパクト出版会
(2005)『韓流〈vol.2〉』シネマハウス／星雲社〔発売〕
(2005)『POP ASIA 韓流 special 韓国俳優見た！聞いた！全記録』TOKIMEKI パブリッシング 角川書店〔発売〕
(2005)『韓流スターお宝大プレゼント』ブックマン社
(2005)『韓流〈vol.1〉韓流スター RUSH !!』シネマハウス／星雲社〔発売〕
(2005)『韓流ごはん ピリ辛おかずや人気の麺・ご飯，スイーツまでうちで作れる韓国料理の簡単レシピ』オレンジページ
(2005)『韓の国の誘惑　シン・ヒョンジュン，キム・テヒ…韓流スターの素顔，ぜんぶ見せます！』日本文芸社
(2005)『マンガ嫌韓流の真実！——〈韓国 / 半島タブー〉超入門』宝島社
(2005)『特集気がつけば韓流』週刊朝日編 別冊 小説トリッパー 朝日新聞社
崔季煥・崔廷伊・張敬根，全円子監訳（2004）『人が動く——MK タクシー青木定雄の成功哲学』ふくろう出版
柳雪香・ヨンヨンファミリー編（2004）『韓流ドラマ館——ペ・ヨンジュン伝説の幕開け』青春出版社
矢田部木綿子（2004）『冬のソナタ交遊録——ネットで花咲く井戸端会議』TOKIMEKI パブリッシング／角川書店〔発売〕
毛利嘉孝編（2004）『日式韓流——「冬のソナタ」と日韓大衆文化の現在』東京せりか書房
朴勇敏・『冬ソナ』クイズ研究会（2004）『クイズで読む「冬のソナタ」——あなたの「冬ソナ」の見方はどこまで深い？』楽書舘
板倉徹・板倉登志子（2004）『「冬のソナタ」から学ぶ脳の不思議——主人公の脳に何が起こったのか』ブレーン出版
萩原真理子・不可能な家でポラリスを観測する会（2004）『図解「冬のソナタ」のすべて——1時間で冬ソナの謎が全部解ける！』日本文芸社
任栄哲（2004）『韓国の日常世界——生活・社会・文化の基礎知識』ベストセラーズ
島本美由紀（2004）『韓流グルメガイド：あの名シーンをおいしく体験』彩図社

青山カヲル・サムゲ団（2004）『「冬ソナ」恋愛学院』第三文明社
杉本拓聡・ビデコ（2004）『ピアノで弾く 冬のソナタ――CD伴奏付き』晩聲社
深海さなえ＆チュンチョン純愛研究会（2004）『ポラリス的「冬のソナタ」バイブル』ナツメ社
小林良彰・任爀伯（2004）『日本と韓国における政治とガバナンス――変化と持続』慶應義塾大学出版会
女性のためのアジア平和国民基金編（2004）『メディアと体験と日韓関係』女性のためのアジア平和国民基金
秋敦子（2004）『ピアノソロ 完全保存版 冬のソナタ』ヤマハミュージックメディア
秋生真里（2004）『「冬のソナタ」の占星学――これを読めばあなたの星が分かる!!』リトルガリヴァー社
市吉則浩（2004）『「冬のソナタ」の愛がもっとわかる本』二見書房
山崎裕子・青島昌子（2004）『冬のソナタロケ地追っかけ珍道中――スタッフが秘密の聖地をご案内』TOKIMEKIパブリッシング
高野悦子・山登義明（2004）『冬のソナタから考える』岩波書店
康熙奉（2004）『「冬のソナタ」からの贈り物――珠玉の純愛物語はこうして誕生した』TOKIMEKIパブリッシング
向山昌子（2004）『微笑みの貴公子――ホテリアー，冬のソナタに恋をして』竹書房
金鐘文・村山匡一郎（2004）『韓国映画躍進の秘策――韓日文化交流の新時代』パンドラ
金在烈・高賛龍・鄭鳳吉・全聖基・金奎昌・上野博（2004）『水彩画冬のソナタの風景を描く――ロケ地の美しい風景』日貿出版社
花房孝典（2004）『「冬ソナ」の韓国・真実のコリア――芸能・文化から歴史・政治まで』イーグルパブリシング
遠森慶（2004）『韓流ちょっとワケ知り旅の本』三交社
レッカ社（2004）『もっと知りたい「冬ソナ」の謎』双葉社
ユン・ソクホ（2004）『冬のソナタ 秘密日記』TOKIMEKIパブリッシング
ホ・ヨンマン（2004）『韓流マンガ 幻のチゲ鍋』幻冬舎
――（2004）『韓流マンガ 究極のキムチ』幻冬舎

コリアエンタテインメントジャーナル編（2004）『韓流旋風——韓国映画・テレビスターパーフェクト Vol. 2』コスミック出版
コリア・ムービー・サークル編（2004）『“韓流”スター＆ドラマ新情報 Q&A85——スター＆ドラマプロファイリング』セントラル SOG コアラブックス〔発売〕
キム・ウニ，ユン・ウンギョン，根本理恵（2004）『冬のソナタ 完全版〈1〉』ソニーマガジンズ
——（2004）『冬のソナタ 完全版〈2〉』ソニーマガジンズ
——（2004）『冬のソナタ 完全版〈3〉』ソニーマガジンズ
——（2004）『冬のソナタ 完全版（4）』ソニーマガジンズ
キム・ウニ，ユン・ウンギョン，ホ・ユナ（2004）『冬のソナタ 永遠に忘れない名セリフ集』宙出版
キム・ウニ・ユン・ウンギョン・うらかわひろこ（2004）『もうひとつの冬のソナタ』ワニブックス
エム・ビー・カンパニー編（2004）『韓流スターグラフ——バイリンガル韓国スター芸能・準備号』星雲社
Paper Hot Chili，韓ドラファン同好会編（2004）『韓流ドラマ STAR STORY』徳間書店
慎武宏編（2004）『韓流スターたちの真実』TOKIMEKI パブリッシング
BYJcafe（2004）『「微笑みの貴公子」からの贈り物——『冬のソナタ』の時代』双葉社
「冬のソナタの人々」特別編集委員会・ユンユンドウ（2004）『冬のソナタ 特別編Ⅱ』晩聲社
「冬のソナタ」の謎解明委員会（2004）『冬ソナの謎』幻冬舎
（2004）『ムービー・ゴン別冊 コリアン・ムービー・スター6 新装改訂版「冬のソナタ」ロケ地ガイド』シネマハウス
（2004）『韓国ドラマ＆シネマ FAN』エム・ビー・カンパニー
（2004）『ムービー・ゴン別冊 コリアン・ムービー・スター6『冬のソナタ』永久保存版 ＆ ペ・ヨンジュン大特集』シネマハウス
（2004）『アクターズファン特別版『韓国俳優通信』』ソフトバンククリエイティブ

(2004)『韓国ドラマ＆シネマ LIVE (2)』竹書房
(2004)『「韓流スターの時代１」冬のソナタ――ペ・ヨンジュン／チェ・ジウ』エイチ・シー・ピー
(2004)『韓国 STAR インタビューの全て――韓国 TV 映画ファン総集編』英知出版
(2004)『くびったけっ!! 韓国シネマ』TOKIMEKI パブリッシング
(2004)『イ・ビョンホン／純愛中毒／美しき日々・韓流／CINEMA BIGWAVE』シネマハウス
小島孝之・小松親次郎（2003）『異文化理解の視座――世界からみた日本，日本からみた世界』東京大学出版会
女性のためのアジア平和国民基金（2003）『日韓関係の現在・過去・未来――新時代に生きる私たちの対話』女性のためのアジア平和国民基金
市吉則浩（2003）『「冬のソナタ」をもっと楽しむ本』二見書房
康熙奉（2003）『「冬の恋歌（ソナタ）」を探して韓国紀行――チュンサンとユジンを訪ねる旅』TOKIMEKI パブリッシング
芸術拠点形成事業大阪市実行委員会編（2003）『平成14年度芸術拠点形成事業（展覧会事業等支援）「日韓文化芸術交流史の解明と普及による芸術文化拠点形成事業」報告書』大阪 芸術拠点形成事業大阪市実行委員会
金奉吉・井川一宏（2003）『韓国の構造改革と日韓・東アジアの経済協力』神戸大学経済経営研究所
顔伶郡・賢蔵 広橋・允熙 劉（2003）『ふたりを追っかけ韓国へ！ 冬の恋歌（ソナタ）撮影現場に行ってきました！――台湾女性記者撮影現場奮戦記』TOKIMEKI パブリッシング
関満博（2003）『北東アジアの産業連携／中国北方と日韓の企業』新評論
黄順姫（2003）『W 杯サッカーの熱狂と遺産――2002年日韓ワールドカップを巡って』世界思想社
安岡明子（2003）『冬のソナタで始める韓国語』キネマ旬報
キム・ウニ，ユン・ウンギョン，宮本尚寛（2003）『冬のソナタ 上』日本放送出版協会
――（2003）『冬のソナタ 下』日本放送出版協会
Cha Victor D.・倉田秀也・船橋洋一（2003）『米日韓反目を超えた提携』有斐

閣
「冬のソナタ」特別編集委員会（2003）『冬のソナタ特別編 II』晩聲社
「冬のソナタ」特別委員会（2003）『冬のソナタ 特別編』晩聲社
（2003）『韓国ドラマ・ガイド 冬のソナタ』日本放送出版協会
（2003）『ムービー・ゴン Vol.24』シネマハウス

「韓流」関係論文・記事（出版年順）

（2007.5.17）「『ヨン様登場』でも大コケ『上戸彩』韓流リメイクドラマ」『週刊新潮』52巻18号：50

（2007.5.6）「“魔性の本能系”高岡早紀次は韓流ミュージカル俳優⁉」『サンデー毎日』86巻19号：170

（2007.4.19）「『韓流ホスト・ホステス』３万人は『日本の性奴隷』だって」『週刊文春』49巻16号：136-137

（2007.4.5）「韓流ドラマ出演ユンソナ『日本では傷つき苦しんだ』」『週刊文春』49巻14号：179-180

（2007.4）「韓流，誰のための文化か？——東アジア文化共同体に向けた進歩と抵抗（北朝鮮核実験以後の東アジア）」『世界』764号 増刊：78-102

朴恵玲・岸本裕一（2007.3）「インターネット音楽配信と韓国音楽市場の変貌——韓流ブームを踏まえて」『桃山学院大学総合研究所紀要』32巻３号：33-43

（2007.3.4）「カラオケ業界最大手第一興商が“韓流”ソング著作権料10億円を未払い⁉」『サンデー毎日』86巻９号：142-144

成慶（2007.3）「韓流ブームから相互理解へ——両班（ヤンバン）文化の気質を韓国企業にみる」（茨城高専公開シンポジウム「日本の常識？世界の非常識！企業風土の国際比較」）『茨城工業高等専門学校研究彙報』42号：99-100

（2007.2.22）「韓国女優や歌手『自殺続出』は『韓流ブーム』のせい？」『週刊新潮』52巻７号：56-57

殿岡託（2007.2）「韓流ウエポン見本市 テジョンの陸軍フェスティバル」『丸』／潮書房 60巻２号：16-21

見明亨徳（2007.2）「韓流ビジネス現場ケーマート vs. 韓国市場で勃発 新宿・職安通り韓国流通戦争！」『エルネオス』13巻２号：50-53

梅咲恵司（2007.1.27）「岐路に立つ韓流ブーム なるか韓国映画の“復興”」『週刊東洋経済』6061号：36-37

岩井志麻子（2007.1）「熟女必見『韓流エロナイト』のススメ——ドスケベ三都

ものがたり番外篇」『新潮45』26巻1号：217-223
(2007.1.12)「韓流『全自動セックスマシーン』は感動の連続だ！」『週刊ポスト』30巻3号：191-193
遠藤郁子（2007）「書評 城西国際大学ジェンダー・女性学研究所編『ジェンダーで読む〈韓流〉文化の現在』水田宗子・長谷川啓・北田幸恵編『韓流サブカルチュアと女性』」『社会文学』25号／日本社会文学会：158-161
信田さよ子（2007）「共依存――アディクションから韓流ドラマまで 第7回 かけがえのなさという幻想」『小説 tripper』2007春季号：390-397
板垣竜太・山口正紀・鄭栄桓（2007）「〈嫌韓流〉の何が問題か――歴史教育・メディア・消費文化・戦争とレイシズム」『季刊前夜』第1期11号：35-45
板垣竜太（2007）「『マンガ嫌韓流』と人種主義――国民主義の構造」『季刊前夜』第1期11号：120-34
大山勝美（2006.12）「韓流パワーに触れて――2つの国際的なテレビの催し」『月刊民放』36巻12号：32-35
許哲洪（2006.11.25）「ビジネスも韓流の時代がきた サムスンがソニーを呑み込む日」『週刊現代』48巻44号：170-172
(2006.11)「北朝鮮あれこれ北朝鮮にも韓流ブーム，住民の間で韓国ドラマや俳優に対する関心高まる」『北朝鮮 focus』159号：56-58
(2006.10.27)「韓流『全自動セックス』マシーン 全国のラブホが続々導入で本誌新人記者が突撃体験！」『週刊ポスト』38巻45号：179
松岡由季（2006.10）「韓流化学者との交流記（6）ソウルの夏 研究室を率いる二人の学生ボス」『現代化学』427号：22-24
山中千恵（2006.10）「書評論文『韓流』を語ることの現在」『韓国朝鮮の文化と社会』5号：133-144
丁貴連（2006.10）「『韓流』『嫌韓流』そして『韓流』」『アジア遊学』92号：20-31
原尻英樹（2006.10）「『嫌韓流』にみる日本定住コリアンのイメージ――朝鮮蔑視観と自己中心性の病」『アジア遊学』92号：10-19
(2006.10)「特集 韓国川紀行――韓流水辺事情」『Front』19巻1号：2-36
(2006.9.28)「韓流スター『クォン・サンウ』に新疑惑の『告発』」『週刊新潮』51巻36号：49-50

(2006.9.7)「SPECIAL FEATURES ドラマだけじゃない韓国パワー恐るべし」『クーリエ・ジャポン』2巻17号：22-25
韓淇皓（2006.9.1）「韓流出版事情（最終回）女性向け“生き残りマニュアル”の流行と家族解体という難問」『論座』2006年9月号：214-219
北田暁大（2006.9）「思考の遊歩（第6回）北京の「韓流」タウン」『文學界』60巻9号：200-2006
韓淇皓（2006.8.1）「韓流出版事情（11）出版の両極化現象と“一人出版”」『論座』2006年8月号：168-173
岸本葉子（2006.8）「岸本葉子の「刺激的生活」(20) 遅ればせながら韓流。」『潮』2006年8月号：218-221
(2006.8)「COMPANIES & INDUSTRY 韓流コスメ「アモーレパシフィック」の超大な世界戦略」『フォーブス』15巻8号：122-124
(2006.8)「スクープ 小誌〔週刊文春〕だけが知っている韓流「SEX 教団」徹底追跡90日「摂理」教祖が物色した「美人信者」水着ファイル――「強姦1万人」処女もいた元信者たちが涙の告白」『週刊文春』48巻31号：38-40
イジュンギ・小泉淳子（2006.7.5）「SOCIETY & THE ARTS インタビュー 韓流映画を変えた美少年イ・ジュンギ」『ニューズウィーク』21巻26号：66
韓淇皓（2006.7.1）「韓流出版事情（10）「書くこと・読むこと」に関する本が書店であふれかえる理由」『論座』2006年7月号：212-217
島崎英威（2006.6.28）「海外出版レポート 中国 韓流海賊版出現！」『出版ニュース』2071号：23
韓淇皓（2006.6.1）「韓流出版事情（9）寓話がベストセラー市場を席巻する」『論座』2006年6月号：171
(2006.6)「韓流 SEX 教団「摂理」の恐るべき「性の儀式」」『週刊文春』48巻21号：44-47
(2006.6)「映像入手 クォン・サンウ，リュ・シウォンから BoA まで！ 韓流スター「日本人に内緒の反日パフォーマンス」」『SAPIO』18巻13号：35-37
(2006.6)「韓流スター ウォンビン除隊「出来レース」説を追う」『週刊文春』48巻24号：149-150
パクシニャン（2006.5.7）「韓流美男 File（28・最終回）パク・シニャン 自分に正直に」『婦人公論』91巻10号：134-137

韓淇皓（2006.5.1）「韓流出版事情（8）1987年と1997年の世代交代が進む韓国文化市場」『論座』2006年5月号：208-213
李泳采・林るみ（2006.5.1）「独占！　チェ・ミンシクが語る「スクリーンクオータ縮小に反対する」」『論座』2006年5月号：195-207
七瀬恭一郎（2006.5.1）「華やかブームの陰で相次ぐ疑惑やトラブル――韓流ブームの裏で続いたトンデモ騒動の一部始終」『創』36巻5号：132-139
（2006.5.1）「注目レポート「韓流デリヘル」絶滅へ警察庁が本気だ――人身売買など犯罪の巣」『月刊テーミス』15巻5号：104-105
菅野朋子（2006.5）「冬ソナも真っ青，韓国占いブーム狂騒曲（靖国神社もびっくり!? 小特集 中国＆韓国 オカルト病）」『新潮45』25巻5号
百本和弘（2006.5）「韓流ブームに乗り観光客呼ぶ（韓国）」『ジェトロセンサー』56号：18
松岡由季（2006.5）「韓流化学者との交流記（2）ソウルの夏 教育ブランド熱に踊る韓国の大学」『現代化学』422号：18-20
山野車輪・呉善花（2006.5）「『韓流』は日本文化の盗用だ――『マンガ嫌韓流』こそ真の日韓相互理解に貢献できる 山野車輪 対談 呉善花」『Voice』2006/5巻：164-173
小倉紀蔵（2006.5）「『韓流』と『嫌韓流』に通底するもの」『軍縮問題資料』306号：84-89
富山妙子（2006.5）「拉致と韓流ブーム――過去の歴史に目を閉じた日本」『軍縮問題資料』306号：26-27
チャン・ドンゴン（2006.4.22）「韓流美男 File（27）チャン・ドンゴン ひたむきに，一筋に」『婦人公論』91巻9号：110-113
（2006.4.20）「「韓流スター」にプレゼントされた「2億円住宅」」『週刊新潮』51巻15号：140
韓淇皓（2006.4.1）「韓流出版事情（7）デジログ時代には情報の味が大切だ」『論座』2006年4月号：234-239
櫻井よしこ・関川夏央・古田博司（2006.4.1）「韓流「自己絶対正義」の心理構造」『諸君』38巻4号：68-80
呉善花（2006.4.1）「読書の時間 LESSON 日韓，愛の幻想 呉善花著「韓流結婚」の前に知るヨン様たちの素顔」『正論』2006年4月号：338-341

鄭大均（2006.3.22）「帰属「韓流」「嫌韓流」ブームの狭間で揺れる在日アイデンティティの危機」『SAPIO』18巻7号：75-77
チェ・ミンシク（2006.3.22）「韓流美男 File（24）チェ・ミンシク 波欄万丈を生きて」『婦人公論』91巻7号：88-91
小池誠（2006.3.15）「インドネシアに広がる韓流ドラマの人気」『桃山学院大学総合研究所紀要』31巻3号：5-11
ギョング・ソル（2006.3.7）「韓流美男 File（23）ソル・ギョング――役柄とひとつに」『婦人公論』91巻6号：118-120
（2006.3.3）「独占 蓮池薫さんが語る「冬ソナ」そして「拉致」」『週刊朝日』111巻9号
小沢章友（2006.3.2）「黒い報告書「韓流似の男」に訪れた愛知万博の終わり」『週刊新潮』51巻8号：145-148
（2006.3.2）「「嫌韓流」に強烈反撃――「嫌日流」のトンデモ中身――「銭湯は混浴で頽廃的…」だって」『週刊文春』48巻8号：46-48
韓淇皓（2006.3.1）「韓流出版事情（6）「下流」を志向する日本の団塊ジュニアと「父の復活」を夢見る韓国の若い世代」『論座』2006年3月号：216-221
松島まり乃（2006.3）「『冬ソナ』の父ユン・ソクホ――『恋しさ』の原点」『すばる』28巻3号
金美徳（2006.2.28）「拡大する韓中経済関係とアジアのビジネスチャンス――「韓流」「漢風」に沸く両国」『世界週報』87巻8号：24-28
酒井順子（2006.2.25）「『その人，独身？』100回突破記念 酒井順子「韓流負け犬 現地レポート」『週刊現代』48巻7号：162-165
クォン・サンウ（2006.2.25）「韓流美男 File（22）クォン・サンウ――鍛え抜かれた肉体，繊細な魂」『婦人公論』91巻5号：124-127
（2006.2.22）「韓流スターはなぜ怒る？――韓国映画 規制緩和で映画監督や俳優たちが猛抗議する本当の理由」『Newsweek』21巻8号：30-31
韓淇皓（2006.2.1）「韓流出版事情（5）心理学書が売れる理由」『論座』2006年2月号：194-199
許光秀・大森孝（2006.2.1）「許光秀 韓国ゴルフ協会副会長に聞く 強い韓流ゴルフの理由を探る」『月刊ゴルフマネジメント』27号：46-49
原美由紀（2006.2.1）「韓流追っかけツアー狂騒曲」『文藝春秋』84巻3号：340

-347
中西新太郎（2006.2.1）「ポップカルチャーと政治 開花する「Jナショナリズム」――『嫌韓流』をテクストに」『世界』749号：104-111
（2006.1.22）「終わらない韓流バトル チェ・ジウよりずっと格上イ・ヨンエ大ブレイクの予感」『サンデー毎日』85巻3号：26-27
（2006.1.20）「「悲しき恋歌」輸出の舞台裏，アミューズとチャン・ドンゴンの契約事情… 東京⇔ソウル 韓流エンタメ・ビジネス最前線」『週刊朝日』111巻2号：136-139
鳩村初吉（2006.1.1）「この一冊『辛基秀と朝鮮通信使の時代――韓流の原点を求めて』上野敏彦著」『現代の理論』6号：190-193
韓淇皓（2006.1.1）「韓流出版事情（4）2005年，韓国出版市場のキーワードは「エンパワーメント」」『論座』2006年1月号：194-199
小倉紀蔵（2006.1.1）「まっとうな批判に耐えてこそ「韓流」は「アジア流」に育つ――ペ・ヨンジュンファンへの手紙」『論座』2006年1月号：37-50
（2006.1.1）「特集 ヒルズ族や韓流スターに続き，時代の顔になるのは誰だ？「いま旬の雑誌」編集長に聞く 2006年にブレイクする30人」『The21』23巻1号：81-88
（2006.1.1）「韓流新星」『AERA』19巻1号：別21-23
（2006.1.1）「トップストーリー 脅威の韓流経営―世界を狙うサムスン，ヒュンダイモーター，ポスコの経営革新」『フォーブス』15巻1号：39-46
板倉徹（2006.1）「新連載 ドラマ・映画にみる脳の疾患 シネマホスピタル（1）冬のソナタ」『Brain nursing』22巻1号
金廷恩（2006）「韓国における日本のテレビソフトの移植」『マス・コミュニケーション研究』68号：148-165
田邊敏明（2006）「ドラマを構成するメタファーに関する一研究――『冬のソナタ』を例にして」『教育実践総合センター研究紀要』21号：79-94
李修京（2006）「日本の‘韓流’現象と日韓交流の諸課題」『東京学芸大学紀要 人文社会科学系Ⅰ』57巻：85-96
志水紀代子（2006）「ハンナ・アーレントの政治哲学（10-2）『冬ソナ』，『ヨン様』ブームのアーレント的・フェミニズム的解釈」『追手門学院大学人間学部紀要』20巻：39-58

(2005)「特集 気がつけば韓流」『小説 tripper』2005秋季号：6-37
信田さよ子（2005）「共依存——アディクションから韓流ドラマまで（第2回）共依存とケア」『小説 tripper』2005冬季号：364-377
大西赤人（2005）「状況2005春 映画 朝鮮半島の『二つの国』に対する非合理な愛憎——韓流（はんりゅう）ブームと遺骨問題，そして『パッチギ！』」『社会評論』141号：184-188
上坪陽（2005. 新春）「海外の社会保障みてある記 儒教・“恨”・冬のソナタを背景に——韓国の場合」『社会保障』37巻
横井弘海（2005.Sum.）「ビジネス・ファインダー『韓流』にあやかりたい台湾映画界」『外交』21巻1号：14-15
門倉貴史（2005.12.31）「ポスト『韓流』は『印流』？『華流』？」『週刊東洋経済』2005.12.31-2006.1.7号：51
今田俊・林るみ・小野澄恵（2005.12.30）「カラー特集 期間限定連載 韓流 エンタメエクスプレス（5）」『週刊朝日』110巻62号：77-79
(2005.12.30)「嫌韓流の下にドジョウ何匹？ 正統ナショナリズム本は苦戦」『週刊朝日』110巻62号：155
小野澄恵・田中大介（2005.12.23）「カラー特集 期間限定連載 韓流 エンタメエクスプレス（4）」『週刊朝日』110巻61号：77-79
今田俊・小野澄恵（2005.12.9）「カラー特集 期間限定連載 韓流 エンタメエクスプレス（2）」『週刊朝日』110巻57号：79-81
—（2005.12.2）「カラー特集 期間限定連載 韓流 エンタメエクスプレス（1）」『週刊朝日』110巻56号：71-73
韓淇皓（2005.12.1）「韓流出版事情（3）日本の感性小説，韓国の若い女性を魅了する」『論座』2005年12月号：194-199
長岡義幸（2005.12.1）「背景に日本のナショナリズムが⁉『マンガ嫌韓流』はなぜこれほど売れたのか」『創』35巻11号：114-121
鄭在貞・寺脇研（2005.12.1）「対談 韓流ブームの陰に生涯学習の成果あり——日韓関係の構築に向けて」『外交フォーラム』18巻18号：52-59
岩根卓史（2005.12.1）「書評『韓流』で〈朝鮮〉は死んだのか？——中根隆行『〈朝鮮〉表象の文化誌』を読んで」『日本思想史研究会会報』23号：75-82
下川正晴（2005.12.1）「『韓流』『嫌韓流』『抗韓流』のはざま」『現代コリア』

457号：19-28
（2005.11.27）「2300億円市場 キントキ持ち 金も時もある50代女性——「冬ソナ」ファン 次はアキバ系にはまる 女心のわからない企業に明日はありません」『サンデー毎日』84巻57号
（2005.11.20）「人気ドラマ「チャングムの誓い」に学ぶ 男にもできる韓流極ウマ料理—徹底ガイド レシピ＆東西食材ショップ」『サンデー毎日』84巻56号：32-35
韓淇皓（2005.11.1）「韓流・出版事情（2）「負け犬」と韓国の自己啓発書」『論座』2005年11月号：230-235
惣谷美智子（2005.11.1）「メロドラマのコミュニケーション 英文学『ジェイン・エア』と韓流ドラマ『冬のソナタ』」『公評』42巻10号：82-85
井尻千男（2005.11.1）「STREET ベストセラー最前線 若者たちの猛反撃が始まった 山野車輪著『マンガ 嫌韓流』」『Voice』2005年11月号：180-182
篠原朋子（2005.11）「とびっきりの「冬のソナタ」ツアー」『月刊観光』469号
惣谷美智子（2005.11）「メロドラマのコミュニケーション 英文学『ジェイン・エア』と韓流ドラマ『冬のソナタ』」『公評』42巻10号
吉野裕子（2005.11）「第3章 桜花と陰陽五行——古来日本人が愛でてきた雪月花 花見から『冬のソナタ』まで，その心を読む」『Biostory』4巻
チョン・ウソン（2005.10.22）「韓流美男 File（14）チョン・ウソン やわらかな野性」『婦人公論』90巻21号：94-97
ペ・ヨンジュン（2005.10.7）「韓流美男 File（13）ペ・ヨンジュン 愛を伝えたい」『婦人公論』90巻20号：200-203
韓淇皓（2005.10.1）「韓流出版事情（1）日本の団塊世代の経験は，韓国出版界の「他山の石」」『論座』2005年10月号：188-193
惣谷美智子（2005.10.1）「メロドラマのコミュニケーション 英文学『ジェイン・エア』と韓流ドラマ『冬のソナタ』」『公評』42巻9号：84-89
小島正剛（2005.10.1）「海外労働こぼれ話（64）延期されたILOアジア太平洋地域総会——韓流シナリオの見直しへ」『労働レーダー』29巻10号：38-40
大月隆寛（2005.10.1）「ベストセラー漫画『嫌韓流』は『ゴー宣』よりスゴイんです ナンとまぁ，あからさま!!」『諸君』37巻10号：164-172
呉善花（2005.10.1）「アジアから日本へ——ブーメラン効果としての韓流ブー

ム『冬ソナ』の成功は日韓『感覚商品』の拮抗だ」『中央公論』120巻10号：126-133
(2005.10.1)「韓流労働運動『派遣』だって，『請負』だって，みんなおんなじ労働者。韓国労働運動は，その差別をなくすために闘っていた」『連合』18巻7号：13-18
西村美智子（2005.10）「〈教育実践〉日韓の歴史と未来への道――『冬のソナタ』から強制労働の学びへ」『在日朝鮮人史研究』35巻
板垣竜太編（2005.10）「特集　もうひとつの〈韓流〉」『インパクション』149号：5-107
呉善花（2005.10）「アジアから日本へ――ブーメラン効果としての韓流ブーム『冬ソナ』の成功は日韓『感覚商品』の拮抗だ 」『中央公論』120巻10号
杉山麻里子（2005.9.30）「在日社会と韓流ブーム――ソニン，姜尚中，梁石日，李鳳宇らが語る」『AERA』18巻51号：38-41
(2005.9.30)「ペ・ヨンジュン『四月の雪』進化する韓流」『AERA』18巻51号：3-66
(2005.9.28)「インド市場に韓流企業パワー――ビジネス 欧米や日本の企業を尻目に第2の巨大市場を独占する強さの秘密」『ニューズウィーク』20巻37号：38-40
杉山麻里子（2005.9.26）「韓流『ヨン様妻』夫たちの本音 860人調査」『AERA』18巻50号：35-38
菅野朋子（2005.9.24）「第2特集 エンターテインメント 韓国芸能ビジネスの真相『韓流の王』がもくろむ アジア市場統一」『週刊東洋経済』5981号：100-104
友澤和子（2005.9.16）「カラー特集 韓流ドラマ厳選30――秋の夜長にどっぷりレンタル」『週刊朝日』110巻43号：73-80
杉山麻里子（2005.9.12）「韓流 ペ・ヨンジュンは私の鑑――彼との『出会い』がファンそれぞれの人生にもたらしたものは」『AERA』18巻48号：14-17
パク・ヨンハ（2005.9.7）「韓流美男 File（10）パク・ヨンハ はにかんで，微笑んで」『婦人公論』90巻18号：198-201
斎藤珠里（2005.9.5）「韓流 ペ・ヨンジュン『四月の雪』ソウル報告」『AERA』18巻47号：83-85

竹内慶司・柳哲洙（2005.9.1）「韓流小売市場の現状と課題――割引店の成長可能性」『企業診断』52巻9号：62-69
片岡真実（2005.9.1）「アジアの熱風！ 韓国館 総勢15人の韓流パワー！」『美術手帖』57巻870号：73-75
惣谷美智子（2005.9.1）「メロドラマのコミュニケーション 英文学『ジェイン・エア』と韓流ドラマ『冬のソナタ』」『公評』42巻8号：92-99
小倉紀藏（2005.9.1）「学問の扉 韓流が浮き彫りにする日本のいま」『青鷗』13号：53-59
（2005.9.1）「RO 方式冷水・温水浄水器 /『コーウェイ』シリーズ RO 水浄水装置の『韓流』，6タイプから選択可能」『技術営業』32巻9号：107-109
小倉紀藏（2005.9）「REVIEW 書評『在日 ふたつの「祖国」への思い』姜尚中 冬ソナに似た『涙と自己意識』考察と追憶が入り混じる」『論座』124号：318-320
Yun・Sokuho，宮嶋美紀（2005.8.25）「ユン・ソクホの純愛ミュージカル『冬のソナタ』」『AERA』18巻44号（臨増）
パク・トンハ（2005.8.22）「韓流美男 File（9）パク・トンハ ふたつの国の架け橋に」『婦人公論』90巻17号：92-94
（2005.8.21・28）「韓流スターたち バブルいよいよ最終章か」『サンデー毎日』84巻42号：36-37
（2005.8.15・22）「韓流・若手の底力」『AERA』18巻43号：別20-23
（2005.8.11・18）「淡路恵子　冬ソナどころじゃない『君の名は』ブーム」『週刊文春』47巻31号
（2005.8.11・18）「新聞が『広告拒否』したヨン様真っ青マンガ『嫌韓流』」『週刊新潮』50巻31号：193
（2005.8.7）「韓流美男 File（8）チョン・ジュノ 気品とウィットと」『婦人公論』90巻16号：112-114
杉山麻里子・坂口さゆり・菊地智子（2005.8.5/22）「AERA in AERA（中央綴じ込み）華流・韓流 Asian Entertainment」『AERA』18巻43号：別1-23
武藤義典（2005.8.1）「ニュースな人たち 武藤義典 韓流ブームの仕掛け人」『ぎゃらく』2005年8月号：3-5
小倉紀藏（2005.8.1）「『ルックコリア』と『韓流』」『本』30巻8号：27-29

パク・キュヒョン（2005.8.1）「経済一般動向 韓流の経済的効果は2兆ウォン＋α」『日韓経済協会協会報』398号：43-47
（2005.7.30）「日本上陸も狙う怪物サービス 最強の韓流ブログ『サイワールド』襲来」『週刊東洋経済』5971号：34-35
（2005.7.22）「韓流美男 File（7）ヤン・ジヌ 昼下がりの恋人」『婦人公論』90巻15号：98-100
大西康之（2005.7.18）「第2特集 したたか韓流日式『世界の恋人』へひた走るロッテの真実」『日経ビジネス』1300号：48-59
（2005.7.18）「受け継がれる韓流日式」『日経ビジネス』1300号：56-59
（2005.7.7）「韓流美男 File（6）キム・レウォン 飾らない温かさ」『婦人公論』90巻14号：94-96
八田節也（2005.7.1）「会員海外レポート『韓流』とわが国の流通・サービス業」『販売士』2005年7月号：13-15
小川潤（2005.7・8）「世界のメディア事情 韓国 デジタル版『韓流』のディープインパクト」『新・調査情報 passingtime 2期』54号：56-59
四方田犬彦（2005.7）「『ヨン様』とは何か——『冬のソナタ』覚書」『新潮』102巻7号
金光敏（2005.6.28）「韓流ブームと在日コリアン，そして日本社会——南北コリア，アジアの胎動に日本社会はどのように向き合うか？」『部落解放』2006巻560号：106-113
宋安鍾（2005.6.27）「インパクト・レヴュー Culture & Critique 闘走的音楽案内（49）旧『宗主国』日本を迂回するもうひとつの『韓流』——ミュージカル『明成皇后』」『インパクション』147号：186-188
安藤智彦（2005.6.27）「ルポルタージュ／トレンド／ニュース 日本の数年先行く，韓流ネット社会の今」『日経パソコン』484号：16-19
陳言（2005.6.25）「陳言の中国縦横無尽（第14回）第2の『冬ソナ』目指しても映画・テレビの効果なし。日中相互理解の術はどこに」『週刊東洋経済』5964巻
羽渕一代（2005.6.1）「韓流世代とは——70年代サブカル少女たちのその後」『アウラ』2005年6月号：13-17
川村静香（2005.6.1）「韓流ブームに見る中年女性の意識調査」『アウラ』2005

年6月号：2-9
(2005.5.19)「『韓流風俗』が席巻する 名古屋『夜の痴求博』」『週刊新潮』50巻19号：48-50
李炳憲 (2005.5.7)「韓流美男 File (2) イ・ビョンホン 魂を語るまなざし」『婦人公論』90巻10号：226-229
イビョンホン・イヨンエ・他 パクチャヌク (2005.5.4・11)「座談会 ノーカットの韓流裏事情」『ニューズウィーク』20巻18号：60-64
杉山麻里子 (2005.5.2・9)「日韓 韓流カップル『反日』の苦悩と覚悟」『AERA』18巻24号：35-37
中島久美子 (2005.5.1)「今月のヒューマンストーリー ホ・ジュノ——韓流スターのカリスマが開く日韓心の扉」『潮』2005年5月号：248-253
三浦有紀子 (2005.5.1)「『韓流』ブームで互いに身近な存在に」『ジェトロセンサー』55巻654号：20
白元淡・趙慶喜訳 (2005.5)「韓流の東アジア的可能性」『現代思想』33巻6号：228-237
渡辺淳一・麻木久仁子 (2005.5)「『愛の流刑地』か,『冬ソナ』か 愛のかたちを巡って」『文藝春秋』83巻7号
林香里 (2005.5)「中高年女性の日常とテレビ——韓国ドラマ『冬のソナタ』人気を調査して」『学士会会報』852号
(2005.5)「渡辺淳一『愛の流刑地』は色ボケ小説だ——『冬ソナ』に対抗するも」『Themis』14巻5号
小田香 (2005.4)「韓流シネマ・フェスティバル2005」『キネマ旬報』2005/4/下旬号：189-191
(2005.4.29)「POST ブック・ワンダーランド—著者に訊け！ 呉善花氏『「韓流ブーム」ではわからない「反日・親北」韓国の暴走』」『週刊ポスト』37巻18号：163-165
(2005.4.22)「韓流美男 File (1) チョ・ハンソン 理想の純情系硬派」『婦人公論』90巻9号：100-102
若林アキ・坂井浩和 (2005.4.18)「NHK NHK 子会社ビジネス——冬ソナ利益を本体につけない理由 / 天下り先とのビデオ商売」『AERA』18巻21号
金椒玲 (2005.4.5)「『韓流』薬膳伝統料理 栄養バランスのよさこそ韓国料理の

神髄」『週刊朝日』110巻15号：16-17，132-133
金本・J・ノリツグ（2005.4.5）「『韓流』 薬膳ニューウエーブ 三つのジャン（たれ）で細胞からきれいに カンタン『美人食』」『週刊朝日』110巻15号：12-15，131-132
原田亜弓（2005.4.5）「カラー 伝統 vs. ニューウェーブ『韓流』薬膳ですっきりきれいに〔含 レシピ〕」『週刊朝日』110巻15号：11-17，131-133
（2005.4.5）「『漢方』も『韓方』と呼ぶ韓流医学」『週刊朝日』110巻15号：122-124
辛淑玉・朴慶南・李政美（2005.4.1）「韓流おんな組いのち あれこれ放談 新しい多文化共生社会をつくろ!!」『教育評論』2005年4月号：12-19
朴良燮（2005.4.1）「経済一般動向 日本市場での話題はデジタルと韓流ブーム」『日韓経済協会協会報』395号：15-17
（2005.4）「調査レポート　各務原市「『冬のソナタ』春川物語」に関する調査レポート」『経済月報』609巻
（2005.3.31）「竹島占拠・反日教育復活でしぼむ『韓流ブーム』」『週刊文春』47巻13号：40-41
韓昇助・西岡力（2005.3.1）「『金正日延命装置』韓流自虐史観を撃つ」『正論』2005年3月号：104-115
辻竜平（2005.3.1）「沈黙の螺旋としての『冬ソナ』・『韓流』ブーム――誰が語り誰が乗ったか」『明治学院大学心理学部付属研究所紀要』3号：3-14
志賀市子（2005.3.1）「香港・台湾地域における日韓流行文化の受容――『哈日風』から『韓流』まで」『言語文化研究所紀要』2005年3月号：27-39
小倉紀藏（2005.3.1）「『韓流』と『純愛』」『木野評論』36号：34-40
大須美智子（2005.3.1）「『冬のソナタ』韓流メロドラマ（3）――アリストテレスから『反解釈』まで」『公評』42巻2号：88-91
大波秀和（2005.3.1）「エリアリポート 韓国『韓流』ブームを機に観光産業を活性化」『ジェトロセンサー』55巻652号：56-57
（2005.3.1）「プロローグ　アジアとの関係を考えるキーワード『韓流ブーム』『留学生』『中華シティ』」『フォーラム福岡』4号：4-13
（2005.3.1）「まなぶ論壇 韓流ブーム」『まなぶ』566号：64-67
（2005.3.1）「カバーストーリー ゴルフ場再生も『韓流』がブーム!?」『フォー

ブス』14巻3号：53-56
鳥羽みさを（2005.3）「知財で日本を元気にしよう（最終回）『冬ソナ』経済効果の知財的ミクロ分析―ひとつのドラマの波及力」『OHM』92巻3号
渡辺淳一・山田詠美（2005.3）「対談 現実に恋をしていたら『冬ソナ』は見られない セックスなしの恋愛は語れない（純愛ブームを斬る）」『中央公論』120巻3号
大須美智子（2005.3）「『冬のソナタ』韓流メロドラマ（3）アリストテレスから『反解釈』まで」『公評』42巻2号
喜多尾道冬（2005.3）「喜多尾ゼミナール（15）道『冬のソナタ』論（3）不覚酩酊原理」『レコード芸術』54巻3号
切通理作（2005.3）「奥様が『冬ソナ』に夢中になるわけ――世代を超えた『理想』への盲信（純愛ブームを斬る）」『中央公論』120巻3号
福田恵介・田宮寛之・他 石川正樹（2005.2.26）「COVER STORY グローバル企業続出の秘密 躍進！『韓流経営』のなぞを解く」『週刊東洋経済』5942号：30-47
石田純郎（2005.2.26）「MEDICAL ESSAYS 韓国ドラマの地を歩く――『冬ソナ』の春川・『秋の童話』の束草」『日本医事新報』4218巻
（2005.2.26）「グローバル企業続出の秘密 躍進！『韓流経営』のなぞを解く」『週刊東洋経済』5942号：30-47
（2005.2.20）「韓流スター『X ファイル騒動』いまだ余震収まらず！」『サンデー毎日』84巻9号：27
鈴木洋子（2005.2.19）「特集 日本は10年遅れている！『韓流』IT 社会の凄み」『週刊ダイヤモンド』93巻8号：110-117
（2005.2.17）「西武のゴルフ場が『韓流』になる日」『週刊文春』47巻7号：37-39
柳恵（2005.2.6）「家でも作れる韓国本格料理――完全レシピ チゲ，ビビンバ，トックイ etc. 韓流おふくろの味一挙紹介」『読売ウィークリー』64巻6号：88-91
稲田砂知子（2005.2.5）「まるごと日本大事典（4）韓流 小倉紀藏・韓国哲学者」『AERA』18巻6号：37-39
（2005.2.3）「『チェ・ジウ』大学除籍の陰に『韓流俳優』哀しき学歴事情」『週

刊新潮』50巻5号：45-46
齋藤豪助（2005.2.1）「コンテンツ 韓国『韓流』にみる韓国のコンテンツ振興政策」『KDDI 総研 R&A』14巻11号：1-16
黒田勝弘（2005.2.1）「韓流の気宇壮大と危うさ」『アウラ』2005年2月号：7-9
—（2005.2.1）「抬頭する韓流『新右翼』——親北ムードが続くなら『ヨン様ブーム』も風前の灯？」『Voice』2005年2月号：152-159
村田勝重（2005.2.1）「『韓流』ブームと日韓関係——報道の視点と取り組み」『新聞研究』643号：33-35
康重石（2005.2.1）「アジアの国から 韓流，そして韓国観光」『経済 trend』53巻2号：26-28
岡本多喜子（2005.2.1）「寄付行為・ボランティア・韓流ブーム」『明治学院大学社会学・社会福祉学研究』2005年2月号：101-146
大門孝司（2005.2.1）「韓国は韓流ブームをどうみているか——日本の韓流ブームはどうなるのか」『出版ニュース』2005/2/ 上旬号：6-9
飯田典子（2005.2）「グラビア 熱狂！『冬のソナタ』」『月刊自治研』47号
門倉貴史（2005.2）「けいざい・かわら版『冬ソナ』ブームの経済効果——2004年度は日韓で約2,300億円」『第一生命経済研レポート』8巻11号
喜多尾道冬（2005.2）「喜多尾ゼミナール（14）道 『冬のソナタ』論（2）構造主義とはコーゾ」『レコード芸術』54巻2号：303-305
大波綾（2005.1.28）「カラー特集 イケメン続出の現場を徹底ルポ 韓流スター誕生 Korean New Wave」『週刊朝日』110巻3号：69-76
笠間亜紀子・京極理恵・菊池嘉晃他（2005.1.23）「究極分析 私はこうしてハマった！『ヨン様』熱狂白書——ファン200人の証言／わが冬ソナ論『不安の代償』『女性崇拝ドラマ』」『読売ウィークリー』64巻4号
浜田奈美（2005.1.17）「冬ソナ 吉本，宝塚に続く関西夫人の新定番」『AERA』18巻3号
（2005.1.13）「現地総力取材 鬼畜・小林薫 楓ちゃん誘拐殺人犯 着メロは『冬ソナ』恋愛未体験の36年」『週刊文春』47巻2号
金容範（2005.1.8）「『韓流』ブームの火付け役 日韓共同のビジネスも視野に—金容範（アミューズ／戦略企画部国際担当部長）」『週刊東洋経済』5933号：54-55

岩井志麻子・猪野学・林家ペー他（2005.1.7・14）「私の『冬のソナタ』論」『週刊朝日』110巻1号
（2005.1.3・10）「AERA in AERA（中央綴じ込み）韓流 次へ――海をわたる新風」『AERA』18巻2号：別1-23
川西玲子（2005.1.1）「ここがおかしい！平成の大疑問（11）『韓流』ブームに至る道のり」『ヒューマンライツ』202号：32-35
島川崇（2005.1.1）「『韓流』に見る韓国インバウンド戦略」『観光文化』29巻1号：11-13
大須美智子（2005.1.1）「『冬のソナタ』韓流メロドラマ（2）アリストテレスから『反解釈』まで」『公評』42巻1号：76-81
Tokunaga Katsuhiko（2005.1.1）「韓流アクロバットチームの華麗なる技の連続 韓国空軍ブラックイーグルス」『航空ファン』54巻1号：97-102
Ma Hua（2005.1.1）「BUSINESS WORLD：DECIDE INTERVIEW 馬〔カ〕＝プロデューサー「韓流ブーム」に乗る韓国と中国市場でどう闘う」『決断』22巻9号：40-45
福原克興（2005.1・2）「現代史点描（6）韓流のなかで錆び落ちる日本文化」『北の発言』2005/1・2巻11号：35-37
松尾羊一（2005.1・2）「放送界隈 ドラマ・レビュー いつの世でも主題は「愛」だ――04年『月9』『冬ソナ』現象から」『新・調査情報 passingtime』2期51号：62-65
岩宮恵子（2005.1）「思春期と解離――『冬のソナタ』から考える」『こころの科学』119号：2-8
坂井臣之助（2005.1）「韓国の対中接近とその地政学的意味を考える（上）日中における『冬ソナ』の温度差」『草思』7巻1号：38-44
喜多尾道冬（2005.1）「喜多尾ゼミナール（13）道 『冬のソナタ』論（1）逆転の発想」『レコード芸術』54巻1号：301-303
舘野晳（2005）「海外出版レポート 韓国 韓流ドラマ・映画はもてているが…。」『出版ニュース』2048号：25
桔川純子（2005）「『韓流』は歴史を超えられるか」『人間と教育』48号：22-28
林香里（2005）「ドラマ『冬のソナタ』の〈政治的なるもの〉――女性の感情，女性の生活，そして韓日関係について」『情報学研究』69巻

志水紀代子（2005）「ハンナ・アーレントの政治哲学（10-1）『冬ソナ』，『ヨン様』ブームのアーレント的・フェミニズム的解釈」『追手門学院大学人間学部紀要』19巻：1-13

Shin Geon C.・古川順一（2005）「共同研究論文 Hallyu（韓流）：A New Horizon of Korean Cultural Marketing」『東京国際大学論叢，商学部編』72号：153-166

（2005）「特集 アジアの中の日本——韓流ブームを手がかりに」『人間と教育』48号：4-50

小針進（2004.12.28）「躍動アジア『韓流』で変化の兆しもある韓国人の対外意識」『世界週報』85巻49号：42-43

芦崎治（2004.12.27）「日本人『冬ソナ』心の定番になる理由——つましさと慎ましさを忘れた日本人の免罪符」『AERA』17巻59号：77-79

（2004.12.25/2005.01.01）「図解 ポスト『冬ソナ＆ヨン様』は誕生するか お父さんのための韓流講座」『週刊ダイヤモンド』93巻1号：146-147

（2004.12.9）「韓流ビジネスの超ゴーマン『銭ゲバ商法』——ドラマ一本四億八千万円・写真集は三億円也」『週刊文春』46巻48号：33-35

田代親世（2004.12.8）「ルポ 韓流の前線で働く日本女性たち」『週刊朝日』109巻60号：60-62

（2004.12.8）「特集 韓流 愛のかたち」『週刊朝日』109巻60号：4-69

阿川佐和子・チェ・ジウ（2004.12.2）「阿川佐和子のこの人に会いたい（560）女優 チェ・ジウ——『冬のソナタ』で，女優として自信が持てるようになったかな」『週刊文春』46巻47号：166-170

李炳憲・朴志英（2004.12.1）「独占掲載 ヨン様を超えた『韓流』スター内緒話 イ・ビョンホン——語り明かした素顔と本音」『現代』38巻12号：204-211

慶淑顕（2004.12.1）「『在日』と『韓流』」『悲劇喜劇』57巻12号：12-14

姜哲煥（2004.12.1）「北朝鮮でも人気の韓流ドラマをめぐる『恐怖のドラマ』」『正論』390号：148-152

大須美智子（2004.12.1）「『冬のソナタ』韓流メロドラマ（1）アリストテレスから『反解釈』まで」『公評』41巻11号：72-79

（2004.12.1）「産業アナライズ 自動車 日本で売れ始めた韓国車『冬ソナ』ブームの意外な効果」『Asia market review』16巻21号：18-19

(2004.12.1)「話題レポート　中年女性『韓流ブーム』がいまだ衰えぬ謎――創価学会系出版社も悪乗り」『月刊テーミス』13巻12号：100-101
(2004.12.1)「グラビア ホット・ショット ようこそ韓流軍艦――『韓国ブーム』はやっぱり本物⁉」『丸』57巻12号：39-41
山田和夫（2004.12）「観客の心をとらえ続ける良質なメロドラマ――『愛染かつら』から『冬のソナタ』まで」『女性のひろば』310号：98-103
向山昌子（2004.12）「ファンが語る『冬のソナタ』大ブレイクの秘密」『放送文化』5号：78-83
三矢惠子（2004.12）「世論調査からみた『冬ソナ』現象――『冬のソナタ』に関する世論調査から」『放送研究と調査』54巻12号：12-25
(2004.12)「『高価で急ぐ貨物』が集まる下関港 冬ソナ効果？関釜フェリー好調」『Container age』449号：17-21
(2004.11.26)「韓流フーゾク大挙上陸で塗り替えられた日本『夜の勢力地図』」『週刊ポスト』36巻50号：204-208
(2004.11.24)「暴走する韓流英語フィーバー――韓国 L と R を正しく発音するために子供に舌の切除手術をする親も」『Newsweek』19巻45号：46-47
(2004.11.22)「『冬のソナタ』もうひとつの主役たち」『婦人公論』89巻22号：64-67
(2004.11.18)「おばさんパワー炸裂！『冬のソナタ』韓国ツアーマル秘潜入記――小誌〔週刊文春〕負け犬女性記者が帰国後三日寝込んだ」『週刊文春』46巻45号：46-49
吉岡荘太郎（2004.11.8）「Essay 冬ソナ以後」『週刊社会保障』58号：31
パク・チャヌク，崔洋一（2004.11.5）「『韓流』パク・チャヌク監督 vs.『日流』崔洋一監督 映画の渦がぶつかるところ」『週刊朝日』109巻52号：43-45
長部日出雄（2004.11.1）「REVIEW 読書きのうきょう『韓流』ブームの源流へ遡る」『論座』2004年11月号：307-311
水沼啓子（2004.11.1）「『韓流』がもたらした日韓新時代」『東亜』2004年11月号：32-39
小針進（2004.11.1）「『韓流』の現状と韓国の文化産業戦略」『東亜』2004年11月号：22-31
パク・チャヌク・井口景子（2004.10.20）「韓流より凄い映画『オールド・ボー

イ』——話題作 韓国が生んだ衝撃の復讐サスペンスにハリウッドも注目」『Newsweek』19巻40号：71
吉見滄瞑（2004.10.15・25）「冬のソナタと刺身村，明太子——最近の韓国事情」『水産週報』1649号：18-19
益永研（2004.10.1）「世界のマーケットを歩く（7）先物市場にも韓流ブームの予感」『フューチャーズジャパン』4巻10号：62-64
康重石（2004.10.1）「韓流観光，そして韓日共同訪問の年の成功を目指して」『国土交通』46号：30-31
金賢（2004.10）「『冬ソナ』ブームと「在日」の今」『月刊百科』504号：20-25
（2004.9.16）「『冬ソナ写真集』を座礁させた『ヨン様とチェ・ジウ』の関係」『週刊新潮』49巻35号：42-43
松田美智子・北村美香（2004.9.7）「クッキング・ナウ 韓流サム・パーティ」『婦人公論』89巻17号：197-201
小野民樹（2004.9・10）「韓流映画二本——劇画には，革命歌がよく似合う」『新日本文学』59巻5号：168-172
七瀬恭一郎（2004.9・10）「『冬ソナ』人気爆発でトラブルも噴出 過熱『ヨン様』ブームの裏に日韓泥沼商戦」『創』34巻8号：86-92
西村幸祐（2004.9）「『冬のソナタ』に涙するのはいいけれど… 日韓友情年に向けてつくられる友好ブームの裏側」『正論』387号：276-285
榊原英資（2004.9）「経済潮流（1）『冬のソナタ』にみるジャパニズム」『発言者』125号：56-58
小田原松玄（2004.9）「悪党の世直し論（6）冬ソナ＝新たな日韓蜜月時代？」『時評』46巻9号：86-91
小倉紀藏（2004.9）「インタビュー 日韓の現在と未来『冬のソナタ』で，日本人の“韓国観”は変わったか？」『望星』35巻9号：73-79
（2004.9）「話題レポート 俄か『韓国ブーム』は日韓交流の妨げだ——『冬のソナタ』現象の仕掛け人」『Themis』13巻9号：102-103
（2004.8.27）「最終回直前 ファン50人が語る『私と冬のソナタ』」『週刊朝日』109巻39号：144-146
青崎智行（2004.8.18）「展望『韓流』は官民連携，中国市場開拓で日本の牙城『コンテンツ産業』に迫る」『SAPIO』16巻14号：72-74

野平俊水（2004.8.18）「『冬ソナ』では分からない韓国ドラマ『トンデモ日本人』（SPECIAL REPORT『ヨン様ブーム』から『反日ドラマ』まで，韓国エンターテインメントの猖獗を座視していいのか『日流』vs『韓流』アジア市場争奪戦の苛烈）」『SAPIO』16巻14号：80-82
新井健（2004.8.18）「不安要因 このままでは『韓流ブーム』は一時的な流行に終わってしまう」『サピオ』16巻14号：75-77
（2004.8.16/23）「日韓新時代『冬ソナ』越えて生きる」『AERA』17巻37号：12-17
柳恵（2004.8.15）「実用特集 夏休みお薦めDVD特集――冬ソナ，怪談，名監督全集etc」『読売ウィークリー』63巻34号：88-91
（2004.8.12・19）「『冬ソナ』が参考にした少女漫画『キャンディ・キャンディ』」『週刊新潮』49巻31号：50-51
（2004.8.12・19）「『冬ソナ』ヨン様 お相手チェ・ジウの男遍歴（徹底調査ワイド 気になる女の正体）」『週刊文春』46巻32号：198-199
（2004.8.5）「特集 小泉首相もすがる『冬ソナ』ブームで『ヨン様キモ～い！』『キムタクより素敵！』」『週刊新潮』49巻30号：138-141
柳鐘洙・自治体国際化協会ソウル事務所（2004.8）「海外市長メッセージ 大韓民国江原道 春川市 冬のソナタの都市“春川”」『市政』53巻8号：138-144
斎藤貴男（2004.8）「いま『市民』を考える理由（5）『冬のソナタ』と日本人の贖罪意識」『一冊の本』9巻8号：56-60
ホーキング青山（2004.8）「ホーキング青山の傍若無人（25）『冬のソナタ』ブームと純愛フェチ」『創』34巻7号：82-85
（2004.7.30）「人妻がむしゃぶりつく韓国人ホストとの『冬ソナ』SEX」『週刊ポスト』36巻33号：203-205
瀬川茂子（2004.7.26）「韓国 ポスト『冬ソナ』韓ドラの見どころ」『AERA』17巻33号：34-36
（2004.7.23）「ヨンフルエンザ蔓延で『冬ソナ離婚』が急増中！」『週刊ポスト』36巻32号：175-177
（2004.7.16）「『夫婦の寝室』大異変／空前の純愛ブームでも不倫率は実に17％！ 人妻1600人『冬ソナSEX』出口調査」『週刊ポスト』36巻31号：202-207

コン・ヨンソク（2004.7.14）「TOKYO EYE『冬ソナ』ツアーより面白い韓国穴場旅行」『Newsweek』19巻27号：15

（2004.7.10）「『冬のソナタ』あなたは“二股女”ユジンを許せるか」『週刊現代』46巻27号：228-230

瀬川茂子（2004.7.1）「『冬ソナ』の作り手（『ペ・ヨンジュン』で知る韓国）――（冬ソナを味わう）」『AERA』17巻29号：18-24

―（2004.7.1）「冬ソナ紀行「ソウル～春川～ナミソム」（『ペ・ヨンジュン』で知る韓国）――（ペ・ヨンジュンの世界）」『AERA』17巻29号：10-16

宮崎修行（2004.7）「環境会計による新しいマネジメントの実践――企業経営と環境問題（番外編３）冬のソナタとバイアグラ」『経営教育』164号：1-9

（2004.6.20）「敏腕キャリアウーマンが注目する『冬のソナタ』ヒロイン ユジンという『悪女的』生き方」『サンデー毎日』83巻33号：140-143

（2004.6.19）「マーケティングの達人に会いたい(34) 国際メディア・コーポレーション映像事業部 シニアマネージャー丸田智子さん 冬のソナタ――ヨン様ブームの火付け役」『週刊東洋経済』5898号：91

（2004.6.9）「日韓 冬ソナで目覚めた熱き商魂（Cover Story 映画 韓国映画完全ガイド）」『Newsweek』19巻22号：46-47

瀬川茂子（2004.6.7）「韓国『韓流』隆盛の原動力を訪ねて」『AERA』17巻24号：47-50

金廷恩（2004.6.1）「未完の力――飛躍と墜落の岐路に立った『韓流』」『アウラ』2004年６月号：17-20

（2004.5.23）「『冬ソナ』だけじゃない これが最新韓国ドラマガイド――“通”を気取るキーワード／日本のドラマとはここが違う…」『サンデー毎日』83巻26号：36-38

（2004.5.20）「『冬のソナタ』ヨン様“ポルノ出演”おば様ファンの反応」『週刊文春』46巻20号：144-145

コン・ヨンソク（2004.5.19）「TOKYO EYE『冬のソナタ』ブームが僕を不安にさせる」『Newsweek』19巻19号：17

（2004.5.11）「REPORT&INTERVIEW『韓流』（コリアン・ウェーブ）がアジアを猛烈に襲っている」『経済界』39巻９号：44-47

李炳憲・上田神楽（2004.5.7）「『韓流』実力派が語る愛の演じ方　30年先も澄

んだ目をしていたい」『婦人公論』89巻 9 号：166-168
白眞勲（2004.5.1）「なぜ，いま韓流か？ 日韓文化交流の勢いはもう止まらない！」『ぎゃらく』2004年 5 月号：12-15
李淑炫（2004.5）「会話の中の授受表現の現象――対訳本『冬のソナタ』（総合教育センター特集）」『学苑』764号：28-39
（2004.4.22）「熱烈歓迎「冬のソナタ」ヨン様は日本が嫌い？（ワイド 春のにらめっこ）」『週刊文春』46（16）号
ペ・ヨンジュン・高山秀子（2004.4.21）「『冬ソナ』ヨン様が語った恋と日本――インタビュー 韓国の人気俳優ペ・ヨンジュンが独占激白」『Newsweek』19巻16号：36-37
（2004.4.8）「大人気『冬のソナタ』主演女優の『書かれざる私生活』」『週刊新潮』49巻14号：43-44
金順子・野澤幸代（2004.4.7）「クッキング・ナウ 韓流おもてなし酒肴」『婦人公論』89巻 7 号：157-161
島崎英威（2004.3）「海外出版レポート 中国 中国出版市場における韓流」『出版ニュース』2003号：25
市川孝一（2004.3）「『冬ソナ』現象を読み解く」『ポピュラーカルチャーの現在 現代風俗研究』10号：71-79
佐藤伸（2004.1）「『冬のソナタ』はなぜ人気をよぶのか」『Psiko』 5 巻 1 号：74-79
宮田博（2004）「海外体験記『冬のソナタ』の韓国から」『宙舞』55号：56-58
田代親世（2003.12.22）「文化『韓流』がアジア席捲 ドラマブームが広める」『AERA』16巻53号：56-59
（2003.10）「読者による，どう見た？『冬のソナタ』」『キネマ旬報』1391号：160-165
崔智友・土田真樹（2003.9）「チェ・ジウ（『冬のソナタ』『美しき日々』）インタビュー（特別企画 もっと見たい，知りたい！ 韓国テレビドラマ）」『キネマ旬報』1388号：131-135
安部裕子・重松真由美・金慶子（2003.9）「韓国ドラマ鼎談『冬のソナタ』だけじゃない 韓国テレビドラマが日本でウケる理由！（特別企画 もっと見たい，知りたい！ 韓国テレビドラマ）」『キネマ旬報』1388号：124-126

裴勇俊・崔友智・尹石浩（2003.6）「『冬のソナタ』ペ・ヨンジュン，チェ・ジウ，ユン・ソクホ監督インタビュー（巻頭特集 韓流――韓国映画＆テレビドラマ2003）」『キネマ旬報』1382号：38-40

（2003.6）「巻頭特集 韓流――韓国映画＆テレビドラマ2003」『キネマ旬報』1382号：23-42

金光林（2003.6.25）「東アジアにおける韓国の大衆文化（韓流）――その現状と展望」『環日本海研究』9号：107-109

（2003.3.1）「『韓流』今，中国語圏では韓国がトレンド」『アプロ21』7巻3号：16-19

松尾羊一（2002/3・4）「放送界隈 ドラマ・レビュー『フレンズ』『韓国のおばちゃんはえらい』――『韓流』時代の到来」『新・調査情報 passingtime』2期34号：68-71

金光林（2002.12.1）「東アジアにおける韓国の大衆文化（韓流）――その現状と展望」『新潟産業大学人文学部紀要』14号：63-78

瀧谷由紀（2002.5.22）「日本，中国，ベトナムでも大ブーム，これが『韓流熱風』の震源地だ」『SAPIO』14巻10号：29-31